Administración tributaria 2025

INFORMACIÓN COMPARATIVA SOBRE LOS PAÍSES DE LA OCDE Y OTRAS ECONOMÍAS AVANZADAS Y EMERGENTES

OCDE
MEJORES POLÍTICAS PARA UNA VIDA MEJOR

Este trabajo fue aprobado y desclasificado por el Comité de Asuntos Fiscales de la OCDE el 27 de octubre de 2025.

Por favor, cite esta publicación de la siguiente manera:
OECD (2026), *Administración tributaria 2025: Información comparativa sobre los países de la OCDE y otras economías avanzadas y emergentes*, OECD Publishing, Paris, https://doi.org/10.1787/27c7cb26-es.

ISBN 978-92-64-31556-3 (impresa)
ISBN 978-92-64-70962-1 (PDF)
ISBN 978-92-64-45804-8 (HTML)

Publicado originalmente por la OCDE con el título: OECD (2025), *Tax Administration 2025: Comparative Information on OECD and other Advanced and Emerging Economies*, OECD Publishing, Paris, https://doi.org/10.1787/cc015ce8-en.

Imágenes: Portada © Michael MLPG/Shutterstock.com.

Las erratas de las publicaciones se encuentran en línea en: https://www.oecd.org/en/publications/support/corrigenda.html.

Prefacio

La edición de 2025 de la *Serie sobre la administración tributaria* presenta una visión comparativa del desempeño de las administraciones tributarias avanzadas y emergentes a escala mundial y pone de relieve las principales tendencias y los desafíos comunes a los que se enfrentan actualmente las administraciones tributarias en todo el mundo.

Desde que se publicó por primera vez en 2004, la serie ha constituido un recurso valioso para las administraciones tributarias, los gobiernos, los contribuyentes y otras partes interesadas, al respaldar los esfuerzos por mejorar la eficacia de la administración tributaria en todo el mundo.

Esta edición ofrece una perspectiva comparativa a diez años, analizando los datos correspondientes al ejercicio fiscal 2023 recopilados a través de la Encuesta Internacional sobre Administración Tributaria y comparándolos, en varios casos, con datos históricos de 2014. Los numerosos ejemplos de prácticas innovadoras muestran cómo la transformación digital y la rápida adopción de la inteligencia artificial en la administración tributaria contribuirán a mejorar los servicios prestados a los contribuyentes, reforzar la eficiencia y el cumplimiento de las obligaciones tributarias, y reducir las cargas administrativas.

Deseo expresar mi agradecimiento a todas las personas que han participado en la elaboración de este interesante y valioso informe, en particular al equipo de la Secretaría de la OCDE.

Esta edición de 2025 de la serie continúa ampliando nuestra comprensión de los desafíos que afrontamos colectivamente. Al mismo tiempo, pone de relieve las oportunidades para reforzar nuestros enfoques en las distintas jurisdicciones y fomenta una mayor colaboración en nuestro esfuerzo por mejorar los servicios prestados a los contribuyentes en todo el mundo.

Bob Hamilton

Presidente del Foro de Administración Tributaria de la OCDE

Director general de la Agencia Tributaria de Canadá

Prólogo

Esta publicación, *Administración tributaria 2025*, es la decimotercera edición de la serie de información comparativa del Centro de Política y Administración Tributaria de la OCDE. Publicada por primera vez en 2004, la serie sobre la administración tributaria tiene como objetivo principal compartir información que facilite el análisis y el diálogo sobre el diseño y la administración de los sistemas fiscales.

La presente edición ofrece datos comparativos a nivel internacional sobre diversos aspectos de los sistemas fiscales y su administración en 58 economías avanzadas y emergentes. Si bien la publicación ha puesto tradicionalmente el énfasis en los datos y ratios de desempeño correspondientes al ejercicio fiscal más reciente disponible —en este caso, 2023—, esta edición se centra en una perspectiva de diez años sobre la evolución de la administración tributaria.

La publicación presenta los resultados de la Encuesta Internacional sobre Administración Tributaria (ISORA). Para ofrecer una visión a más largo plazo, compara los datos más recientes de la ISORA con los datos de 2014 recopilados en la primera edición de esta encuesta.

La ISORA es una encuesta en cuya realización participan varias organizaciones con el fin de recopilar información y datos sobre la administración tributaria. Está dirigida por cinco organizaciones asociadas: el Banco Asiático de Desarrollo (BAsD), el Centro Interamericano de Administraciones Tributarias (CIAT), el Fondo Monetario Internacional (FMI), la Organización Intraeuropea de Administraciones Tributarias (OIAT) y la OCDE.

Para aportar información adicional sobre los datos de la ISORA en determinados casos, esta edición 2025 de la serie también utiliza datos del Inventario de Iniciativas de Tecnología Tributaria (ITTI). El ITTI es una base de datos en línea que contiene información sobre herramientas tecnológicas y soluciones de digitalización implementadas por administraciones tributarias de todo el mundo. Esta base de datos ha sido desarrollada por el Foro de Administración Tributaria (FTA) de la OCDE junto con nueve organizaciones asociadas clave.

El presente informe fue aprobado por el Comité de Asuntos Fiscales el 29 de octubre de 2025 y preparado para su publicación por la Secretaría de la OCDE.

Agradecimientos

La OCDE elabora la Serie sobre administración tributaria (*Tax Administration Series*, TAS), su serie de información comparativa sobre la administración tributaria, desde 2004. Desde entonces, la publicación ha experimentado un notable crecimiento en términos de difusión, impacto y relevancia, y en la actualidad goza de un amplio reconocimiento como fuente autorizada de información sobre la administración tributaria a escala mundial.

En esta edición de 2025 se presentan los resultados de la encuesta ISORA, cuya versión más reciente se puso en marcha en septiembre de 2024. Su elaboración no habría sido posible sin el apoyo directo y la colaboración de un gran número de personas, en particular del personal de las 58 administraciones tributarias que proporcionaron datos y ejemplos de jurisdicciones, revisaron el contenido y respondieron a comentarios y preguntas sobre los datos y el texto que constituyen la base de esta publicación.

Los autores de la publicación son Paul Marsh, Fiona May y Oliver Petzold, todos ellos de la Secretaría del Centro de Política y Administración Tributaria (CTPA) de la OCDE. Oliver Petzold fue responsable de la gestión y el análisis de los datos de la encuesta ISORA. Los autores desean asimismo reconocer el trabajo del equipo administrativo de la Secretaría del CTPA de la OCDE en la preparación de la publicación, así como la labor del equipo de comunicación del CTPA.

Índice

GRÁFICOS

TABLAS

RECUADROS

Guía de lectura

Administraciones tributarias consideradas en el informe

La presente publicación, *Administración tributaria 2025*, es la decimotercera edición de la serie sobre la administración tributaria. El objetivo principal de la serie, que comenzó a publicarse en 2004, es compartir información que propicie el diálogo entre los responsables de las administraciones tributarias sobre cuestiones relevantes de administración tributaria, así como identificar oportunidades para mejorar el diseño y la administración de sus sistemas.

Esta edición de la serie ofrece datos comparativos a escala internacional sobre diversos aspectos de los sistemas tributarios y su administración en 58 economías avanzadas y emergentes. Abarca las 54 jurisdicciones miembros del Foro de Administración Tributaria (FTA) de la OCDE. Además, incluye información sobre las jurisdicciones no pertenecientes al FTA que son miembros de la Unión Europea, así como Marruecos y Tailandia, lo que amplía la cobertura geográfica del informe.

Proceso de recopilación y presentación de datos de la ISORA

La publicación *Administración tributaria 2025* presenta los resultados de la Encuesta ISORA, cuya versión más reciente se puso en marcha en septiembre de 2024. La ISORA es una encuesta internacional que recopila información y datos de ámbito nacional sobre la administración tributaria. En ella participan cinco organizaciones asociadas: el Banco Asiático de Desarrollo (BAsD), el Centro Interamericano de Administraciones Tributarias (CIAT), el Fondo Monetario Internacional (FMI), la Organización Intraeuropea de Administraciones Tributarias (OIAT) y la OCDE. La encuesta ISORA de 2024 fue cumplimentada por 164 jurisdicciones.

La encuesta ISORA

La encuesta ISORA consta de dos partes:

1. **Una parte anual**, que recopila datos principalmente sobre el desempeño operativo anual de las administraciones tributarias; y
2. **Una parte periódica**, que examina los procesos y mecanismos más generales de la administración tributaria, que es menos probable que cambien con frecuencia, como la gobernanza, la gestión de los recursos humanos y la gestión del riesgo de cumplimiento.

La encuesta ISORA que se puso en marcha en septiembre de 2024 abarcó la parte anual del cuestionario. La versión completa de la encuesta, que incluye tanto la parte anual como la periódica, se realizó por última vez en 2023 y está previsto que se lleve a cabo de nuevo en 2028.

Los distintos formularios de la encuesta ISORA pueden consultarse a través del portal de datos en línea de la encuesta (https://isoradata.org; consultado el 1 de octubre de 2025), en la sección «*Documents*».

Gestión de la encuesta

Las cinco últimas ediciones de la encuesta ISORA recopilaron datos correspondientes a los ejercicios fiscales comprendidos entre 2018 y 2023. La información se recabó en línea mediante la herramienta de recopilación de datos RA-FIT del FMI. La participación tuvo carácter voluntario y fueron 164 las administraciones que completaron la encuesta ISORA de 2024. Todas las organizaciones asociadas prestaron apoyo a los participantes para cumplimentar la encuesta ISORA, de acuerdo con un reparto de responsabilidades acordado previamente. Las 58 administraciones incluidas en esta publicación corresponden al grupo de administraciones respaldadas por la OCDE.

Si bien todos los datos expuestos en esta publicación han sido objeto de una revisión general por parte de la OCDE, ni esta ni ninguna otra organización asociada los ha verificado formalmente. En consecuencia, todos los datos incluidos en la publicación deben considerarse como datos autodeclarados por las propias administraciones a las que se refieren.

Publicación de los datos

Desde julio de 2025, los datos de la encuesta ISORA están disponibles públicamente en su portal de datos en línea (https://isoradata.org). Los datos de la encuesta ISORA de 2024 se publicaron en julio de 2025.

Históricamente, la OCDE también ponía a disposición del público todos los datos recopilados mediante la encuesta ISORA relativos a los participantes en esta serie sobre la administración tributaria a través de la propia serie y de su anexo de datos. No obstante, este enfoque cambió a partir de la edición de 2024. Desde entonces, la serie ya no incluye un anexo de datos propio, sino que remite a las tablas publicadas en el portal de datos en línea. (Cabe señalar que, con el lanzamiento del nuevo portal de datos de la ISORA en julio de 2025 y la retirada del portal anterior, los enlaces a los datos de la ISORA incluidos en la publicación *Administración Tributaria 2024* dejaron de funcionar. Se invita a los lectores a consultar, en su lugar, las tablas de datos disponibles en el nuevo portal. Véase el Anexo A).

En cuanto a las demás organizaciones:

- El BAD publica datos de la ISORA a nivel de jurisdicción para sus miembros, por ejemplo, *A Comparative Analysis of Tax Administration in Asia and the Pacific: Eighth Edition* (Asian Development Bank, 2025[1]).
- El CIAT publica datos en forma agregada, así como determinados puntos de datos seleccionados, por ejemplo, *Índice de Innovación, Digitalización y Tecnología (INDITEC): Un instrumento para la evaluación comparativa de las Administraciones Tributarias a nivel internacional (con base en datos de la Encuesta ISORA 2020)* y *Panorama de las administraciones tributarias en los países del CIAT Resultados de la Encuesta ISORA 2023 - Volumen II (Formularios especiales)* (Garcimartín and Díaz de Sarralde Miguez, 2025[2]).
- El FMI publica datos en forma agregada y sobre determinados puntos de datos seleccionados, por ejemplo, *ISORA 2018: Understanding Revenue Administration* (Crandall, Gavin and Masters, 2021[3]) y *Revenue Authorities and Their Boards of Management: Recent Developments* (Crandall et al., 2024[4]).

Comparabilidad de los datos

La edición 2025 de la serie incluye datos relacionados con el desempeño, ratios y otra información correspondientes a los ejercicios fiscales comprendidos entre 2018 y 2023. Los datos se recopilaron a través de distintas rondas de la encuesta ISORA. Varias administraciones actualizaron algunos de los datos suministrados anteriormente durante el proceso de elaboración de la edición 2025 de la serie. Por este motivo, pueden observarse diferencias respecto de ediciones anteriores en las cifras y tablas que muestran datos correspondientes al período 2018-2022.

En varios ámbitos, la edición 2025 de la serie también utiliza datos correspondientes al ejercicio fiscal de 2014 procedentes de la encuesta ISORA de 2016, con el fin de mostrar las tendencias del período de diez años comprendido entre 2014 y 2023. No obstante, en los últimos años se han introducido una serie de cambios en las preguntas de la ISORA para mejorar la claridad y la calidad de los datos. Por consiguiente, debe actuarse con cautela al comparar los resultados de las distintas versiones de la ISORA y contrastar, cuando sea pertinente, la redacción de las preguntas de la encuesta. Los distintos formularios de la encuesta ISORA pueden consultarse en el portal de datos en línea de la encuesta (https://isoradata.org) en la sección «*Documents*».

Además, hay que tener en cuenta que los datos estadísticos suelen ser objeto de revisión tras su publicación. En consecuencia, algunos datos pueden no corresponderse con los publicados por las administraciones. Por ejemplo, los saldos iniciales de un año determinado (t) pueden no corresponderse con los saldos finales del año precedente (t-1) publicados en ediciones anteriores de esta publicación.

Debe extremarse aún más la cautela al comparar los datos de la ISORA con los datos recopilados mediante encuestas anteriores a la ISORA, es decir, los datos incluidos en la sexta edición y en ediciones anteriores de la serie. Cuando se creó la encuesta ISORA y a petición de los participantes, las organizaciones asociadas realizaron un notable esfuerzo para acordar y documentar una serie de términos utilizados en la encuesta y su significado. Si bien es cierto que con ello se consiguió mejorar la integridad y la comparabilidad de los datos entre administraciones, las comparaciones con los datos anteriores a la ISORA pueden ser limitadas, dado que ahora existen definiciones para términos que anteriormente no estaban definidos o que, en algunos casos, han cambiado.

En relación con las administraciones que integran competencias tributarias y aduaneras, hay que señalar que los datos de esta publicación se refieren exclusivamente a sus actividades de administración tributaria. En consecuencia, los datos pueden no ser directamente comparables con los indicadores clave de desempeño publicados por estas, ya que dichos indicadores pueden incluir tanto datos tributarios como aduaneros.

Datos del Inventario de Iniciativas de Tecnología Tributaria

Para complementar los datos de la encuesta ISORA, esta edición de la serie sigue recurriendo a los datos de la base de datos del ITTI, que contiene información sobre herramientas tecnológicas y soluciones de digitalización implantadas por administraciones tributarias a escala mundial. En la elaboración del ITTI han participado los socios de la ISORA, el Foro Africano de Administración Tributaria (ATAF), el Cercle de Reflexion et d'Echange des Dirigeants des Administrations Fiscale, la Commonwealth Association of Tax Administrators (CATA), la Pacific Islands Tax Administrators Association (PITAA) y el Grupo de Estudio sobre Investigación y Administraciones Tributarias de la región Asia-Pacífico (SGATAR). (OECD et al., 2025[5])

Los datos del inventario se recopilaron en 2024 y 2025 a través de una encuesta de ámbito global sobre digitalización y pueden aportar información adicional para interpretar los datos de la ISORA en determinados casos. Por ello, cuando están disponibles, la serie utiliza los datos del ITTI publicados en el informe de la OCDE de 2025 *Tax Administration Digitalisation and Digital Transformation Initiatives* (OECD, 2025[6]).

Estructura de la publicación

La serie sobre la administración tributaria examina los elementos fundamentales de los sistemas modernos de administración tributaria y utiliza el análisis de datos, así como ejemplos proporcionados por las administraciones tributarias, para poner de relieve las principales tendencias, las innovaciones recientes y los parámetros e indicadores de desempeño.

Estructura

La publicación se estructura en nueve capítulos: (i) una introducción, seguida de capítulos dedicados a (ii) la recaudación de ingresos y otras responsabilidades; (iii) el registro e identificación; (iv) la gestión de declaraciones y pagos; (v) los servicios; (vi) la gestión del cumplimiento; (vii) la recaudación; (viii) la resolución de controversias; y (ix) el presupuesto y la plantilla.

Además, la publicación contiene dos anexos:

- En el anexo A figura un resumen de las tablas de datos ISORA publicadas en el portal de datos de la encuesta (https://isoradata.org).

  Hasta la undécima edición de la serie, este anexo reproducía los datos de la ISORA correspondientes a las 58 administraciones tributarias[1] incluidas en la publicación. A partir de la duodécima edición, es decir, *Administración tributaria 2024*, el Anexo A contiene una visión general de las tablas de datos, así como enlaces a las tablas que recogen los datos ISORA anuales y periódicos más recientes.
- En el Anexo B figuran los datos de las administraciones que han participado en esta publicación.

Tablas y gráficos

Las notas sobre las fuentes que figuran debajo de las tablas y los gráficos en el cuerpo principal de la publicación remiten al lector a las tablas de datos correspondientes disponibles en el portal de datos de la ISORA. En algunos casos, también pueden remitir a ediciones anteriores de la serie o, cuando se utilizan datos del ITTI, a las secciones pertinentes del informe del ITTI de 2025 (OECD, 2025[6]).

Los gráficos de la publicación también van acompañados de hipervínculos (OECD StatLinks) que dirigen al lector a las correspondientes hojas de cálculo de MS Excel que contienen los datos subyacentes. Estos enlaces son estables y no sufrirán cambios con el paso del tiempo.

Los símbolos y abreviaturas utilizados en las tablas de datos de la ISORA se explican al final de cada tabla. Debe tenerse en cuenta que, cuando en una tabla no se muestran datos para una jurisdicción determinada, ello se debe principalmente a que la pregunta no es aplicable a dicha jurisdicción o a que una pregunta inicial de una subsección de la encuesta fue respondida en sentido negativo y, por lo tanto, la jurisdicción no tuvo que contestar a las preguntas posteriores.

Foro de Administración Tributaria

El Foro de Administración Tributaria (FTA) es un organismo único que reúne a directores generales y a altos funcionarios de la administración tributaria de más de 50 economías miembros y no miembros de la OCDE. Se trata de un foro a través del cual los responsables de la administración tributaria comparten conocimientos, llevan a cabo investigaciones y desarrollan nuevas ideas para mejorar la administración tributaria en todo el mundo. Los lectores que deseen obtener más información sobre el FTA pueden consultar el siguiente enlace: https://www.oecd.org/en/networks/oecd-forum-on-tax-administration.html. Para más información sobre la labor de la OCDE en materia de administración tributaria, véase: https://www.oecd.org/en/topics/tax-administration.html. (Ambos enlaces consultados el 1 de octubre de 2025).

Salvedad

Las administraciones tributarias operan en entornos heterogéneos, y la forma en que cada una de ellas administra su sistema fiscal difiere en función de su entorno político y legislativo, así como de su cultura y prácticas administrativas. Por ello, un enfoque estándar de la administración tributaria puede no resultar práctico ni deseable en determinados casos. En consecuencia, este informe y las observaciones que contiene deben interpretarse a la luz de estas consideraciones. Al examinar las prácticas de una jurisdicción, conviene tener plenamente en cuenta los complejos factores que han dado forma a un determinado enfoque. Del mismo modo, deben considerarse los distintos desafíos y prioridades a los que se enfrenta cada administración.

Bibliografía

Asian Development Bank (2025), *A Comparative Analysis of Tax Administration in Asia and the Pacific: Eighth Edition*, Asian Development Bank, Manila, https://doi.org/10.22617/TCS240621-2. [1]

Crandall, W. et al. (2024), *Revenue Authorities and Their Boards of Management: Recent Developments, IMF Technical Notes and Manuals 2024/05*, International Monetary Fund, Washington, DC, https://doi.org/10.5089/9798400282881.005. [4]

Crandall, W., E. Gavin and A. Masters (2021), *ISORA 2018: Understanding Revenue Administration*, International Monetary Fund, Washington, DC, https://doi.org/10.5089/9781513592930.087. [3]

Garcimartín, C. and S. Díaz de Sarralde Miguez (2025), *Overview of Tax Administrations in CIAT Countries. Results of ISORA 2023. Volume II (Special forms)*, Inter-American Center of Tax Administrations, Panama, https://www.ciat.org/Biblioteca/Estudios/2025_overview_II.pdf (accessed on 1 October 2025). [2]

Morán, D. and S. Díaz de Sarralde Miguez (2024), *Innovation, Digitalization and Technology Index - INDITEC 2023: The digital transformation of Tax Administrations in the period affected by the COVID-19 pandemic (Based on data from ISORA 2022 Survey)*, Inter-American Center of Tax Administrations, Panama, https://www.ciat.org/Biblioteca/DocumentosdeTrabajo/2024/WP-01-24-inditec.pdf (accessed on 1 October 2025). [7]

OECD (2025), *Tax Administration Digitalisation and Digital Transformation Initiatives*, OECD Publishing, Paris, https://doi.org/10.1787/c076d776-en. [6]

OECD et al. (2025), *Inventory of Tax Technology Initiatives*, https://www.oecd.org/content/oecd/en/data/datasets/inventory-of-tax-technology-initiatives.html (accessed on 1 October 2025). [5]

Nota

[1] En el caso de Japón, dado que publica sus cifras monetarias en millones, a los importes incluidos en las tablas se les ha añadido el sufijo «000» para ajustarse al requisito de la encuesta de que dichas cifras se presenten en miles. Por lo que respecta a Suiza, en el contexto de la encuesta ISORA, el término «administración tributaria» se refiere a la Administración Tributaria Federal de Suiza. Todas las funciones desempeñadas por las administraciones tributarias cantonales o comunales suizas no se atribuyen a la Administración Tributaria Federal y, por lo tanto, no se han tenido en cuenta. Esto afecta, en particular, al IRPF y al IS, en los que la Administración Tributaria Federal se limita a desempeñar una función de supervisión. Cuando se indica que un servicio no lo presta la «administración tributaria», dicho servicio puede ser prestado por las administraciones tributarias cantonales y/o comunales suizas.

Abreviaturas y acrónimos

AAP	Advanced Analytics Platform (Plataforma de analítica avanzada)
BAsD	Banco Asiático de Desarrollo
AEAT	Agencia Estatal de Administración Tributaria (España)
IA	Inteligencia artificial
APPT	Acuerdos previos sobre precios de transferencia
API	Application Programming Interface (Interfaz de Programación de Aplicaciones)
ATO	Australian Taxation Office (Oficina Tributaria Australiana)
BEPS	Base Erosion and Profit Shifting (Erosión de la base imponible y traslado de beneficios)
CIAT	Centro Interamericano de Administraciones Tributarias
IS	Impuesto de Sociedades
CPFB	Central Provident Fund Board (Junta del Fondo Central de Previsión, Singapur)
CRA	Canada Revenue Agency (Agencia Tributaria de Canadá)
CTPA	Centre for Tax Policy and Administration (Centro de Política y Administración Tributaria de la OCDE)
DGFiP	Direction Générale des Finances Publiques (Dirección General de Finanzas Públicas, Francia)
ID	Identidad digital
DIV	Digital Identity Validation (Validación Digital de la Identidad)
DKK	Corona danesa
DTA	Danish Tax Agency (Agencia Tributaria de Dinamarca)
eRFI	electronic Requirements for Information (requerimientos electrónicos de información)
UE	Unión Europea
EUR	Euro
ETR	Electronic Transferable Record (Registro Electrónico Transferible)
FTA	Forum on Tax Administration (Foro de Administración Tributaria de la OCDE)
ETC	Equivalente a Tiempo Completo
PIB	Producto Interior Bruto
GIS	Geographic Information System (Sistema de Información Geográfica)

GenAI	Generative Artificial Intelligence (Inteligencia Artificial Generativa)
HMRC	His Majesty's Revenue and Customs (Agencia Tributaria y Aduanera, Reino Unido)
IAPN	Individuo de Alto Patrimonio Neto
RR. HH.	Recursos humanos
ICAP	International Compliance Assurance Programme (Programa Internacional de Aseguramiento de Cumplimiento)
TIC	Tecnologías de la información y las comunicaciones
FMI	Fondo Monetario Internacional
OIAT	Organización Intraeuropea de Administraciones Tributarias
IRA	Italian Revenue Agency (Agencia Tributaria italiana)
IRAS	Inland Revenue Authority of Singapore (Agencia Tributaria de Singapur)
ISORA	Encuesta Internacional sobre Administración Tributaria
ITA	Israel Tax Authority (Autoridad Tributaria de Israel)
TI	Tecnologías de la información
ITTI	Inventory of Tax Technology Initiatives (Inventario de Iniciativas de Tecnología Tributaria)
LLM	Large Language Model (Modelo de lenguaje de gran tamaño)
OGC/PGC	Oficinas / Programas de Grandes Contribuyentes
MAP	Mutual Agreement Procedure (procedimiento amistoso)
MCC	Multichannel Communication Centre (Centro de comunicación multicanal)
EMN	Empresa Multinacional
M2M	Machine-to-Machine (máquina a máquina)
NIS	Nuevo séquel israelí
NLP	Natural Language Processing (Procesamiento del Lenguaje Natural)
NOK	Norwegian Krone
NRA	National Revenue Agency (Administración Nacional de Ingresos, Polonia)
NTA	National Tax Agency (Agencia Tributaria Nacional, Japón)
NTA	Netherlands Tax Administration (Administración Tributaria de los Países Bajos)
NTA	Norwegian Tax Administration (Administración Tributaria de Noruega)
NTCA	National Tax and Customs Administration (Administración Nacional de Impuestos y Aduanas, Hungría)
NTS	National Tax Service (Servicio Nacional de Impuestos, Corea)
OCDE	Organización para la Cooperación y el Desarrollo Económicos
PAYE	Pay-As-You-Earn (Régimen de retención a cuenta sobre los salarios)
IRPF	Impuesto sobre la Renta de las Personas Físicas
RA-FIT	Herramienta de Información Fiscal para la Administración de Ingresos del FMI

RFB	Receita Federal do Brasil (Agencia Tributaria de Brasil)
RPA	Robotic Process Automation (Automatización Robótica de Procesos)
SAT	Servicio de Administración Tributaria (México)
SFBII	Service Feedback Business Intelligence Initiative (Iniciativa de análisis avanzado de comentarios sobre el servicio)
SII	Servicio de Impuestos Internos (Chile)
SMS	Short Message Service (Servicio de mensajes de texto entre dispositivos móviles)
SRS	State Revenue Service (Servicio de Recaudación del Estado, Letonia)
CSS	Cotización a la Seguridad Social
SSOT	Single Source of Truth (Fuente única de información)
STA	State Taxation Administration (Administración Tributaria del Estado, República Popular China)
STA	Swedish Tax Administration (Administración Tributaria, Suecia)
STI	State Tax Inspectorate (Inspección Tributaria Estatal, Lituania)
TAS	Serie sobre la administración tributaria
TDM	Tax and Duty Manuals (Manuales tributarios y aduaneros)
TFTC	Task Force on Tax Crimes and Other Crimes (Grupo de Trabajo sobre Delitos Fiscales y Otros Delitos)
RU	Reino Unido
IVA	Impuesto sobre el Valor Agregado
VITARA	Virtual Training to Advance Revenue Administration (Formación virtual para mejorar la administración de ingresos)

Resumen ejecutivo

La *Serie sobre la administración tributaria* es una publicación singular que reúne un amplio conjunto de datos comparativos y otra información relevante sobre las administraciones tributarias. Su finalidad es ayudar a los responsables de las administraciones tributarias a comprender las tendencias mundiales en el diseño y la administración de los sistemas fiscales, así como a realizar comparaciones entre jurisdicciones. Aunque está dirigida principalmente a analistas, también puede resultar útil para los altos responsables de las administraciones tributarias o para los funcionarios de los Ministerios de Hacienda cuando se plantean cambios en la gestión de los sistemas fiscales.

La edición de 2025 de la serie examina con mayor detalle las administraciones tributarias de ámbito nacional en 58 jurisdicciones. Si bien tradicionalmente la publicación ha puesto el acento en los datos e indicadores de desempeño correspondientes al último ejercicio fiscal disponible, esta edición presta especial atención a una perspectiva de diez años sobre la evolución de la administración tributaria y sobre cómo el auge de la inteligencia artificial está configurando su futuro.

El auge de la inteligencia artificial

En ediciones anteriores de la serie se ha analizado el impacto de la digitalización de la economía en general y de los avances tecnológicos en los modelos operativos de las administraciones tributarias. Algunos de estos cambios requieren muchos años para su implantación, y el progreso gradual observado en el pasado sigue siendo visible en esta edición de 2025.

Existe, no obstante, una tecnología cuyo crecimiento ha sido especialmente rápido en un periodo relativamente corto: la inteligencia artificial (IA). La mayor disponibilidad en los últimos años de sistemas capaces de soportar aplicaciones de IA ha llevado a muchas administraciones tributarias a adoptarla para ofrecer servicios nuevos y mejorados que contribuyan a aumentar la eficiencia y el cumplimiento, así como a reducir las cargas administrativas.

En torno a 2015, cuando se elaboró la primera encuesta ISORA, la IA no desempeñaba un papel significativo en la administración tributaria. De hecho, ni siquiera se mencionaba en la primera encuesta ISORA, razón por la cual no existen datos sobre el uso de la IA por parte de las administraciones tributarias correspondientes al ejercicio fiscal 2014. Los primeros datos sobre el uso de la IA por las administraciones tributarias están disponibles para 2016, año en el que el 9 % de las administraciones declaró haberla implantado y utilizado. Desde entonces, el porcentaje de administraciones tributarias que utilizan IA se ha disparado hasta alcanzar el 69 % en 2023, mientras que otro 24 % ha indicado que se encuentra en proceso de implantación.

Este notable aumento también se aprecia en el número de ejemplos que las administraciones tributarias han aportado para esta edición. Aproximadamente el 25 % de los ejemplos están relacionados con la IA, lo que pone de relieve la amplia variedad de aplicaciones de esta tecnología en las distintas administraciones: desde el apoyo al análisis de datos hasta la prestación de servicios más rápidos y eficientes a los contribuyentes o la mejora de la selección de casos. Además, la IA está permitiendo automatizar tareas repetitivas de gran volumen, lo que posibilita que los recursos de las administraciones tributarias se concentren en tareas más complejas.

Diez años de datos de la encuesta ISORA: conclusiones y perspectivas

Aunque la IA es sin duda uno de los temas más destacados en la administración tributaria, los datos de ISORA también aportan otras perspectivas y conclusiones de carácter general sobre su evolución. Entre los principales resultados derivados de la comparación de los datos de la ISORA a lo largo de un periodo de diez años destacan los siguientes:

- ***Las administraciones tributarias siguen siendo el principal organismo encargado de la recaudación de ingresos públicos***: La recaudación neta gestionada por las administraciones tributarias representa, en promedio, el 63 % del total de los ingresos públicos, lo que supone un aumento de casi 8 puntos porcentuales desde 2014. En tres cuartas partes de las jurisdicciones analizadas en este informe, las administraciones tributarias son el principal organismo público encargado de la recaudación de ingresos.
- ***Cambio estructural hacia los canales de autoservicio:*** Los datos muestran un desplazamiento desde los canales de contacto disponibles durante el horario de atención de las oficinas tributarias hacia canales disponibles las 24 horas del día, los 7 días de la semana. Desde 2014, los contactos presenciales han disminuido un 56 %. Al mismo tiempo, las interacciones en línea se han triplicado desde 2018, superando los 3 000 millones en 2023.
- ***La presentación electrónica de declaraciones se ha convertido en la norma***: A lo largo del periodo de diez años, las tasas de presentación electrónica de declaraciones han aumentado de forma significativa —entre 18 y 24 puntos porcentuales— en los tres principales tipos de impuestos. En 2023, cerca del 90 % de las declaraciones del impuesto sobre la renta de las personas físicas (IRPF) se presentaron por vía electrónica. Este porcentaje es incluso mayor en el caso del impuesto sobre sociedades (IS, 96 %) y del impuesto sobre el valor agregado (IVA, 99 %). No obstante, pese a la generalización de la presentación electrónica y de los sistemas de declaraciones precumplimentadas, las ***tasas medias de presentación dentro de plazo no han mejorado***. En promedio, estas tasas se han mantenido prácticamente estables desde 2014, aunque los datos subyacentes muestran variaciones significativas entre jurisdicciones en la evolución de la puntualidad en la presentación.
- ***Posible efecto de la mayor disponibilidad de datos y de los nuevos enfoques de gestión de los riesgos de cumplimiento sobre el comportamiento de los contribuyentes:*** Aunque los datos disponibles sobre inspecciones indican que las tasas de inspecciones con ajuste se han mantenido similares desde 2014, las liquidaciones complementarias resultantes de inspecciones han disminuido de forma significativa en el IRPF, el IS y el IVA. Este hecho podría ser indicativo de la eficacia de los programas de cumplimiento preventivo y de una mejora del comportamiento de cumplimiento, posiblemente como resultado de unos servicios más eficaces y de programas de educación del contribuyente más desarrollados. Asimismo, podría reflejar un efecto disuasorio, al ser cada vez más conscientes los contribuyentes de que las administraciones tributarias disponen de un volumen creciente de datos.
- ***La recaudación de ingresos crece más rápido que los atrasos tributarios:*** El importe total de los atrasos pendientes de pago al final del ejercicio fiscal 2023 se situó en torno a 2,7 billones de euros. Si bien esto supone un aumento significativo respecto a los 1,5 billones de euros registrados en 2014, el ratio promedio de atrasos al final del ejercicio fiscal en relación con la recaudación neta ha disminuido desde entonces en aproximadamente un 10 %.
- ***La tecnología permite que menos personal atienda a más contribuyentes***: En un contexto de crecimiento demográfico y de la población activa, el 60 % de las administraciones informa de una

disminución del número de empleados, lo que implica que el personal restante debe prestar servicio a un mayor número de personas. En promedio, la población y la población activa por empleado a tiempo completo aumentaron alrededor de un 15 % entre 2014 y 2023. La transformación digital está ayudando a las administraciones tributarias a responder a este desafío.

- ***Cambio en el perfil de la plantilla***: Entre 2014 y 2023, el porcentaje de personal con menos de cinco años de antigüedad aumentó en 7,4 puntos porcentuales. Dado que se espera que un número significativo de empleados se jubile en los próximos años —en promedio, el 28 % del personal tiene 55 años o más—, las administraciones tributarias perderán aún más conocimiento y experiencia. Si bien esta situación también puede abrir oportunidades para incorporar nuevas competencias digitales en las administraciones, uno de los principales desafíos será garantizar la transferencia del conocimiento y la experiencia.

1 Introducción

Este capítulo ofrece una visión general del contenido de la edición de 2025 de la Serie sobre la administración tributaria de la OCDE.

En 2017, la séptima edición de la serie señalaba el cambio en el panorama de la administración tributaria, destacando cómo las nuevas tecnologías, las herramientas analíticas y el notable aumento del volumen de datos al que tienen acceso las administraciones tributarias les permitían replantear sus modelos operativos y crear nuevas oportunidades para mejorar los servicios, reforzar el cumplimiento y reducir las cargas. (OECD, 2017[1])

Desde entonces, la incorporación de la tecnología a la administración tributaria ha continuado avanzando con rapidez, incluido el auge de la inteligencia artificial. En 2020, la OCDE formuló su visión de una administración tributaria digitalmente transformada, denominada *Tax Administration 3.0* (OECD, 2020[2]). Esta visión del futuro de la administración tributaria ha inspirado los planes estratégicos de muchas administraciones, y algunas ya se encuentran avanzadas en sus procesos de transformación digital.

Recuadro 1.1. Dinamarca: marco estratégico para la transformación digital

La Agencia Tributaria de Dinamarca (DTA, por sus siglas en inglés) ha desarrollado un marco estratégico de transformación digital con el fin de mantenerse al ritmo de los avances tecnológicos en la sociedad y crear soluciones adaptadas a los desafíos futuros, reforzando así la confianza de la ciudadanía en la administración tributaria.

El marco se compone de tres elementos principales:

- Visión: La visión refleja el objetivo que la administración desea alcanzar en un ámbito específico de actividad durante los próximos quince años.
- Arquitectura empresarial y de tecnologías de la información (TI): La arquitectura empresarial y de TI traduce la visión en un diseño arquitectónico que integra capacidades, aplicaciones y tecnologías. Mediante el uso de métodos de arquitectura empresarial y de TI, la DTA puede identificar las iniciativas necesarias para que la organización alcance su estado objetivo.
- Hoja de ruta: La hoja de ruta recoge el conjunto de iniciativas que se pondrán en marcha para alcanzar la visión. Estas pueden dividirse en corto, medio y largo plazo. Además, la hoja de ruta permite a la DTA realizar un seguimiento de la eficacia de cada iniciativa.

El objetivo es aplicar el marco estratégico a cada ámbito funcional de la organización. La estructura organizativa se compone de catorce ámbitos de actividad, cada uno de los cuales comprende distintas funciones principales y resultados asociados. La aplicación del marco a cada dominio permite a los responsables comprender mejor el funcionamiento de la DTA y seguir estratégicamente la evolución de cada uno de ellos dentro del conjunto del sistema. El año pasado, el marco se aplicó a cuatro dominios de actividad:

- Tributación de las sociedades
- Acciones, dividendos y pensiones
- Impuesto sobre el valor agregado (IVA)
- Determinación preliminar del impuesto sobre la renta y notificación de liquidación tributaria

Fuente: Dinamarca (2025).

Para entender mejor cómo ha evolucionado la administración tributaria en los últimos años, esta edición de la serie compara, en varios casos, los datos correspondientes al ejercicio fiscal 2023, recopilados a través de la encuesta ISORA de 2024, con los datos históricos de 2014.

Aunque esta perspectiva de diez años —basada en la comparación de los datos ISORA de los ejercicios fiscales 2014 y 2023— debe interpretarse con cautela, debido a los cambios experimentados por las administraciones tributarias, como la asunción de nuevas responsabilidades, permite extraer conclusiones generales sobre su evolución.

Como en ediciones anteriores, además de los datos de la ISORA, se invitó a las administraciones tributarias incluidas en esta edición de la serie a aportar ejemplos de prácticas innovadoras que estén llevando a cabo para alcanzar sus objetivos. El resultado ha sido una valiosa recopilación de más de 80 ejemplos, que abarcan una amplia variedad de temas. Si bien estos ejemplos no permiten realizar comparaciones entre administraciones tributarias del mismo modo que, en determinadas circunstancias, lo permiten los datos de la ISORA, sí enriquecen la lectura de los datos y ofrecen indicios sobre la dirección estratégica que están siguiendo las administraciones tributarias a escala mundial, como pone de manifiesto el elevado número de ejemplos relacionados con la inteligencia artificial.

Asimismo, esta edición de la serie continúa utilizando información procedente de la base de datos ITTI (OECD et al., 2025[3]). El ITTI recopila información sobre los trabajos de digitalización y transformación digital de las administraciones tributarias de todo el mundo, y esta rica fuente de datos puede aportar una visión más profunda de los cambios en curso en la administración tributaria, propiciando el aprendizaje mutuo y la colaboración.

Estructura de la edición de 2025

Con independencia del contexto nacional en el que opere una administración tributaria, su objetivo fundamental sigue siendo el mismo: recaudar los ingresos tributarios de forma oportuna y precisa para financiar los servicios públicos. El ***Capítulo 2*** examina esta cuestión con mayor detalle y ofrece estadísticas sobre la diversidad y el volumen de los impuestos cuya gestión corresponde a las administraciones tributarias.

Para alcanzar este objetivo, resulta esencial que las administraciones tributarias garanticen que todos los contribuyentes pertinentes estén registrados y puedan ser identificados, cuando sea necesario, de forma rápida y segura. El ***Capítulo 3*** expone la labor de las administraciones tributarias en este ámbito, en particular el impacto de la transformación digital en la gestión del sistema de identificación.

El ***Capítulo 4*** se centra en la gestión de declaraciones y pagos, que abarca todas las actividades relacionadas con la tramitación de las declaraciones tributarias y los pagos correspondientes. En este capítulo también se analiza el uso de canales electrónicos para la presentación y el pago de impuestos, y se describen los esfuerzos de las administraciones por ofrecer declaraciones previamente cumplimentadas, así como los niveles de cumplimiento de los plazos de presentación y pago.

Prestar servicios acordes con las expectativas de los contribuyentes y ayudarles a cumplir sus obligaciones fiscales resulta esencial para alcanzar altos niveles de cumplimiento voluntario. El ***Capítulo 5*** pone de relieve la labor de las administraciones tributarias en este ámbito, incluido el modo en que fomentan el «autoservicio» por parte de los contribuyentes y el papel cada vez más relevante de la inteligencia artificial en la prestación de servicios.

La gestión del cumplimiento es el tema principal del ***Capítulo 6***, que analiza cómo las administraciones tributarias identifican los riesgos de cumplimiento, a menudo mediante el uso de datos y nuevas herramientas tecnológicas. Este capítulo también examina el desempeño de las administraciones en materia de actuaciones dirigidas a garantizar el cumplimiento.

La recaudación eficaz de las deudas tributarias pendientes es fundamental para mantener altos niveles de cumplimiento voluntario y la confianza de la ciudadanía en el sistema tributario en su conjunto. El ***Capítulo 7*** analiza cómo gestionan esta función las administraciones tributarias y examina las características que debe reunir una gestión moderna de recaudación de deudas tributarias.

No obstante, es inevitable que surjan controversias entre los contribuyentes y las administraciones tributarias, y el ***Capítulo 8*** examina los procedimientos que protegen los derechos de los contribuyentes y garantizan la existencia de mecanismos adecuados de control y equilibrio en el ejercicio de las potestades tributarias por parte de las administraciones.

Todas estas actividades se sustentan en los recursos de los que disponen las administraciones tributarias. El ***Capítulo 9*** proporciona información sobre esos recursos y describe cómo están evolucionando las prácticas de trabajo.

Por último, la publicación del año pasado incluyó varios aspectos adicionales de la administración tributaria analizados en la encuesta ampliada ISORA 2023, que se realiza cada cinco años. La edición de 2024 de esta serie sigue siendo la fuente más reciente de información sobre dicha encuesta ampliada. (OECD, 2024[4])

Bibliografía

OECD (2024), *Tax Administration 2024: Comparative Information on OECD and other Advanced and Emerging Economies*, OECD Publishing, Paris, https://doi.org/10.1787/2d5fba9c-en. [4]

OECD (2020), *Tax Administration 3.0: The Digital Transformation of Tax Administration*, OECD Publishing, Paris, https://doi.org/10.1787/ca274cc5-en. [2]

OECD (2017), *Tax Administration 2017: Comparative Information on OECD and Other Advanced and Emerging Economies*, OECD Publishing, Paris, https://doi.org/10.1787/tax_admin-2017-en. [1]

OECD et al. (2025), *Inventory of Tax Technology Initiatives*, https://www.oecd.org/content/oecd/en/data/datasets/inventory-of-tax-technology-initiatives.html (accessed on 1 October 2025). [3]

2 Recaudación de ingresos y otras responsabilidades

Este capítulo analiza el desempeño de las administraciones tributarias en su función principal de recaudar impuestos. Presenta datos sobre la recaudación neta agregada de ingresos tributarios, así como otra información clave relacionada con las actividades de las administraciones analizadas en esta publicación.

Introducción

La finalidad primordial de una administración tributaria es recaudar los ingresos tributarios necesarios para financiar los servicios públicos. No obstante, como se ha señalado en ediciones anteriores de esta serie, con el tiempo muchas administraciones tributarias han asumido competencias adicionales. Este capítulo ofrece una visión general de las competencias en materia de ingresos atribuidas a las administraciones tributarias, así como de los ingresos netos recaudados. Asimismo, examina la importancia de los regímenes de retención como instrumento de apoyo al cumplimiento fiscal.

Responsabilidades de las administraciones tributarias

Son pocas las jurisdicciones que aún no han unificado la recaudación de los impuestos directos y de la mayoría de los impuestos indirectos en un único organismo de administración tributaria. La Tabla 2.1. resume los distintos tipos de ingresos respecto de los cuales las administraciones tributarias participantes en esta publicación tienen competencia. Puede encontrarse información más detallada sobre las estructuras institucionales de las administraciones tributarias en el Capítulo 9 de la edición 2024 de esta serie (OECD, 2024[1]).

Tabla 2.1. Tipos de ingresos de los que es responsable la administración tributaria, 2023

Porcentaje de administraciones competentes en relación con los siguientes tipos de ingresos

Impuesto sobre la renta de las personas físicas	Impuesto de sociedades	Impuesto sobre el valor agregado	Impuestos especiales (internos)	Impuestos sobre vehículos de motor	Impuestos sobre bienes inmuebles	Impuestos sobre el patrimonio	Impuestos sobre sucesiones, donaciones y otros	Otros impuestos sobre bienes y servicios	Cotizaciones a la seguridad social	Derechos de aduana
98,3	100,0	94,8	65,5	48,3	44,8	22,4	50,0	53,4	39,7	46,6

Fuente: BAsD, CIAT, OIAT, FMI, OCDE, Encuesta Internacional sobre Administración Tributaria, Tablas A.1 Tipos de ingresos de los que es responsable la administración: Impuesto sobre la renta e impuestos sobre bienes y servicios, A.2 Tipos de ingresos de los que es responsable la administración: Otros impuestos, A.3 Tipos de ingresos de los que es responsable la administración: Otros impuestos (continuación), CSS e ingresos no tributarios, A.4 Impuestos retenidos por el empleador y administraciones que combinan las funciones tributarias y las aduaneras, http://isoradata.org (consultado el 1 de octubre de 2025).

Asimismo, como se señala en el capítulo 2 de la edición de 2024 de esta serie, los gobiernos han asignado a las administraciones tributarias nuevas competencias (o responsabilidades compartidas con otras entidades públicas en determinados ámbitos), además de sus funciones tributarias tradicionales. La confianza en su capacidad demostrada para gestionar procesos administrativos complejos y a gran escala desempeña, sin lugar a dudas, un papel importante en esta evolución. Habitualmente, estas funciones abarcan la concesión de prestaciones económicas (por ejemplo, de carácter social) y la gestión o recaudación de préstamos y otras deudas públicas, como los préstamos estudiantiles o las pensiones de manutención de hijos. En otros casos, la función guarda una relación menos directa con el sistema tributario, como ocurre con la supervisión de determinadas actividades de juegos de azar y apuestas o la gestión de registros de población. (OECD, 2024[1]).

Recuadro 2.1. Finlandia: Registro de créditos

La Administración Tributaria de Finlandia ha establecido un registro de créditos que persigue los siguientes objetivos:

- Prevenir el sobreendeudamiento de los hogares.
- Reforzar la capacidad de los acreedores para evaluar la solvencia de los solicitantes de crédito.
- Facilitar a las personas físicas la gestión de sus finanzas.
- Proporcionar información fiable sobre el mercado crediticio.
- Facilitar el seguimiento y la supervisión de los mercados de crédito.

En la primera fase del proyecto, finalizada en 2024, el registro incorporó información sobre créditos al consumo y otros créditos comparables. Paralelamente, se implantaron diversas funcionalidades:

- Las entidades de crédito comunican al registro todos los créditos al consumo concedidos a personas físicas en Finlandia, así como cualquier modificación de los contratos de préstamo. En 2024 se registraron más de 15,5 millones de préstamos.
- Los prestamistas utilizan la información del registro para evaluar la solvencia de los solicitantes. Los extractos del registro incluyen datos sobre los contratos de préstamo del solicitante y sus ingresos actuales. La información sobre ingresos procede del registro de ingresos y se actualiza periódicamente. Los prestamistas abonan una tasa por cada consulta al registro (en 2024 se realizaron más de cinco millones de consultas).
- Determinadas autoridades públicas pueden utilizar la información del registro de créditos para el ejercicio de sus funciones legales.
- Las personas físicas pueden consultar en línea su información crediticia y establecer gratuitamente una prohibición voluntaria de concesión de crédito.

En la segunda fase del programa, los prestamistas comenzarán a comunicar préstamos concedidos a personas físicas distintos de los créditos al consumo. Está previsto que esta fase concluya en junio de 2026.

Fuente: Finlandia (2025).

La ampliación de responsabilidades, si bien puede aportar beneficios a través de economías de escala y alcance, también puede aumentar potencialmente los riesgos que afecten la función principal de recaudar los ingresos tributarios necesarios para financiar los servicios y bienes públicos. Por ello, exige una gobernanza sólida, una adecuada gestión de riesgos y una dotación suficiente de recursos.

Responsabilidades relacionadas con la investigación de delitos fiscales

Encontrar formas de combatir los delitos fiscales es una cuestión prioritaria, ya que el lavado de activos, la corrupción, la financiación del terrorismo y otros delitos financieros amenazan los intereses estratégicos, políticos y económicos de las jurisdicciones. Las administraciones tributarias, como garantes de la integridad del sistema financiero, desempeñan un papel fundamental en la lucha contra estas actividades, dado que disponen de información que puede resultar determinante para el éxito de una investigación penal en materia tributaria.

Las jurisdicciones deberían contar con un modelo organizativo que establezca con claridad las responsabilidades en la lucha contra la delincuencia fiscal y otros delitos financieros. (OECD, 2021[2]) Existen diversos enfoques organizativos para llevar a cabo investigaciones sobre delitos fiscales, y la encuesta ISORA analiza el papel de las administraciones tributarias en este ámbito. Como se desprende de los datos, cerca de dos tercios de las administraciones tributarias incluidas en esta publicación tienen competencias en materia de investigación de delitos fiscales (Tabla A.87). La mayoría de ellas asume tanto la dirección como la ejecución de estas investigaciones, mientras que las demás se encargan únicamente de realizar las investigaciones, bajo la dirección o autoridad de otro organismo, como la policía o la fiscalía (véase la Tabla 2.2).

En los casos en que la administración tributaria no tiene competencia para investigar delitos fiscales, esta labor la realiza otro organismo, como la policía o la fiscalía. En algunos supuestos, también puede recaer sobre un organismo especializado, ajeno a la administración tributaria.

Tabla 2.2. Papel de las administraciones en la investigación de delitos fiscales, 2022

Porcentaje de administraciones

La administración tributaria tiene competencias tanto para dirigir como para realizar investigaciones de delitos fiscales.	La administración tributaria tiene competencias para realizar investigaciones, bajo la dirección o autoridad de otro organismo.	Un organismo ajeno a la administración tributaria se encarga de investigar los delitos fiscales.
43,1	25,9	46,6

Nota: En algunas jurisdicciones, el modelo organizativo aplicable a la investigación de delitos fiscales puede variar en función del tipo de infracción o del procedimiento penal tributario de que se trate. En esos casos, cabe la posibilidad de que las administraciones hayan marcado múltiples opciones de respuesta. Por ello, la suma de los porcentajes supera el 100 %.
Fuente: BAsD, CIAT, OIAT, FMI, OCDE, Encuesta Internacional sobre Administración Tributaria, Tabla A.87 Investigaciones de delitos fiscales: Papel de la administración, http://isoradata.org (consultado el 1 de octubre de 2025).

Las jurisdicciones deberían disponer de una estrategia para abordar la delincuencia fiscal. (OECD, 2021[2]) En el informe de la OCDE publicado en 2024, *Designing a National Strategy against Tax Crime: Core Elements and Considerations* (OECD, 2024[3]), ofrece orientaciones sobre la justificación y el diseño de estrategias nacionales en este ámbito. El informe se basa en las prácticas de los miembros del Grupo de Trabajo sobre Delitos Fiscales y Otros Delitos (TFTC) de la OCDE, integrado por funcionarios de numerosas administraciones tributarias.

Recuadro 2.2. Investigación de delitos fiscales

Brasil: Innovación en la lucha contra esquemas complejos de fraude fiscal

Ante el creciente desafío que plantean los esquemas estructurados de fraude fiscal, la Receita Federal do Brasil (RFB) ha puesto en marcha iniciativas destinadas a combatir operaciones ilícitas sofisticadas con potencial de generar un impacto económico significativo.

Uno de los avances más relevantes ha sido identificar la necesidad de una integración plena entre las áreas especializadas de la RFB, en particular las responsables de investigaciones confidenciales, análisis de riesgos y actuaciones de control. Se constató que el funcionamiento aislado de estos departamentos limitaba la capacidad de respuesta frente a esquemas de elevada complejidad.

Para hacer frente a esta limitación, se desarrolló una metodología orientada a reforzar la coordinación institucional y operativa entre las áreas especializadas de la RFB. Las primeras actuaciones en el marco de este enfoque ya están en curso, con equipos conjuntos que trabajan en investigaciones relativas a fraudes estructurados de gran escala. Entre las actuaciones se incluyen la identificación y el seguimiento de redes de empresas instrumentales, el análisis de transacciones financieras atípicas y la detección de operaciones fraudulentas vinculadas a obligaciones tributarias. Este modelo de actuación permite aprovechar de manera más eficaz las competencias técnicas de cada unidad, generando sinergias institucionales y reforzando la capacidad de la RFB para luchar contra el fraude fiscal.

Otro elemento clave ha sido la introducción de un mecanismo de coordinación más centralizado con funciones de supervisión sobre los distintos departamentos. Ello facilita la priorización de actuaciones y la coordinación en la asignación de tareas. Esta estructura de gobernanza reforzada contribuye a concentrar los recursos en los casos de mayor relevancia, maximizando el impacto de las actuaciones y asegurando una asignación eficiente de los recursos.

Israel: Identificación de facturas fraudulentas

En los últimos años, la emisión y circulación de facturas fraudulentas se ha convertido en un problema creciente, con un impacto económico significativo en términos de pérdida de ingresos. Para hacer frente a esta situación, la Autoridad Tributaria de Israel (ITA) ha adoptado un enfoque preventivo basado en el desarrollo de un modelo dirigido a identificar este tipo de facturas. El sistema funciona mediante un mecanismo de validación previa de las facturas fiscales, de modo que aquellas que no hayan sido autorizadas —es decir, que no hayan recibido un número de autorización— no darán derecho a la deducción del IVA soportado. El proceso se realiza en línea mediante una interfaz de programación de aplicaciones (API) que conecta el software contable del operador económico con los sistemas de la ITA.

La Ley del IVA fue modificada para establecer la obligatoriedad de obtener un número de autorización para las facturas fiscales cuyo importe supere los 50 000 NIS. Asimismo, se facultó a la ITA para denegar la asignación de dichos números cuando existan motivos razonables para considerar que la factura ha sido emitida de forma ilegal. Este umbral de 50 000 NIS se reducirá progresivamente hasta situarse en 5 000 NIS en 2028.

La reforma ha tenido un impacto positivo. El sistema informático de la ITA asigna automáticamente entre 50 000 y 100 000 números de autorización al día, con tiempos de respuesta inferiores a medio segundo.

En 2024, la ITA identificó facturas fraudulentas por un valor aproximado de 30 000 millones de NIS y procedió al cierre de cientos de empresas que declaraban estas facturas. Se estima que el ahorro en concepto de IVA como resultado de estas actuaciones asciende a aproximadamente 6 000 millones de NIS.

España: Prevención de las facturas fraudulentas

Con el objetivo de impulsar la digitalización del tejido empresarial y reducir el fraude fiscal, la Agencia Estatal de Administración Tributaria (AEAT) ha puesto en marcha el proyecto VERI*FACTU. El proyecto establece requisitos que deben cumplir los sistemas informáticos de facturación utilizados por empresarios y profesionales, con el fin de impedir la proliferación de programas informáticos que faciliten la manipulación o el ocultamiento de los registros de facturación.

Por ello, los sistemas y programas de facturación deben garantizar la integridad, accesibilidad y trazabilidad de los registros de facturación. Esta obligación recae en los fabricantes y desarrolladores de software de facturación, quienes deben garantizar su cumplimiento mediante la certificación de los productos que comercializan.

Los contribuyentes pueden optar voluntariamente por remitir de forma automática a la administración tributaria todos los registros de facturación generados por sus sistemas informáticos, o bien conservarlos en el propio sistema emisor. Además, para los pequeños empresarios que no dispongan de un sistema informático de facturación, la AEAT pone a disposición, a través de su sede electrónica, un formulario que facilita la elaboración de sus facturas.

Una de las novedades incorporadas es un código QR que permite al destinatario de la factura comprobar si esta ha sido remitida a la AEAT. Asimismo, todas las facturas deberán incorporar un segundo código QR que podrá utilizarse para validar el contenido de la factura recibida o bien para comunicarla a la AEAT.

Suecia: Análisis de «crime scripts» para combatir el fraude fiscal

Comprender cómo operan los esquemas recurrentes de fraude fiscal es fundamental para diseñar contramedidas eficaces. El equipo de innovación de la Agencia Tributaria de Suecia (STA) ha aplicado la metodología conocida como *crime script analysis* con el fin de identificar cómo estructurar la información disponible para comprender mejor la ejecución de determinados esquemas de evasión fiscal.

El *crime script analysis* es una técnica que permite entender cómo se cometen los delitos descomponiéndolos en una secuencia de etapas, partiendo de la premisa de que las conductas delictivas siguen un proceso estructurado. Al representar la totalidad del proceso se obtiene una visión integral del esquema, lo que permite organizar la información de manera sistemática y determinar cómo prevenir estos comportamientos cuando aún se encuentran en fases tempranas.

En el marco de un proceso de desarrollo interno, la STA está explorando cómo escalar este enfoque —actualmente en fase de prueba de concepto— para su aplicación a grandes volúmenes de datos. Una vez consolidado, este análisis permitirá identificar los puntos en los que la STA puede intervenir de forma más eficaz, lo que facilitará a los analistas de riesgos determinar las áreas en las que conviene centrar la atención. Asimismo, los analistas encargados de la selección de casos podrán utilizar este análisis para comprender mejor el funcionamiento de los esquemas de evasión fiscal al seleccionar los expedientes que se remiten a investigadores y funcionarios tributarios. Los equipos de inteligencia, por su parte, podrán aprovechar la visión global del esquema para incorporar información adicional sobre los distintos actores implicados.

Fuentes: Brasil (2025), Israel (2025), España (2025) y Suecia (2025).

Recaudación de ingresos

Esta sección examina la recaudación neta de ingresos de las administraciones tributarias, así como otros indicadores clave relacionados con su actividad.

En términos generales, ha continuado el aumento de la recaudación que ya se observaba en ediciones anteriores de esta publicación. Entre 2022 y 2023, la recaudación creció en la gran mayoría de las jurisdicciones incluidas en esta publicación. El incremento medio sigue siendo significativo (+9,7 % en promedio; véase la Tabla 2.3.) aunque se ha moderado en comparación con los dos años anteriores, que estuvieron marcados por la fuerte recuperación de la actividad económica tras la pandemia de COVID-

19. Durante ese período, las medidas de confinamiento adoptadas por numerosos gobiernos y el cierre forzoso de muchas empresas afectaron negativamente a las bases imponibles y al volumen de ventas.

Tabla 2.3. Variación de la recaudación neta total, 2018-23

Variación (de ... a ...)	2018 a 2019	2019 a 2020	2020 a 2021	2021 a 2022	2022 a 2023
Aumento (porcentaje de administraciones)	96,5	22,8	94,7	96,5	87,7
Disminución (porcentaje de administraciones)	3,5	77,2	5,3	3,5	12,3
Variación promedio (%)	+6,2	-3,8	+17,2	+17,3	+9,7

Nota: La tabla se basa en los datos de las jurisdicciones analizadas en esta publicación. Se han excluido los datos de India, ya que la información del organismo encargado de administrar los impuestos indirectos solo estaba disponible a partir del ejercicio fiscal 2021.
Fuente: BAsD, CIAT, OIAT, FMI, OCDE, Encuesta Internacional sobre Administración Tributaria, Tabla A.5 Ingresos netos recaudados por la administración tributaria: Total, http://isoradata.org (consultado el 1 de octubre de 2025).

La recaudación neta de las administraciones tributarias representa, en promedio, el 22 % del PIB de la jurisdicción

A través de la base de datos Global Revenue Statistics (OECD, 2024[4]), la OCDE publica datos comparables a escala internacional sobre los ingresos fiscales de sus miembros, así como de otras jurisdicciones, para todos los niveles de gobierno. Dado que la base de datos presenta la información a nivel de jurisdicción —y no de administración—, en la encuesta ISORA se solicitó a las administraciones tributarias que proporcionaran información detallada sobre su actividad recaudatoria. Esta información demuestra claramente la importancia de las administraciones tributarias en sus respectivas economías.

En 2023, la recaudación neta obtenida por las administraciones tributarias participantes en este informe, expresada como porcentaje del producto interior bruto (PIB), osciló entre menos del 10 % y más del 40 %, alcanzando los valores más elevados en Noruega, Dinamarca y Suecia. La recaudación neta promedio de las administraciones incluidas en este informe equivale al 22 % del PIB (véase el Gráfico 2.1.).

Gráfico 2.1. Ingresos netos recaudados en porcentaje del producto interior bruto, 2023

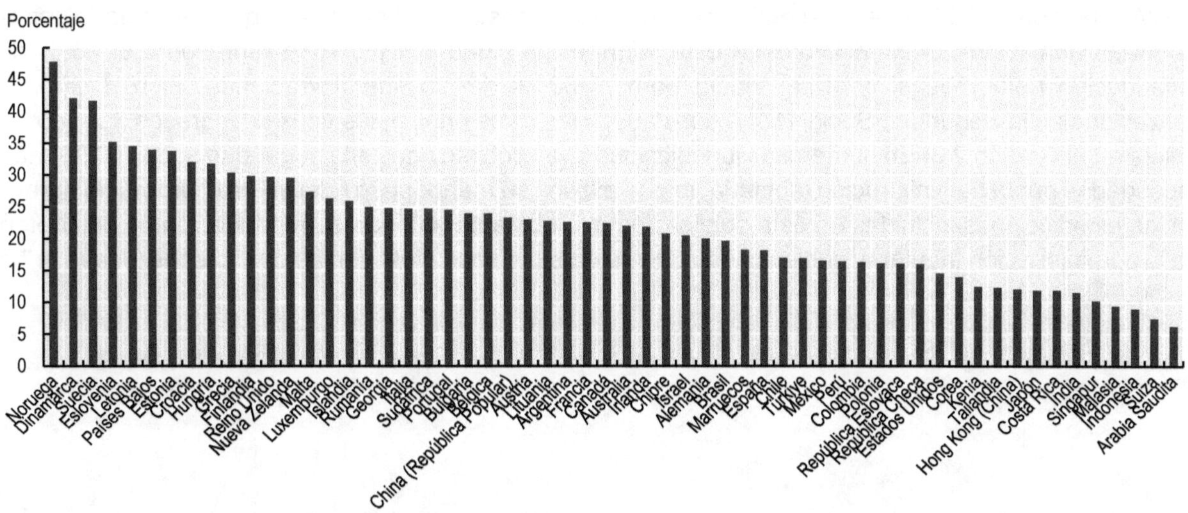

Fuente: BAsD, CIAT, OIAT, FMI, OCDE, Encuesta Internacional sobre Administración Tributaria, Tabla D.1 Ratios relacionados con los ingresos: Recaudación en relación con el total de los ingresos públicos y el PIB, http://isoradata.org (consultado el 1 de octubre de 2025).

StatLink https://stat.link/23dagr

Gráfico 2.2. Ingresos netos recaudados en porcentaje del total de ingresos públicos, 2023

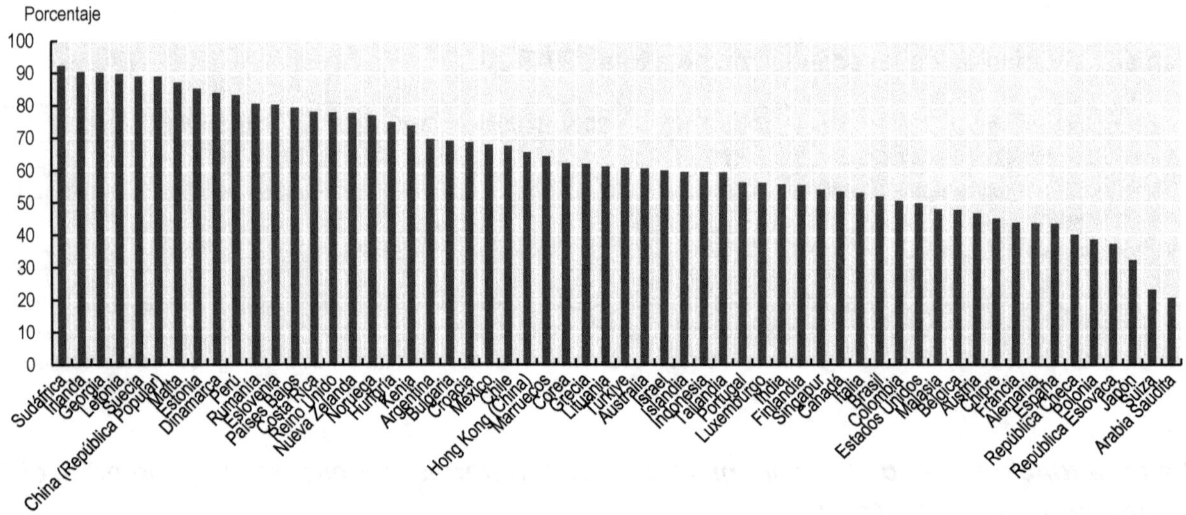

Fuente: BAsD, CIAT, OIAT, FMI, OCDE, Encuesta Internacional sobre Administración Tributaria, Tabla D.1 Ratios relacionados con los ingresos: Recaudación en relación con el total de los ingresos públicos y el PIB, http://isoradata.org (consultado el 1 de octubre de 2025).

StatLink https://stat.link/p1uxs2

La recaudación neta de las administraciones tributarias representa, en promedio, el 63 % de los ingresos totales de las jurisdicciones

En 2023, cuarenta y cuatro administraciones tributarias declararon una recaudación neta superior al 50 % de los ingresos públicos totales, lo que las sitúa como el principal organismo recaudador en aproximadamente tres cuartas partes de las jurisdicciones incluidas en este informe. En promedio, la recaudación neta de las administraciones analizadas equivale al 63 % de los ingresos públicos totales (véase el Gráfico 2.2.).

El IVA representa el 30 % de la recaudación neta total y constituye el principal tributo recaudado por el 47 % de las administraciones incluidas en este informe. Le sigue el IRPF, que representa el 26 % de la recaudación neta y es el principal tributo para el 33 % de las administraciones. El IS (19%) y las cotizaciones a la Seguridad Social (10%) constituyen los otros principales tipos de ingresos, tal y como se refleja en el Gráfico 2.3. En numerosas jurisdicciones, las cotizaciones a la seguridad social (CSS) no son recaudadas por la administración tributaria, lo que explica su menor peso relativo en el promedio agregado de las jurisdicciones incluidas en esta publicación. No obstante, cuando su recaudación es competencia de la administración tributaria, suelen constituir una de sus principales fuentes de ingresos (véase la Tabla D.4.).

Gráfico 2.3. Recaudación promedio de ingresos netos (en porcentaje) por principales tipos de ingresos, 2023

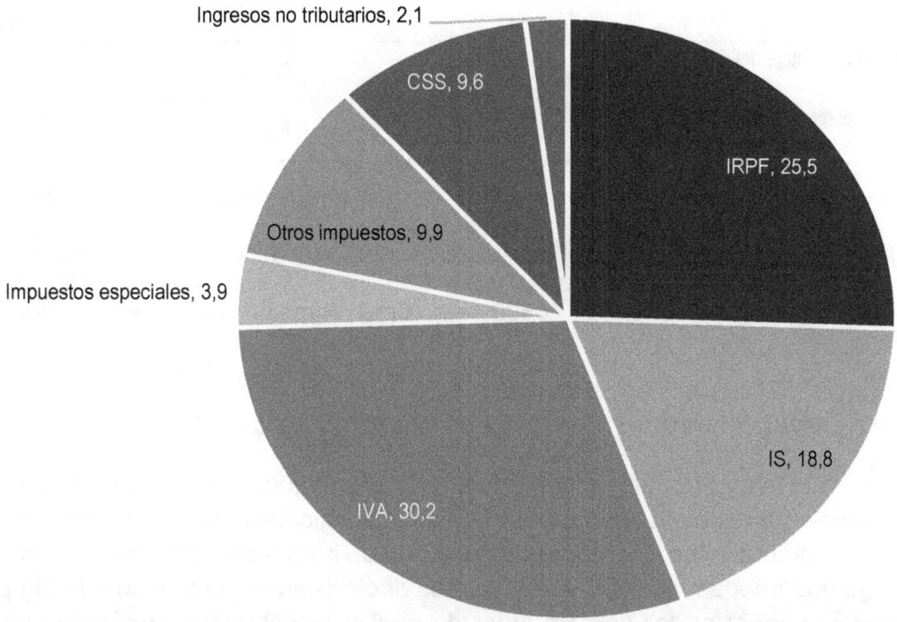

Fuente: BAsD, CIAT, OIAT, FMI, OCDE, Encuesta Internacional sobre Administración Tributaria, Tablas D.2 Ratios relacionados con los ingresos: Impuestos en relación con el PIB e ingresos no tributarios en relación con los ingresos totales, D.3 Estructura tributaria y proporción que representan las CSS: IRPF, IS e IVA, y D.4 Estructura fiscal y proporción de las CSS: Impuestos especiales, otros impuestos y CSS, http://isoradata.org (consultado el 1 de octubre de 2025).

StatLink https://stat.link/s1agtq

En la Tabla 2.4. se presenta una comparación de la recaudación neta promedio en relación con el PIB y con el total de ingresos públicos entre 2014 y 2023. Esta comparación pone de manifiesto la creciente importancia de las administraciones tributarias en la recaudación de los ingresos públicos. (Debe señalarse que la tabla solo tiene en cuenta información de las jurisdicciones para las cuales se disponía de datos tanto para 2014 como para 2023, lo que explica las diferencias en los promedios de 2023 mencionadas en los párrafos anteriores.)

Tabla 2.4. Recaudación neta promedio como porcentaje del PIB y del total de ingresos públicos, 2014 y 2023

Indicador	2014	2023	Diferencia en puntos porcentuales
Recaudación neta como porcentaje del PIB (52 jurisdicciones)	20,9	22,8	+1,9
Recaudación neta como porcentaje del total de ingresos públicos (47 jurisdicciones)	54,7	62,3	+7,6

Nota: La tabla se basa en los datos de las jurisdicciones que facilitaron información para los años 2014 y 2023. El número de jurisdicciones con datos disponibles se indica entre paréntesis.

Fuente: BAsD, CIAT, OIAT, FMI, OCDE, Encuesta Internacional sobre Administración Tributaria, Tabla D.1 Ratios relacionados con los ingresos: Recaudación en relación con el total de los ingresos públicos y el PIB, http://isoradata.org (consultado el 1 de octubre de 2025), y *Tax Administration 2017: Comparative Information on OECD and Other Advanced and Emerging Economies*, Tabla A.1, https://doi.org/10.1787/tax_admin-2017-en.

Agilización de la recaudación: el sistema de retención a cuenta

Los regímenes de retención pueden formar parte de los enfoques de cumplimiento por diseño, que favorecen el cumplimiento general al tiempo que reducen significativamente la carga administrativa para un gran número de contribuyentes. Ello depende del grado de implicación del contribuyente en los ajustes posteriores al pago que puedan resultar necesarios (es decir, cuando la retención da lugar a un pago de impuestos inferior o superior al debido). En lugar de que el contribuyente presente una declaración y pague directamente el impuesto correspondiente, en el sistema de retención a cuenta el impuesto se ingresa directamente en la administración tributaria, normalmente por el pagador, que abona al beneficiario únicamente los ingresos netos (por ejemplo, la retención practicada por un empleador sobre el salario de sus empleados), o por un intermediario entre el pagador y el beneficiario del pago.

A escala mundial, el impuesto más común sujeto a retención es el aplicado a las rentas del trabajo mediante los denominados sistemas *Pay-As-You-Earn* (PAYE), y el 93 % de las jurisdicciones incluidas en esta publicación cuentan con un régimen de este tipo (véase la Tabla A.4). Otros ejemplos son las retenciones aplicadas sobre intereses, dividendos o cánones. Dependiendo del régimen tributario subyacente y de la naturaleza de los pagos, los sistemas de retención pueden variar desde mecanismos sencillos, con un tipo uniforme, hasta sistemas más complejos que tienen en cuenta las circunstancias más amplias del contribuyente. Para obtener más información sobre los tipos de ingresos que suelen estar sujetos a retención en la fuente, véase la Tabla 2.5 de la edición de 2024 de esta serie (OECD, 2024[1]).

Además de reducir la carga administrativa, los regímenes de retención también contribuyen a disminuir los errores de declaración y los pagos por debajo de lo debido, ya que los responsables o intermediarios encargados de ingresar los impuestos en la administración tributaria no tienen derecho sobre los importes correspondientes. Obviamente, estos sistemas no están exentos de posibles fallos, ya sea por una aplicación incorrecta de las normas o por errores cometidos por los responsables o intermediarios cuando el sistema depende de que estos proporcionen información. Sin embargo, una mayor automatización, una verificación cruzada más amplia de los datos y los enfoques coordinados a nivel del gobierno en su conjunto tienen el potencial de reducir tales riesgos.

Para comprender la importancia de la retención a cuenta en el impuesto sobre la renta de las personas físicas, la encuesta ISORA solicitó a las administraciones participantes que facilitaran el importe total del IRPF retenido por terceros y posteriormente ingresado en la administración, que se comparó con el importe total de los pagos recibidos por la administración en concepto de IRPF, incluidos los correspondientes a retenciones sobre salarios (véase la Tabla D.40). Este enfoque difiere del utilizado en ediciones anteriores de la encuesta ISORA, en las que no se solicitaba el valor absoluto, sino directamente el porcentaje del IRPF total retenido. Parece que este cambio introducido en la encuesta ISORA 2024 ha tenido algunas consecuencias imprevistas, ya que: (i) un menor número de jurisdicciones pudo proporcionar esta información (para el período 2018-2023 solo se dispone de datos de 27 jurisdicciones, frente a las 39 que contaban con datos para el período 2018-2022), y (ii) algunas jurisdicciones presentan variaciones significativas e inesperadas entre los datos de 2023 y los correspondientes a años anteriores. En consecuencia, estos datos deben interpretarse con cautela. A pesar de estas limitaciones, la Tabla 2.5. muestra que los regímenes de retención desempeñan un papel importante en los sistemas de recaudación.

Tabla 2.5. Porcentaje promedio de retención del IRPF, 2018-23

2018	2019	2020	2021	2022	2023
86,5	85,9	88,1	87,4	87,0	78,5

Nota: La tabla muestra el porcentaje promedio de retención del IRPF en relación con 27 jurisdicciones que proporcionaron esta información para los años 2018 a 2023.
Fuente: BAsD, CIAT, OIAT, FMI, OCDE, Encuesta Internacional sobre Administración Tributaria, Tabla D.40 Porcentajes de pagos electrónicos y retención del impuesto por terceros, http://isoradata.org (consultado el 1 de octubre de 2025).

Bibliografía

OECD (2024), *Designing a National Strategy against Tax Crime: Core Elements and Considerations*, OECD Publishing, Paris, https://doi.org/10.1787/0e451c90-en. [3]

OECD (2024), *Global Revenue Statistics Database*, https://www.oecd.org/en/data/datasets/global-revenue-statistics-database.html (accessed on 1 October 2025). [4]

OECD (2024), *Tax Administration 2024: Comparative Information on OECD and other Advanced and Emerging Economies*, OECD Publishing, Paris, https://doi.org/10.1787/2d5fba9c-en. [1]

OECD (2021), *Fighting Tax Crime – The Ten Global Principles, Second Edition*, OECD Publishing, Paris, https://doi.org/10.1787/006a6512-en. [2]

3 Registro e identificación

El registro y la identificación de los contribuyentes son elementos fundamentales para el funcionamiento eficaz de un sistema tributario. En este capítulo se comentan algunas de las características más relevantes de ambos procesos.

Introducción

Un sistema integral de registro e identificación de contribuyentes constituye un pilar fundamental de un sistema tributario eficaz. Es la base que sustenta una amplia gama de tareas básicas de administración tributaria, como la autoliquidación, los regímenes del impuesto sobre el valor añadido y de retención a cuenta, así como las obligaciones de información por parte de terceros y el cotejo de datos. En este capítulo se analizan varias cuestiones importantes relacionadas con el registro y la identificación de los contribuyentes, tales como los distintos niveles y canales de registro y la gestión del sistema de identificación, así como la forma en que la digitalización afecta a estos servicios.

Niveles de registro

No puede subestimarse la importancia fundamental que reviste a efectos tributarios un sistema eficaz de registro. Estos procesos son necesarios tanto para gestionar a los contribuyentes que «forman parte del sistema» como para ayudar a identificar a los que aún no se han registrado. Además, deben ser capaces de controlar y determinar las acciones e intervenciones para establecer cualquier responsabilidad tributaria, tanto para las personas físicas como para las jurídicas, incluso en aquellos sistemas en los que no es obligatorio presentar declaraciones.

El Gráfico 3.1. proporciona información sobre la tasa de contribuyentes personas físicas registrados en porcentaje de la población total. En él se muestra una amplia variedad de tasas de registro, que a menudo reflejan el nivel de integración de la administración tributaria con otros organismos públicos, así como los umbrales de ingresos a efectos fiscales.

Gráfico 3.1. Registro de contribuyentes del impuesto sobre la renta de las personas físicas activos como porcentaje de la población, 2023

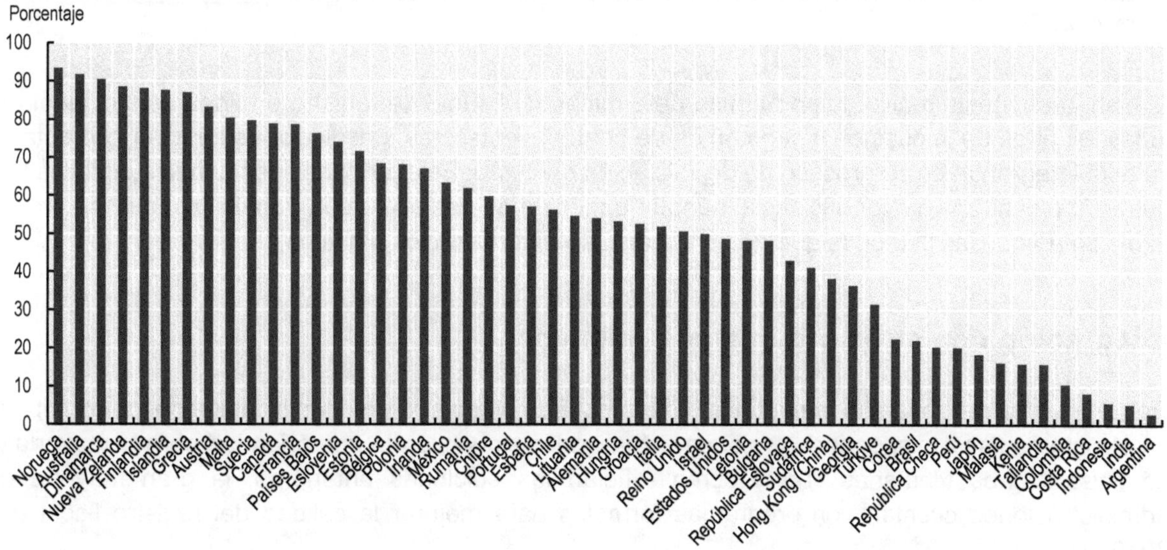

Fuente: BAsD, CIAT, OIAT, FMI, OCDE, Encuesta Internacional sobre Administración Tributaria, Tabla D.19 Registro de contribuyentes del impuesto sobre la renta de las personas físicas, http://isoradata.org (consultado el 1 de octubre de 2025).

StatLink https://stat.link/2u6z3f

Canales de registro

Si bien la mayoría de las administraciones son las únicas responsables del sistema de registro a efectos fiscales en sus jurisdicciones, ediciones anteriores de esta serie han demostrado que en muchas de ellas los procedimientos de registro también pueden iniciarse al margen de la administración tributaria a través de otros organismos públicos (OECD, 2019[1]).

Al analizar la forma en que los contribuyentes pueden registrarse, casi todas las administraciones indicaron que ponen a disposición de los contribuyentes más de un canal de registro y el 98 % afirmó que era posible registrarse en línea (véase la Tabla 3.1.). En comparación con los datos de 2014 incluidos en la edición de 2017 de esta serie (OECD, 2017[2]), ello representa un aumento de 35 puntos porcentuales y pone de manifiesto los avances en digitalización durante el período de diez años comprendido entre 2014 y 2023.

Aunque el registro presencial sigue siendo un canal o elemento relevante del proceso de registro (a menudo debido a la necesidad de presentar una prueba física de identidad), se espera que, a medida que los sistemas de identificación digital se vuelvan más sofisticados y se integren en los sistemas de la administración pública, aumente la gama de canales digitales disponibles.

Tabla 3.1. Disponibilidad de canales de registro para los contribuyentes, 2022

Porcentaje de administraciones que ofrecen el canal de registro correspondiente

En línea	Por teléfono	Por correo electrónico	Por correo postal	Presencial	Otro tipo de canal
98,3	46,6	55,2	62,1	94,8	41,4

Nota: Los canales de registro pueden no estar siempre disponibles para todos los tipos de impuestos o segmentos de contribuyentes.
Fuente: BAsD, CIAT, OIAT, FMI, OCDE, Encuesta Internacional sobre Administración Tributaria, Tabla A.94 Canales de registro: en línea, por teléfono, por correo electrónico y Tabla A.95 Canales de registro: por correo postal, presencial y otros, http://isoradata.org (consultado el 1 de octubre de 2025).

Si bien la encuesta realizada no permite determinar si el canal de registro en línea está disponible para todos los tipos de impuestos o segmentos de contribuyentes, las jurisdicciones señalan que esta opción se está integrando en su proceso de digitalización en curso. Este giro hacia los canales digitales también puede impulsar una mayor eficiencia, aunque a medida que se acelera la transición digital se presta más atención a aquellas personas que no tienen acceso a los servicios digitales.

Integración con otros organismos públicos

Habida cuenta del papel fundamental que desempeñan el registro y la identificación de los contribuyentes en el sistema fiscal, disponer de registros actualizados sigue siendo una prioridad para la mayoría de las administraciones tributarias. Tal y como reflejan las ediciones anteriores, la gran mayoría de las administraciones cuentan con programas formales para mejorar la calidad del registro fiscal (OECD, 2019[1]).

Por lo tanto, no es de extrañar que otros organismos públicos estén interesados en utilizar el registro de la administración tributaria para sus propios fines, ya sea para prestar servicios o para garantizar el cumplimiento de disposiciones legales y reglamentarias. Esto está dando lugar a la creación de bases de datos comunes en el conjunto de la administración pública. Como ilustran los datos del informe de la OCDE de 2025 *Tax Administration Digitalisation and Digital Transformation Initiatives* (OECD, 2025[3]), el

76 % de las administraciones informa de la existencia de este tipo de bases de datos, por ejemplo, registros de población o de empresas (véase la Tabla 3.2.).[1]

Tabla 3.2. Bases de datos comunes a toda la administración pública, 2024

Porcentaje de jurisdicciones

Existen bases de datos comunes de la administración pública.	En caso afirmativo, tipo de bases de datos comunes de la administración pública.				
	Registro de población	Registro de la propiedad	Registro mercantil	Registro de vehículos de motor	Otros
75,9	82,9	80,5	85,4	75,6	46,3

Fuente: OCDE (2025), *Tax Administration Digitalisation and Digital Transformation Initiatives*, Tabla 4.7., https://doi.org/10.1787/c076d776-en.

La integración de datos en el conjunto de la administración pública sigue aumentando, a medida que los gobiernos descubren el potencial de utilizar la información que manejan las administraciones tributarias, como las direcciones y los datos bancarios de los contribuyentes, para contactar con ciudadanos y empresas o efectuar pagos directos de prestaciones o ayudas (OECD, 2020[4]). Como resultado de esta colaboración más estrecha entre los diferentes organismos públicos, muchos de ellos están integrando (partes de) sus sistemas informáticos de modo que el registro fiscal forme parte de otras gestiones que realizan los contribuyentes. Por ejemplo, registrarse a efectos fiscales al mismo tiempo que se registra una empresa o se inscribe el nacimiento de un hijo. Además, existe una tendencia creciente a que las identificaciones digitales que los contribuyentes crean como parte del proceso de registro proporcionen acceso a servicios de otros organismos públicos o, incluso, de terceros (véase la Tabla 3.3.).

Tabla 3.3. Uso de identificaciones digitales, 2024

Porcentaje de administraciones que cuentan con el procedimiento correspondiente

Tipo de contribuyente	Se exige a los contribuyentes utilizar una identidad digital aprobada (ID) para acceder a los servicios digitales seguros ofrecidos por la administración.	En caso afirmativo, ...					
		La identidad digital utilizada para acceder a los servicios puede ser proporcionada por (se permiten múltiples respuestas):			Las identidades digitales son interoperables (*si varias entidades pueden proporcionar una ID)*	La ID emitida por la administración tributaria también puede utilizarse para acceder a los servicios de...	
		la administración tributaria	otro organismo público	entidades del sector privado		otro organismo público	entidades del sector privado
el propio usuario	98,1	71,7	66,0	34,0	67,7	55,3	15,8
empresas	96,3	71,2	48,1	36,5	75,0	59,5	13,5

Fuente: OCDE (2025), *Tax Administration Digitalisation and Digital Transformation Initiatives*, Tabla 2.1., https://doi.org/10.1787/c076d776-en.

Gestión del sistema de identificación

Todas las administraciones tributarias, ya sea por mandato legal o por buena práctica empresarial, dedican un esfuerzo considerable a garantizar la seguridad de la información de los contribuyentes. Además de implementar procesos internos para prevenir intentos ilegales de obtener información y proteger los derechos de los contribuyentes, todas las administraciones cuentan con procedimientos para asegurarse de que la persona con la que están tratando sea realmente el contribuyente o su representante autorizado. Cada vez más, estos enfoques, que en muchos casos se han ampliado para incluir la autenticación multifactor, están utilizando información biométrica del contribuyente.

Por ejemplo, en relación con los servicios en línea, la Tabla 3.4. muestra que las administraciones emplean algún tipo de método de autenticación para verificar la identidad digital. El tipo de método de verificación varía. Como se observa en la Tabla 3.4., la autenticación basada en contraseña es utilizada por el 77% de las administraciones, seguida de la autenticación multifactor, la aplicación móvil y el documento de identidad electrónico. Unas pocas administraciones informaron también de que utilizan el reconocimiento facial o de huellas dactilares para autenticar la identidad digital de un contribuyente. Dos tercios de las administraciones informaron de que su uso de diferentes métodos de autenticación se basa en el nivel de seguridad requerido para cierto tipo de interacciones.

Tabla 3.4. Autenticación de identidad digital, 2024

Porcentaje de administraciones que cuentan con el procedimiento correspondiente

Métodos de autenticación utilizados por la administración tributaria									
Autenticación mediante contraseña	Documento de identidad electrónico	Aplicación móvil	Reconocimiento de voz	Reconocimiento facial	Escaneo de retina	Huella dactilar	Autenticación multifactor	Otros	Utilización de distintos métodos de autenticación en función del nivel de seguridad requerido para determinados tipos de interacción
77,4	39,6	41,5	1,9	17,0	1,9	17,0	69,8	22,6	66,7

Fuente: OCDE (2025), *Tax Administration Digitalisation and Digital Transformation Initiatives*, Tabla 2.4., https://doi.org/10.1787/c076d776-en.

Las administraciones tributarias se enfrentan a desafíos similares a los de otras entidades a la hora de tratar con personas u organizaciones que pueden hacer un uso indebido de la información personal para suplantar a los contribuyentes con el fin de cometer fraudes. El auge de los generadores de imagen y audio basados en IA complica aún más esta situación. El carácter continuo y, en muchos casos, organizado de esta actividad requiere que las administraciones dediquen esfuerzos considerables a la prevención de la usurpación de identidad.

Recuadro 3.1. Ejemplos: gestión del sistema de identificación

Austria: Verificación digital de la identidad y comunicación segura con los contribuyentes

El Ministerio de Finanzas de Austria ha reforzado el uso de soluciones digitales para mejorar la seguridad y la eficiencia en el acceso a su portal en línea, FinanzOnline. Un avance relevante ha sido la introducción de citas periódicas por videoconferencia como alternativa a la atención presencial. Este sistema permite que tanto los contribuyentes como el personal de la administración participen en reuniones desde cualquier lugar, realizándose la verificación de identidad mediante el sistema nacional ID Austria. La solución técnica se apoya en herramientas consolidadas de videoconferencia y se integra de forma fluida con los sistemas existentes de gestión de citas.

A partir de esta experiencia se desarrolló el procedimiento Video-Ident, destinado a los contribuyentes que no pueden utilizar ID Austria u otros métodos de identificación conformes con la normativa de la Unión Europea. En estos casos, la identidad se verifica por videoconferencia, con el apoyo de una base de datos externa para validar documentos internacionales de identidad. El proceso, estandarizado, es realizado por personal debidamente capacitado y ofrece atención en alemán e inglés. Una regulación específica establece el marco jurídico de este servicio, que constituye una alternativa segura a la atención presencial en las oficinas tributarias. Esta solución resulta especialmente útil para los contribuyentes residentes en el extranjero que necesitan acceder a FinanzOnline.

De forma paralela, los contribuyentes pueden obtener información personalizada y actualizar sus datos personales por teléfono o chat, previa autenticación segura. Este mecanismo permite tramitar de forma eficiente las consultas que implican información sensible, garantizando al mismo tiempo la protección de datos y la facilidad de uso. En particular, en el ámbito de la autenticación telefónica, este sistema posibilita por primera vez la gestión segura y fluida de información confidencial.

Canadá: Verificación digital de la identidad

El servicio de Verificación Digital de la Identidad (DIV) de la Agencia Tributaria de Canadá (CRA) emplea inteligencia artificial para verificar en línea la identidad de los contribuyentes, lo que les permite obtener acceso completo e inmediato a los servicios electrónicos de la CRA. Este sistema elimina la necesidad de esperar la recepción por correo postal de un código de verificación, que puede tardar hasta diez días hábiles, y permite a los usuarios obtener acceso inmediato a los servicios en línea, mejorando la comodidad y la eficiencia.

Desde su puesta en marcha, el 60 % de los usuarios ha optado por utilizar el sistema DIV en lugar del procedimiento tradicional por correo postal. Este cambio ha reducido la carga de trabajo de los centros de atención telefónica, disminuido el volumen de correspondencia en papel —con el consiguiente ahorro de costos— y acortado los tiempos de tramitación, lo que permite al personal concentrarse en tareas de mayor complejidad.

En el futuro, se prevé ampliar el alcance de la solución DIV y perfeccionarla para dar soporte a otras áreas de los servicios de la CRA, como la optimización de los procesos de recuperación de cuentas.

Japón: Certificados digitales en teléfonos inteligentes

Con el fin de facilitar la verificación de identidad en línea, Japón ha introducido certificados digitales para teléfonos inteligentes. Esta medida elimina la necesidad de utilizar una credencial física al presentar por Internet la declaración del impuesto sobre la renta de las personas físicas. En 2023, la presentación en línea utilizando una credencial física representó aproximadamente el 70 % del total de declaraciones presentadas por los contribuyentes desde sus hogares.

El servicio de «certificados digitales para teléfonos inteligentes» permite a los contribuyentes acreditar su identidad a través de su propio dispositivo, mediante la instalación de certificados digitales con una función de identificación personal equivalente (disponible, a febrero de 2025, únicamente en dispositivos con determinados sistemas operativos). Esta iniciativa simplifica el proceso de verificación y facilita la presentación de declaraciones, reduciendo la carga asociada a este trámite.

Países Bajos: Uso de la identidad digital y de billeteras digitales en la facturación electrónica

La Administración Tributaria de los Países Bajos (NTA) está explorando el uso de la identidad digital y de billeteras digitales, en consonancia con la visión de una Administración Tributaria 3.0. El objetivo es colaborar con las partes interesadas para favorecer transacciones empresariales más fluidas y seguras. Uno de los ámbitos en los que este enfoque puede resultar especialmente útil es la facturación electrónica, que enfrenta desafíos como la diversidad de protocolos, la utilización de distintos identificadores y la dependencia de intermediarios.

Las primeras pruebas recurrieron al Registro de Confianza de la Infraestructura Europea de Servicios Blockchain (EBSI) para emitir credenciales verificables y demostrar la interoperabilidad entre billeteras organizativas. Asimismo, un proyecto piloto mostró la interacción entre billeteras personales y organizativas, así como el uso del número de identificación a efectos del IVA para comprobar la existencia de tiendas en línea. En la actualidad, la NTA está desarrollando una libreta de direcciones descentralizada para metadatos verificados y mecanismos de revelación selectiva de información aplicables a las facturas electrónicas. Entre los desarrollos previstos se incluye la integración de billeteras organizativas con programas de contabilidad y sistemas de planificación de recursos empresariales para la verificación automatizada de facturas.

Para más información, véanse los siguientes enlaces: https://companypassport.com/ y https://fides.community/ (consultados el 1 de octubre de 2025).

Reino Unido – Registro de representantes en materia de devoluciones

Con el fin de mejorar el desempeño de la Agencia Tributaria y Aduanera del Reino Unido (HM Revenue & Customs, HMRC) y la experiencia general de los contribuyentes, los ministros del Reino Unido se comprometieron a introducir un nuevo requisito para que los representantes remunerados que gestionan devoluciones del impuesto sobre la renta se registren ante la HMRC. Esta medida se enmarca en un trabajo más amplio orientado a analizar opciones para reforzar el marco regulatorio aplicable al asesoramiento y a los servicios tributarios.

Anteriormente, los representantes remunerados especializados en la presentación de solicitudes de devolución del impuesto sobre la renta en nombre de sus clientes utilizaban formularios en papel y no estaban obligados a registrarse ante la HMRC. Esta situación contrastaba con la de otros representantes que utilizan los servicios digitales de la HMRC. Ello limitaba la capacidad de la HMRC para comprobar de forma proactiva si el representante estaba sujeto a supervisión en materia de lucha contra el blanqueo de capitales y si cumplía las normas establecidas por la HMRC antes de tramitar las solicitudes.

Desde febrero de 2024, la HMRC puede vincular los formularios en papel de solicitud de desgravación fiscal con los procesos de registro digital, reforzando su compromiso de garantizar que ningún representante no registrado presente solicitudes sin el consentimiento del contribuyente. Estos cambios tienen como objetivo reducir en un 40 % las reclamaciones relacionadas con estas solicitudes durante el ejercicio 2024-2025 y alcanzar una tasa del 99,98 % de devoluciones emitidas a la persona correcta antes de septiembre de 2024. A raíz de los avances logrados, la HMRC pasó a exigir a los representantes que utilicen el proceso de registro a través de la Cuenta de Servicios para Representantes para todos los trámites relacionados con el impuesto sobre la renta, con el fin de poder identificarlos y comprobar que cumplen las normas aplicables.

Fuentes: Austria (2025), Canadá (2025), Japón (2025), Países Bajos (2025) y Reino Unido (2025).

Bibliografía

OECD (2025), *Tax Administration Digitalisation and Digital Transformation Initiatives*, OECD Publishing, Paris, https://doi.org/10.1787/c076d776-en. [3]

OECD (2020), "Tax administration responses to COVID-19: Assisting wider government", *OECD Policy Responses to Coronavirus (COVID-19)*, OECD Publishing, Paris, https://doi.org/10.1787/0dc51664-en. [4]

OECD (2019), *Tax Administration 2019: Comparative Information on OECD and other Advanced and Emerging Economies*, OECD Publishing, Paris, https://doi.org/10.1787/74d162b6-en. [1]

OECD (2017), *Tax Administration 2017: Comparative Information on OECD and Other Advanced and Emerging Economies*, OECD Publishing, Paris, https://doi.org/10.1787/tax_admin-2017-en. [2]

OECD et al. (2025), *Inventory of Tax Technology Initiatives*, https://www.oecd.org/content/oecd/en/data/datasets/inventory-of-tax-technology-initiatives.html (accessed on 1 October 2025). [5]

Nota

[1] La publicación de la OCDE de 2025 *Tax Administration Digitalisation and Digital Transformation Initiatives* (OECD, 2025[3]) resume los datos del Inventario de Iniciativas de Tecnología Tributaria (OECD et al., 2025[5]) correspondientes a los 54 miembros del Foro de Administración Tributaria de la OCDE.

4 Gestión de declaraciones y pagos

Este capítulo examina la función de gestión de declaraciones y pagos, que engloba todas las actividades relacionadas con la tramitación de declaraciones tributarias y pagos. Analiza el uso de canales electrónicos para la presentación y el pago, expone los esfuerzos de las administraciones por ofrecer declaraciones precumplimentadas y examina el grado de cumplimiento en la presentación y el pago dentro de plazo.

Introducción

La función de gestión de declaraciones y pagos engloba todas las actividades relacionadas con la tramitación de las declaraciones tributarias, entre ellas, la emisión de liquidaciones, devoluciones, notificaciones y otros documentos. También comprende el procesamiento y la gestión bancaria de los pagos. Estas actividades siguen siendo un ámbito de cambios significativos y de atención prioritaria, ya que las administraciones buscan reducir los costos asociados a procesos de gran volumen.

Como se ha señalado en ediciones anteriores de esta serie, la generalización de la presentación y el pago electrónicos por parte de los contribuyentes ha permitido a las administraciones reducir costos y mejorar los servicios que prestan. Esta tendencia continúa, con una oferta cada vez más amplia de servicios y soluciones de apoyo.

Las administraciones tributarias también gestionan un volumen creciente de datos recopilados electrónicamente, incluidos los procedentes de un número cada vez mayor de terceros. Ello está facilitando una transición hacia un uso más inteligente de los datos y hacia declaraciones precumplimentadas más completas, impulsadas cada vez más por la inteligencia artificial y el aprendizaje automático. También está contribuyendo a crear enfoques de cumplimiento preventivos que pueden minimizar o evitar errores en las declaraciones. Además de actualizar la información sobre los canales utilizados para la presentación y el pago, en este capítulo se expondrán:

- Los esfuerzos de las administraciones por ofrecer declaraciones precumplimentadas a personas físicas y jurídicas, y, en algunos casos, por ampliar este enfoque hasta lograr declaraciones completamente precumplimentadas.
- Los índices de cumplimiento en la presentación y el pago dentro de plazo.
- Ejemplos de cómo la tecnología y la aplicación de la ciencia de datos siguen mejorando estos procesos.

Uso de canales electrónicos para la presentación y el pago

Con el fin de aumentar la adopción de los canales electrónicos de presentación y pago, muchas jurisdicciones también han establecido la obligatoriedad de su uso para la mayoría de los contribuyentes (o para la mayoría de los empleadores, en el caso de las retenciones practicadas por estos).

Como resultado de la obligatoriedad de estos canales y del avance de la digitalización en la vida cotidiana, no sorprende que su utilización sea elevada. Dado que estos canales están implantados en un amplio número de administraciones, se prevé que su utilización se mantenga estable, con aumentos graduales en el futuro.

Tabla 4.1. Promedio (en porcentaje) de presentación electrónica por tipo de impuesto, 2018-23

Tipo de impuesto	2018	2019	2020	2021	2022	2023
Impuesto sobre la renta de las personas físicas (48 jurisdicciones)	82,5	84,9	87,8	88,8	89,7	90,5
Impuesto sobre sociedades (47 jurisdicciones)	91,9	92,8	93,7	94,3	94,8	95,1
Retenciones sobre el salario (37 jurisdicciones)	–	–	–	–	93,9	94,4
Impuesto sobre el valor agregado (42 jurisdicciones)	94,2	96,0	96,9	97,6	98,3	99,0

Nota: La tabla muestra los promedios de presentación electrónica para aquellas jurisdicciones que proporcionaron la información para los años 2018 a 2023. Entre paréntesis figura el número de jurisdicciones que presentaron datos. Por lo que respecta a la declaración de retenciones sobre el salario, la pregunta se introdujo en la ISORA de 2023 y, por lo tanto, los datos solo están disponibles para los años 2022 y 2023.
Fuente: BAsD, CIAT, OIAT, FMI, OCDE, Encuesta Internacional sobre Administración Tributaria, Tablas D.26 Presentación electrónica: IS e IRPF, y D.27 Presentación electrónica: Retenciones a cuenta sobre los salarios e IVA, http://isoradata.org (consultado el 1 de octubre de 2025).

La Tabla 4.1. muestra el promedio en la presentación electrónica de declaraciones de las jurisdicciones que proporcionaron información sobre los canales utilizados por los contribuyentes para presentar sus declaraciones entre 2018 y 2023. Durante ese período, alrededor del 95 % de las empresas contribuyentes presentaron sus declaraciones de forma electrónica. En el caso de los declarantes del IRPF, esta cifra también ronda el 90 %. Además, cabe señalar que, para un número significativo de administraciones, el porcentaje de presentación electrónica es del 100 % en los principales tipos de impuestos (véanse las Tablas D.26 y D.27).

La evolución de los índices de presentación electrónica durante el período de diez años comprendido entre 2014 y 2023 se muestra en la Tabla 4.2., y resulta evidente que estos han aumentado significativamente —entre 18 y 24 puntos porcentuales— en los tres tipos principales de impuestos. (Cabe señalar que la tabla únicamente tiene en cuenta la información de las jurisdicciones para las que se disponía de datos tanto para 2014 como para 2023, lo que explica las diferencias en los promedios de 2023 que se muestran en la Tabla 4.1. y la Tabla 4.2.)

Tabla 4.2. Promedio (en porcentaje) de presentación electrónica por tipo de impuesto, 2014 y 2023

Tipo de impuesto	2014	2023	Diferencia en puntos porcentuales
Impuesto sobre la renta de las personas físicas (34 jurisdicciones)	65,6	88,9	+23,3
Impuesto sobre sociedades (35 jurisdicciones)	77,2	95,7	+18,5
Impuesto sobre el valor agregado (31 jurisdicciones)	81,0	99,4	+18,3

Nota: La tabla muestra los promedios de presentación electrónica para aquellas jurisdicciones que proporcionaron la información para los años 2014 y 2023. Entre paréntesis figura el número de jurisdicciones que presentaron datos.
Fuentes: BAD, CIAT, OIAT, FMI, OCDE, Encuesta Internacional sobre Administración Tributaria, Tablas D.26 Presentación electrónica: IS e IRPF, y D.27 Presentación electrónica: Retenciones a cuenta sobre los salarios e IVA, http://isoradata.org (consultado el 1 de octubre de 2025), y OCDE (2017), *Tax Administration 2017: Comparative Information on OECD and Other Advanced and Emerging Economies*, Tabla A.8., https://doi.org/10.1787/tax_admin-2017-en.

En cuanto a los pagos electrónicos, como puede observarse en la Tabla 4.3., alrededor del 90% de los pagos, medidos tanto por número como por valor, se realizaron electrónicamente en 2023. Esto representa un aumento de aproximadamente 10 puntos porcentuales desde 2018, tanto en términos del número como del valor de los pagos. El porcentaje de pagos electrónicos por valor supera ligeramente al medido por número, lo que indica que los contribuyentes de mayor tamaño hacen más uso de este canal. No obstante, al igual que en la presentación electrónica, debe señalarse que en un número significativo de administraciones el pago electrónico alcanza el 100% en los principales tipos de impuesto (véase la Tabla D.40).

(Debido a un cambio en la definición de la pregunta de la encuesta, las comparaciones que analicen la evolución de las tasas de pago electrónico desde 2014 no serían fiables.)

Tabla 4.3. Promedio (en porcentaje) de pago electrónico por número y valor de los pagos, 2018-23

Tipo de medición	2018	2019	2020	2021	2022	2023
Porcentaje por número de pagos (48 jurisdicciones)	78,3	80,6	84,6	86,9	88,2	89,7
Porcentaje por valor de los pagos (48 jurisdicciones)	83,9	85,3	87,9	89,9	91,5	92,8

Nota: La tabla muestra el porcentaje promedio de pago electrónico para aquellas jurisdicciones que proporcionaron información correspondiente a los años 2018 a 2023. Entre paréntesis figura el número de jurisdicciones que presentaron datos.
Fuente: BAsD, CIAT, OIAT, FMI, OCDE, Encuesta Internacional sobre Administración Tributaria, Tabla D.40 Porcentajes de pagos electrónicos y retención del impuesto por terceros, http://isoradata.org (consultado el 1 de octubre de 2025).

Cabe señalar que, pese a los avances en la presentación y el pago electrónicos, el volumen de actividad de la administración tributaria implica que el reducido porcentaje de declaraciones presentadas por canales no electrónicos se traduzca en cifras elevadas. Entre las jurisdicciones que proporcionaron datos, más de 75 millones de declaraciones (correspondientes al IRPF, IS, retenciones a cuenta sobre los salarios e IVA) aún se presentaron en papel (véanse las Tablas A.48, A.52, A.56 y A.61).

Aunque cabe esperar que esta cifra continúe disminuyendo con el tiempo, sigue siendo necesario que las administraciones adopten medidas para fomentar un mayor uso de las plataformas electrónicas por parte de los contribuyentes. Esto no solo reducirá los costos administrativos, sino que también podría disminuir con el tiempo la carga administrativa para los contribuyentes.

Recuadro 4.1. Ejemplos: Presentación electrónica

Corea: Plataforma automatizada para la presentación electrónica

El Servicio Nacional de Impuestos de Corea (NTS) ha introducido Hometax, una plataforma automatizada con 37 millones de usuarios y 8,8 millones de visitas diarias. Hometax es la mayor plataforma digital de la administración pública de Corea. Permite la presentación electrónica de todos los tipos de impuestos y ofrece funcionalidades de cálculo y verificación de errores.

Hometax también mejora la experiencia de declaración mediante diversas funcionalidades basadas en inteligencia artificial:

- Motor de búsqueda con IA: Los usuarios pueden encontrar información relevante sin necesidad de conocer los términos tributarios exactos. El sistema analiza datos del usuario, consultas similares y períodos de declaración para ofrecer resultados precisos. Por ejemplo, si un repartidor escribe «delivery» durante la campaña de declaración, el sistema muestra prioritariamente la página correspondiente al IRPF.
- Formularios tributarios precumplimentados: Para simplificar el proceso de declaración, Hometax ofrece formularios de IRPF e IVA precumplimentados con datos del NTS, en lugar de formularios en blanco.

- Servicios personalizados: El sistema proporciona información personalizada en función de las necesidades del usuario y del NTS. Por ejemplo, cuando un contribuyente accede al sistema y tiene pagos pendientes, esta información se muestra de forma destacada.

Esto aporta beneficios significativos para el contribuyente, ya que Hometax funciona como un asistente personal. Comprende sus necesidades y lo guía de manera eficiente en el proceso de declaración.

Suiza: Obligación de declaración del IVA en línea

La Administración Federal Tributaria suiza está dando un paso significativo hacia una administración tributaria más moderna y eficiente mediante la digitalización completa de las declaraciones del IVA.

Desde el 1 de enero de 2024, las empresas están obligadas a presentar sus declaraciones de IVA en línea a través del portal electrónico (ePortal). Un período transitorio permitió a las empresas que anteriormente utilizaban procedimientos en papel adaptarse al sistema completamente electrónico hasta el 31 de diciembre de 2024; no obstante, desde el 1 de enero de 2025, la presentación electrónica es obligatoria para todas las empresas.

El objetivo es hacer que los procesos tributarios sean más eficientes, reducir errores y aumentar la transparencia. Los sistemas automatizados permiten a las empresas calcular directamente su carga tributaria, lo que reduce de forma significativa la carga administrativa. Las transmisiones digitales también minimizan los errores habituales al introducir datos. El almacenamiento centralizado de toda la información relevante en el ePortal mejora la trazabilidad y facilita el control tanto para las empresas como para la administración.

El ePortal ofrece una amplia gama de funcionalidades fáciles de usar. Además de cumplimentar y presentar la declaración del IVA en línea, las empresas pueden presentar correcciones posteriores, solicitar prórrogas y consultar sus obligaciones en materia de IVA. La integración con el software contable permite a los contribuyentes cargar directamente los datos pertinentes. Además, las gestorías y los asesores fiscales pueden gestionar a todos sus clientes en el ePortal y recibir notificaciones sobre los plazos de declaración.

Esto ilustra cómo medidas específicas de digitalización pueden modernizar las administraciones tributarias, hacer más eficientes sus procesos, facilitar el cumplimiento y mejorar de forma significativa los servicios prestados a los contribuyentes.

Fuentes: Corea (2025) y Suiza (2025).

Declaraciones precumplimentadas

Una de las innovaciones más relevantes en el diseño del proceso de declaración en las últimas dos décadas ha sido el desarrollo de declaraciones tributarias precumplimentadas. Este enfoque consiste en que la administración «precumplimente» la declaración del contribuyente o su cuenta en línea con información procedente de terceros. La declaración precumplimentada puede ser revisada por el contribuyente y presentada electrónicamente o en papel. La Tabla 4.4. muestra que cerca del 90% de las administraciones precumplimentan las declaraciones del IRPF. Este porcentaje se ha mantenido estable desde 2021.

Dado que el alcance de la precumplimentación depende en gran medida de la disponibilidad de fuentes electrónicas de datos, resulta fundamental que el marco normativo contemple obligaciones amplias y oportunas de información por parte de terceros, que abarquen la mayor cantidad posible de datos relevantes del contribuyente. La complejidad de los marcos jurídicos tributarios puede dificultar una mayor automatización de los cálculos. Para superarlo, algunas administraciones están explorando el uso de legislación en formatos legibles por máquina, lo que permite automatizar el proceso mediante algoritmos.

Tabla 4.4. Precumplimentación de declaraciones del IRPF, 2018-23

Porcentaje de administraciones que precumplimentan declaraciones del IRPF

2018	2019	2020	2021	2022	2023	Diferencia en puntos porcentuales (2018 - 2023)
78,9	80,7	84,2	87,7	87,7	87,7	+8,8

Fuente: BAsD, CIAT, OIAT, FMI, OCDE, Encuesta Internacional sobre Administración Tributaria, Tabla A.99 Precumplimentación de declaraciones del IRPF: Información sobre ingresos – Información personal y sueldos y salarios, http://isoradata.org (consultado el 1 de octubre de 2025).

En sus inicios, los defensores de la precumplimentación promovieron su uso en regímenes del IRPF con pocas deducciones y créditos, cuyos datos podían verificarse mediante información de terceros. Los avances en tecnologías basadas en reglas, en las obligaciones de suministro de información y en la aplicación de técnicas de ciencia de datos permiten ahora extender este enfoque a un ámbito más amplio. Por ejemplo, las respuestas a la encuesta muestran que en muchas jurisdicciones las declaraciones del IRPF se precumplimentan con distintos tipos de ingresos y gastos deducibles, como donativos, matrículas escolares y universitarias y primas de seguros (véanse la Tabla 4.5. y la Tabla 4.6.).

Tabla 4.5. Categorías de información de ingresos de terceros utilizadas para precumplimentar declaraciones o liquidaciones del IRPF, 2023

Como porcentaje de las administraciones que precumplimentan declaraciones del IRPF

Información personal del contribuyente	Sueldos y salarios	Pensiones	Intereses	Dividendos	Ganancias/pérdidas de capital	Otros ingresos
98,0	88,0	82,0	58,0	56,0	40,0	68,0

Fuente: BAsD, CIAT, OIAT, FMI, OCDE, Encuesta Internacional sobre Administración Tributaria, Tabla A.99 Precumplimentación de declaraciones del IRPF: Información sobre ingresos – Información personal y sueldos y salarios, A.100 Precumplimentación de declaraciones del IRPF: Información sobre ingresos – Pensiones, intereses y dividendos, y A.101 Precumplimentación de declaraciones del IRPF: Información sobre ingresos – Ganancias/pérdidas de capital, y otros ingresos, http://isoradata.org (consultado el 1 de octubre de 2025).

Tabla 4.6. Categorías de gastos deducibles utilizadas para precumplimentar declaraciones o liquidaciones del IRPF, 2023

Como porcentaje de las administraciones que precumplimentan declaraciones del IRPF

Donativos	Matrículas escolares y universitarias	Gastos de guardería	Determinadas primas de seguros	Gastos médicos y de salud (distintos de primas)	Aportaciones a planes de pensiones y otro tipo de ahorro para la jubilación	Intereses de préstamos e hipotecas	Otros gastos
42,0	28,0	26,0	50,0	28,0	52,0	40,0	50,0

Fuente: BAsD, CIAT, OIAT, FMI, OCDE, Encuesta Internacional sobre Administración Tributaria, Tabla A.102 Precumplimentación de declaraciones del IRPF: Información sobre gastos – Donativos, matrículas escolares y universitarias y gastos de guardería, A.103 Precumplimentación de declaraciones del IRPF: Información sobre gastos – Primas de seguros, gastos médicos y aportaciones a planes de pensiones, y A.104 Precumplimentación de declaraciones del IRPF: Información sobre gastos – Intereses y otros gastos, http://isoradata.org (consultado el 1 de octubre de 2025).

En un número creciente de jurisdicciones, este enfoque ha evolucionado hasta la precumplimentación total de las declaraciones del IRPF, que el contribuyente debe aceptar (lo que puede producirse por aceptación tácita tras un determinado plazo) o complementar con información adicional que puede dar lugar a un ajuste al alza o a la baja (véase la Tabla A.53B). En su forma más avanzada, se generan declaraciones completamente precumplimentadas para una proporción significativa de la base imponible de personas físicas. Además, la disponibilidad de soluciones tecnológicas, como los sistemas de facturación electrónica, permite a las administraciones ir más allá del IRPF y precumplimentar declaraciones del IS, de retenciones a cuenta sobre los salarios y del IVA (véanse las Tablas A.49B, A.57B y A.62B).

Los avances más recientes en materia de precumplimentación en algunas jurisdicciones se describen en el Recuadro 4.2.

Recuadro 4.2. Ejemplos: Evolución de la precumplimentación

Brasil: Recibos electrónicos para servicios de salud

Brasil ha introducido recibos electrónicos para los servicios prestados por profesionales sanitarios, que pueden utilizarse en la cumplimentación de las declaraciones tributarias. Estos recibos se almacenan en la aplicación de la administración tributaria y se incorporan automáticamente como gastos deducibles en la declaración del IRPF precumplimentada de los pacientes y como ingresos en la declaración del profesional. Esta herramienta elimina la necesidad de que pacientes y profesionales conserven recibos en papel, ya que los comprobantes electrónicos pueden consultarse en la aplicación. Además de facilitar la presentación de las declaraciones, la emisión de recibos electrónicos tiene como objetivo reducir la expedición de comprobantes falsos y de recibos emitidos por profesionales no cualificados.

China (República Popular): Optimización y mejora del modelo de confirmación y declaración complementaria de pagos anticipados del impuesto sobre sociedades

En los últimos años, la Administración Tributaria Estatal de la República Popular China (STA) ha analizado los comportamientos relacionados con las declaraciones del IS con el fin de ofrecer a los contribuyentes un modelo de presentación mejorado. Este modelo, cuyas principales características incluyen «clasificación basada en características clave, precumplimentación inteligente y declaración dinámica», tiene por objeto mejorar de forma continua la comodidad y la personalización de las declaraciones de pagos anticipados del IS y optimizar el entorno empresarial tributario.

La STA ha mejorado el proceso de presentación incorporando el cálculo automático previo del importe del impuesto, de modo que los contribuyentes puedan completar la declaración simplemente haciendo clic en «confirmar». El sistema también puede generar automáticamente datos parciales, lo que permite completar la declaración introduciendo los datos restantes.

De este modo, el sistema de declaración tributaria optimiza el proceso de cálculo, reduce la carga de presentación y mejora la precisión de los datos. Los contribuyentes también pueden acceder en cualquier momento a los formularios de declaración, consultarlos e imprimirlos a través del sistema.

Georgia: Mecanismo de declaración precumplimentada del impuesto sobre sociedades para pequeñas empresas

La Administración Tributaria de Georgia ha implantado la declaración precumplimentada del impuesto sobre sociedades para pequeñas empresas como parte de su enfoque orientado al contribuyente y con el objetivo de fomentar el cumplimiento voluntario. En un principio, su aplicación se limita a las pequeñas empresas, dado que es menos frecuente que este tipo de sujeto pasivo disponga de asesoramiento profesional en materia contable. El objetivo es facilitar la presentación oportuna y garantizar la integridad y la correcta gestión de las declaraciones.

Como parte del proceso de implementación, fue necesario modificar el formulario de declaración del impuesto sobre sociedades para pequeñas empresas, desglosando los campos según los distintos tipos de ingresos. Al cumplimentar la declaración, los contribuyentes pueden utilizar el servicio de precumplimentación seleccionando la opción de cumplimentación automática. Al hacerlo, los campos pertinentes de la declaración se completan automáticamente en función del tipo de ingreso del contribuyente. A continuación, el contribuyente debe revisar y verificar la exactitud de los datos.

Este mecanismo está disponible para las declaraciones correspondientes a períodos impositivos a partir de diciembre de 2024. Hasta la fecha, aproximadamente 20 000 contribuyentes han utilizado este servicio.

Fuentes: Brasil (2025), China (República Popular) (2025) y Georgia (2025).

A medida que aumenta el volumen de datos disponibles para respaldar la precumplimentación, las administraciones tributarias pueden desarrollar técnicas predictivas capaces de detectar errores cuando los contribuyentes finalizan su declaración y también de prevenir el incumplimiento. En ediciones anteriores de esta publicación se han dado algunos ejemplos al respecto. Véase, por ejemplo, el Recuadro 4.3 de *Tax Administration 2022* (OECD, 2022[1]). Estas técnicas pueden combinarse con mecanismos que incentivan la adopción de medidas correctivas, dando lugar a nuevos enfoques de cumplimiento que trasladan la actuación administrativa a fases más tempranas del proceso tributario, como se destaca en el Recuadro 4.3.

Recuadro 4.3. Ejemplos: Detección de errores

Dinamarca: Validación en tiempo real de las declaraciones tributarias

Como parte de su enfoque estratégico orientado a trasladar actividades y controles de cumplimiento a fases más tempranas de su modelo operativo, la Administración Tributaria danesa (DTA) ha implantado una serie de controles y validaciones digitales. El objetivo es asegurar el mayor nivel posible de recaudación en las fases iniciales del proceso —registro, declaración o pago— y reducir así la dependencia de la fase final de revisión mediante comprobación, que suele resultar más costosa.

Un ejemplo destacado es el uso de validaciones en tiempo real en el sistema electrónico tributario danés, donde se aplican diversos controles que rechazan automáticamente las modificaciones de las liquidaciones anuales cuando resultan incoherentes, altamente improbables o no se ajustan a otra información disponible para la administración tributaria. Cuando se bloquean estas modificaciones, los contribuyentes deben corregir la información presentada o ponerse en contacto con la administración tributaria para recibir asistencia y completar su declaración. De este modo, los errores y la información incorrecta se detectan y corrigen en la fase de declaración.

Estos controles se activan más de un millón de veces al año para más de 500 000 contribuyentes distintos. El análisis revela una diferencia total de casi 1 100 millones de coronas danesas (aproximadamente 150 millones de euros) entre las presentaciones inicialmente rechazadas y las liquidaciones tributarias más recientes de los contribuyentes. Además, solo una pequeña proporción de los contribuyentes cuyas declaraciones son bloqueadas —por ejemplo, debido al importe de la deducción— se pone posteriormente en contacto con la DTA, lo que implica una carga administrativa mínima.

España: Sistema de avisos para mejorar la exactitud de las declaraciones tributarias

La Agencia Estatal de Administración Tributaria española ha implantado un sistema de avisos que se activa tras la presentación de autoliquidaciones y declaraciones, con el fin de mejorar la calidad de la información obtenida de terceros.

Con este sistema, al presentar la información, el contribuyente es informado de inmediato si existen inexactitudes que no impiden la presentación, pero que afectan a la calidad de los datos declarados.

Esto resulta beneficioso para el contribuyente, ya que el cálculo de la declaración es gratuito y facilita la detección y corrección de discrepancias sin necesidad de iniciar un procedimiento de comprobación. En este sentido, conviene tener en cuenta que la apertura de un procedimiento de comprobación exige tiempo por parte del contribuyente para aportar la documentación pertinente y cumplir con los trámites correspondientes; además, puede generar incertidumbre. En la mayoría de los casos, los contribuyentes quieren cumplir con las normas y las discrepancias obedecen a errores involuntarios, por lo que las actuaciones de comprobación o investigación pueden generarles inquietud.

Fuentes: Dinamarca (2025) y España (2025).

Presentación de declaraciones dentro de plazo

Incluso teniendo en cuenta los cambios derivados de los regímenes de declaraciones precumplimentadas o de ausencia de obligación de presentar declaración, la presentación de una declaración tributaria sigue siendo, por lo general, el principal medio por el que se determina la deuda tributaria y esta se hace exigible. Por ello, la tasa de presentación dentro de plazo se considera un indicador eficaz tanto de la salud del sistema tributario como del desempeño de la propia administración tributaria.

Tradicionalmente, la encuesta ISORA medía la presentación dentro de plazo relacionando el número de declaraciones presentadas dentro del plazo con el número total de declaraciones previstas. No obstante, en la edición 2023 de la encuesta se introdujo un nuevo dato que permite medir la tasa de presentación dentro de plazo también en relación con el número total de declaraciones presentadas.

La Tabla 4.7 presenta un resumen de la presentación dentro de plazo para aquellas administraciones que proporcionaron información, desglosada por tipo de impuesto. En cuanto a la tasa de presentación dentro de plazo calculadas en relación con el número de **declaraciones previstas**, los valores se sitúan en torno al 85%, con excepción del IS. El panorama es similar cuando se calcula en relación con el número de

declaraciones presentadas: las tasas de presentación dentro de plazo del IRPF, de las retenciones a cuenta sobre los salarios y del IVA se sitúan en torno al 90%, mientras que la del IS es aproximadamente cinco puntos porcentuales inferior. Esta tasa más baja es comprensible, dado que el impuesto sobre sociedades suele presentar mayor complejidad y requiere la elaboración de estados financieros y del cierre contable anual. No obstante, como muestran el Gráfico 4.1 y el texto que lo acompaña, las diferencias entre jurisdicciones son significativas.

Como cabía esperar, las tasas de presentación dentro de plazo expresadas como porcentaje de declaraciones presentadas son claramente superiores a las calculadas en relación con el número de declaraciones previstas.

Tabla 4.7. Promedio (en porcentaje) de presentación dentro de plazo, por tipo de impuesto, 2018-23

	Declaraciones presentadas dentro de plazo como porcentaje de las **declaraciones previstas**							Declaraciones presentadas dentro de plazo como porcentaje de las **declaraciones presentadas**		
Tipo de impuesto	N.º de jurisdicciones	2018	2019	2020	2021	2022	2023	N.º de jurisdicciones	2022	2023
Impuesto sobre la renta de las personas físicas	36 jurisdicciones	87,1	84,4	84,3	83,6	83,1	84,0	49 jurisdicciones	90,2	90,6
Impuesto sobre sociedades	39 jurisdicciones	75,3	76,1	76,0	76,7	75,3	74,6	49 jurisdicciones	85,0	85,4
Retenciones sobre el salario	25 jurisdicciones	84,4	84,1	83,0	83,3	84,1	83,0	38 jurisdicciones	92,8	93,2
Impuesto sobre el valor agregado	42 jurisdicciones	86,0	85,3	84,8	83,6	85,2	84,1	49 jurisdicciones	89,8	89,0

Nota: La tabla muestra el promedio de presentación dentro de plazo para aquellas jurisdicciones que proporcionaron información para los años 2018 a 2023 en relación con las declaraciones previstas, y para los años 2022 y 2023 en relación con las declaraciones presentadas. El número de jurisdicciones con datos disponibles se muestra en la tabla.
Fuente: BAsD, CIAT, OIAT, FMI, OCDE, Encuesta Internacional sobre Administración Tributaria, Tablas D.22 Tasa de declaraciones presentadas dentro de plazo: IS, D.23 Tasa de declaraciones presentadas dentro de plazo: IRPF, D.24 Tasa de declaraciones presentadas dentro de plazo: retenciones a cuenta sobre los salarios, y D.25 Tasa de declaraciones presentadas dentro de plazo: IVA, http://isoradata.org (consultado el 1 de octubre de 2025).

La Tabla 4.8. muestra la evolución de las tasas de presentación dentro de plazo a lo largo del período de diez años comprendido entre 2014 y 2023. Dada la serie temporal disponible, estas se expresan únicamente como porcentaje de declaraciones previstas. En promedio, las tasas se han mantenido relativamente estables durante este período, aunque los datos subyacentes muestran diferencias significativas en su evolución entre jurisdicciones. (Cabe señalar que la tabla únicamente tiene en cuenta la información correspondiente a las jurisdicciones que pudieron facilitar datos tanto para 2014 como para 2023, lo que explica las diferencias observadas en los promedios de 2023 presentados en la Tabla 4.7. y la Tabla 4.8.)

Tabla 4.8. Promedio (en porcentaje) de presentación dentro de plazo, por tipo de impuesto, 2014 y 2023

Declaraciones presentadas dentro de plazo como porcentaje de las **declaraciones previstas**

Tipo de impuesto	2014	2023	Variación porcentual	N.º de jurisdicciones con tasa **decreciente** de declaraciones presentadas dentro de plazo	N.º de jurisdicciones con tasa **creciente** de declaraciones presentadas dentro de plazo
Impuesto sobre la renta de las personas físicas (36 jurisdicciones)	86,2	86,8	+0,6	16	20
Impuesto sobre sociedades (35 jurisdicciones)	79,9	77,1	-2,7	19	16
Retenciones sobre el salario (20 jurisdicciones)	87,8	89,2	+1,3	12	8
Impuesto sobre el valor agregado (38 jurisdicciones)	85,1 (2016)	84,1	-1,0	20	18

Nota: La tabla muestra los promedios de presentación dentro de plazo para aquellas jurisdicciones que proporcionaron la información para los años 2014 y 2023. El número de jurisdicciones con datos disponibles se indica entre paréntesis. En el caso del IVA, la tabla compara la información correspondiente a los años 2016 y 2023, dado que la pregunta subyacente se modificó en la encuesta ISORA 2018. Para el IRPF, se han excluido de los cálculos los datos de Rumanía, ya que distorsionarían los promedios.

Fuentes: BAsD, CIAT, OIAT, FMI, OCDE, Encuesta Internacional sobre Administración Tributaria, Tablas D.22 Tasa de declaraciones presentadas dentro de plazo: IS, D.23 Tasa de declaraciones presentadas dentro de plazo: IRPF, D.24 Tasa de declaraciones presentadas dentro de plazo: Retenciones a cuenta sobre los salarios, y D.25 Tasa de declaraciones presentadas dentro de plazo: IVA, http://isoradata.org (consultado el 1 de octubre de 2025), OCDE (2017), *Tax Administration 2017: Comparative Information on OECD and Other Advanced and Emerging Economies*, Tabla A.6., https://doi.org/10.1787/tax_admin-2017-en, y OCDE (2019), *Tax Administration 2019: Comparative Information on OECD and Other Advanced and Emerging Economies*, Tabla D.12, https://doi.org/10.1787/74d162b6-en.

Gráfico 4.1 El Gráfico 4.1 ofrece una perspectiva diferente del desempeño en materia de presentación dentro de plazo (expresado como porcentaje de las declaraciones presentadas), al mostrar la distribución de los datos por jurisdicción para cada tipo de impuesto. Los recuadros representan el segundo y el tercer cuartil (es decir, el 50 % central de las jurisdicciones), mientras que la línea central indica la mediana. De este análisis se desprende lo siguiente:

- Las medianas del IRPF y del IS se sitúan claramente por encima de los valores promedio mostrados en la Tabla 4.7. (alrededor de 5 puntos porcentuales), mientras que las medianas de las retenciones a cuenta sobre los salarios y del IVA son similares a los valores promedio.
- Las medianas del IS, de las retenciones a cuenta sobre los salarios y del IVA son muy similares, situándose entre el 91 % y el 93 %.
- Se observa una mayor dispersión, con más valores atípicos, en el caso del IRPF y del IS.

Aunque esta cuestión requiere un análisis más detallado, podría indicar que la observación anterior —según la cual las menores tasas de presentación dentro de plazo en el IS podrían deberse a la mayor complejidad de este impuesto— solo es válida para un determinado número de jurisdicciones. Además, la elevada mediana del IRPF, del 96 %, podría indicar una menor complejidad de este impuesto, pero también reflejar el impacto positivo de los regímenes de declaraciones precumplimentadas.

Gráfico 4.1. Rango de las tasas de presentación dentro de plazo entre jurisdicciones por principales tipos de impuesto, 2023

Declaraciones presentadas dentro de plazo como porcentaje de las declaraciones presentadas

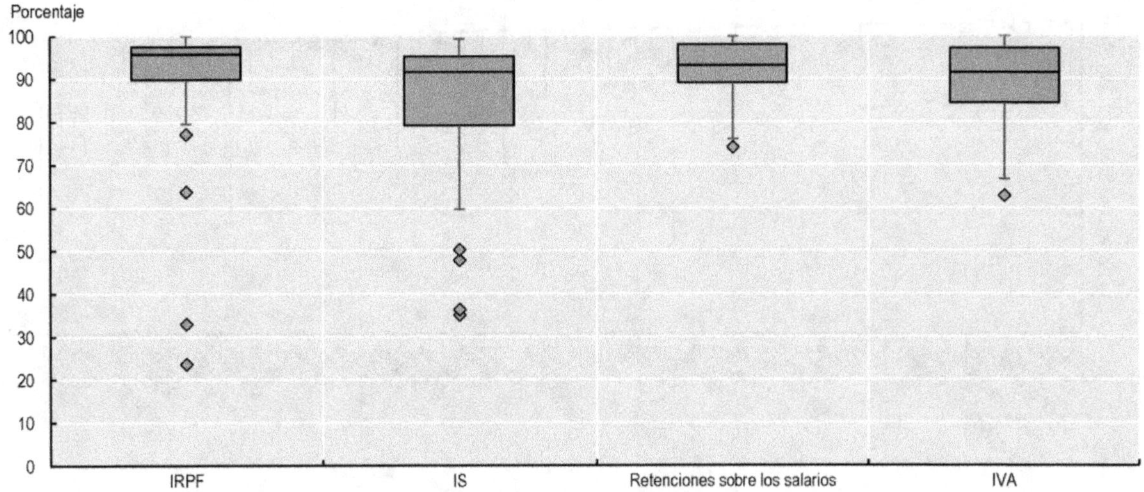

Fuente: BAsD, CIAT, OIAT, FMI, OCDE, Encuesta Internacional sobre Administración Tributaria, Tablas D.22 Tasa de declaraciones presentadas dentro de plazo: IS, D.23 Tasa de declaraciones presentadas dentro de plazo: IRPF, D.24 Tasa de declaraciones presentadas dentro de plazo: Retenciones a cuenta sobre los salarios, y D.25 Tasa de declaraciones presentadas dentro de plazo: IVA, http://isoradata.org (consultado el 1 de octubre de 2025).

StatLink https://stat.link/vh1igu

La variación de las tasas de presentación dentro de plazo (expresadas como porcentaje de las declaraciones presentadas) puede observarse en el Gráfico 4.2 que muestra el rango de dichas tasas entre jurisdicciones para los principales tipos de impuesto. En algunas jurisdicciones, este rango es amplio.

Dado el impacto de estas tasas en los niveles de cumplimiento, muchas administraciones tributarias están recurriendo a técnicas basadas en el análisis conductual para fomentar una presentación más oportuna y precisa de las declaraciones. Asimismo, informan de que la introducción de *nudges* (intervenciones conductuales) en momentos clave del proceso de declaración puede contribuir a que más declaraciones se presenten dentro de plazo. Esto no solo contribuye a mejorar los niveles de cumplimiento, sino que también permite liberar recursos que pueden destinarse a otras áreas. El Capítulo 6 contiene información adicional sobre el uso del análisis conductual.

Gráfico 4.2. Rango de la presentación dentro de plazo por jurisdicción y principales tipos de impuesto, 2023

Declaraciones presentadas dentro de plazo como porcentaje de las declaraciones presentadas

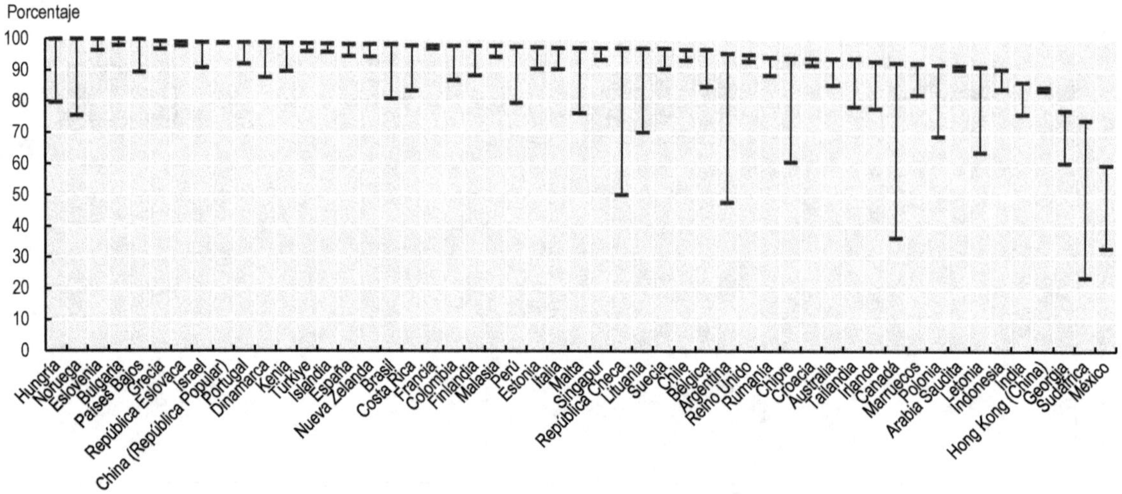

Nota: El gráfico muestra, para cada jurisdicción, el rango de la presentación dentro de plazo en 2023 para los cuatro tipos de impuesto: IRPF, IS, retenciones a cuenta sobre los salarios e IVA (cuando corresponda). Solo incluye jurisdicciones para las que se dispone de información de, al menos, dos tipos de impuesto.
Fuente: BAsD, CIAT, OIAT, FMI, OCDE, Encuesta Internacional sobre Administración Tributaria, Tablas D.22 Tasa de declaraciones presentadas dentro de plazo: IS, D.23 Tasa de declaraciones presentadas dentro de plazo: IRPF, D.24 Tasa de declaraciones presentadas dentro de plazo: Retenciones a cuenta sobre los salarios, y D.25 Tasa de declaraciones presentadas dentro de plazo: IVA, http://isoradata.org (consultado el 1 de octubre de 2025).

StatLink https://stat.link/5thdpl

Pago dentro de plazo

El pago de impuestos constituye una de las interacciones más frecuentes entre los contribuyentes y las administraciones tributarias, especialmente en el caso de las empresas, que suelen estar obligadas a efectuar periódicamente diversos pagos correspondientes tanto a sus propias obligaciones tributarias como a las de sus empleados. Las administraciones continúan avanzando en la ampliación de las opciones de pago electrónico disponibles para los contribuyentes y en el fomento de su utilización. Estos avances no solo reducen los costos para la administración, sino que también pueden aumentar los pagos realizados dentro de plazo y reducir el número de casos morosidad, al mejorar el acceso a los sistemas de pago y la experiencia del contribuyente. Un avance importante es la integración de facilidades de pago en los sistemas que los contribuyentes utilizan habitualmente. Esto les permite realizar los pagos de forma más fluida, utilizando sus propios sistemas bancarios o programas de contabilidad.

Recuadro 4.4. Países Bajos: Mecanismo «Tax splitter» para el impuesto sobre el valor agregado

La visión de la Administración Tributaria neerlandesa (NTA) es avanzar hacia un modelo en el que la determinación y la recaudación del impuesto se realicen de forma automática y en tiempo real.

La carga administrativa que supone para los empresarios el pago del IVA sigue siendo elevada, y el modo en que este impuesto se liquida y recauda no siempre está integrado en el ecosistema operativo del contribuyente. Esta situación puede traducirse en menores niveles de cumplimiento. Asimismo, existe riesgo de fraude carrusel cuando la administración tributaria no dispone de información suficiente sobre el IVA repercutido y soportado por las empresas. Al mismo tiempo, los nuevos servicios de pago y financieros están experimentando un rápido crecimiento, lo que exige que la administración tributaria evolucione para adaptarse a este entorno.

Para hacer frente a estos desafíos, la NTA está desarrollando un *tax splitter*, un mecanismo mediante el cual el contribuyente paga de forma inmediata a la administración tributaria la parte del IVA correspondiente a cada transacción. Mediante el uso de tecnología de registro distribuido en cada operación, el importe del IVA se transfiere directamente a la administración tributaria, mientras que el resto del pago se transfiere al empresario. Esto permite a la administración tributaria disponer de una trazabilidad completa de las operaciones, al tiempo que el empresario mantiene el control sobre sus datos.

Si desea más información, consulte el siguiente enlace: https://www.government.nl/topics/taxation-and-businesses/documents/reports/2024/06/30/a-first-step-to-real-time-taxation (consultado el 1 de octubre de 2025).

Fuente: Países Bajos (2025).

Tradicionalmente, al igual que en el caso de la presentación dentro de plazo de las declaraciones, la encuesta ISORA medía el pago dentro de plazo relacionando el valor de los pagos realizados dentro de plazo con el valor total de los pagos exigibles. Sin embargo, en la edición 2023 de la ISORA se introdujo también un nuevo indicador que permite medir la tasa de pago dentro de plazo en relación con el valor total de los pagos recibidos. Las tasas de pago dentro de plazo para aquellas administraciones que proporcionaron información, desglosadas por tipo de impuesto, se resumen en la Tabla 4.9. y la Tabla 4.10.

La Tabla 4.9. muestra que las tasas de pago dentro de plazo (expresadas como porcentaje de los **pagos exigibles**) están aumentando nuevamente tras la reducción observada en 2020 y 2021, y se sitúan cerca de los niveles previos a la pandemia. Como cabía esperar, las tasas de pago dentro de plazo expresadas como porcentaje de los **pagos recibidos** son notablemente más elevadas.

Tabla 4.9. Promedio (en porcentaje) de las tasas de pago dentro de plazo por tipo de impuesto, 2018-23

Tipo de impuesto	Pagos realizados dentro de plazo como porcentaje de los **pagos exigibles**							Pagos realizados dentro de plazo como porcentaje de los **pagos recibidos**		
	N.º de jurisdicciones	2018	2019	2020	2021	2022	2023	N.º de jurisdicciones	2022	2023
Impuesto sobre la renta de las personas físicas	27 jurisdicciones	81,7	81,1	78,7	76,8	78,4	79,3	33 jurisdicciones	85,1	86,8
Impuesto sobre sociedades	30 jurisdicciones	83,0	82,9	78,5	79,9	82,0	84,9	34 jurisdicciones	88,7	89,9
Retenciones sobre el salario	26 jurisdicciones	94,4	94,3	90,6	90,1	90,0	90,8	29 jurisdicciones	93,4	93,3
Impuesto sobre el valor agregado	30 jurisdicciones	87,7	87,7	86,3	85,2	85,8	86,7	32 jurisdicciones	91,0	91,4

Nota: La tabla muestra las tasas promedio de pago dentro de plazo para aquellas jurisdicciones que proporcionaron información para los años 2018 a 2023 en relación con el valor de los pagos exigibles, y para los años 2022 y 2023 en relación con el valor de los pagos recibidos. El número de jurisdicciones con datos disponibles se indica en la tabla. Los datos de Polonia relativos a los pagos exigibles se han excluido del cálculo, ya que distorsionarían los promedios.
Fuente: BAsD, CIAT, OIAT, FMI, OCDE, Encuesta Internacional sobre Administración Tributaria, Tablas D.36 Tasa de pagos recibidos dentro de plazo: IS, D.37 Tasa de pagos recibidos dentro de plazo: IRPF, D.38 Tasa de pagos recibidos dentro de plazo: Retenciones a cuenta sobre los salarios, y D.39 Tasa de pagos recibidos dentro de plazo: IVA, http://isoradata.org (consultado el 1 de octubre de 2025).

La Tabla 4.10. muestra la evolución de las tasas promedio de pago dentro de plazo (expresadas como porcentaje de los pagos exigibles) durante el período de diez años comprendido entre 2014 y 2023. Aunque los datos disponibles por jurisdicción para este período son limitados, se observa una ligera disminución de las tasas en todos los tipos de impuesto. No obstante, al analizar los datos por jurisdicción se aprecia que el número de jurisdicciones con tasas decrecientes y el de aquellas con tasas crecientes está prácticamente equilibrado.

Gráfico 4.3 El Gráfico 4.3. examina el desempeño en materia de pago dentro de plazo (expresado como porcentaje de los pagos recibidos) desde una perspectiva diferente. Al mostrar la distribución de los datos por jurisdicción para cada tipo de impuesto mediante un diagrama de cajas, el gráfico ilustra claramente los efectos positivos de los regímenes de retención a cuenta sobre los salarios en la puntualidad de los pagos, ya que:

- La mediana de las retenciones a cuenta sobre los salarios, con un 96 %, se sitúa claramente por encima de las medianas del IS y del IVA (92 % en ambos casos), así como de la del IRPF (87 %).
- El 50% central de las jurisdicciones (es decir, el intervalo comprendido entre el segundo y el tercer cuartil) es muy estrecho, situándose entre el 93% y el 99%.

Además, el gráfico confirma el menor desempeño del IRPF en materia de pago dentro de plazo señalado anteriormente. Sin embargo, al comparar el desempeño del pago dentro de plazo en el IRPF y en el IS, no se observan diferencias significativas en el 50 % central de las jurisdicciones, a pesar de las diferencias en las medianas.

Mientras que las tablas y el gráfico anteriores analizaban datos agregados, el Gráfico 4.4 muestra el rango del desempeño del pago dentro de plazo para cada jurisdicción. Se observa una brecha considerable entre los principales tipos de impuesto en varias jurisdicciones, que en algunos casos alcanza o supera los 30 puntos porcentuales.

Tabla 4.10. Promedio (en porcentaje) de las tasas de pago dentro de plazo por tipo de impuesto, 2014 y 2023

Pagos realizados dentro de plazo como porcentaje de los **pagos exigibles**

Tipo de impuesto	2014	2023	Variación porcentual	N.º de jurisdicciones con una tasa de pago dentro de plazo **decreciente**	N.º de jurisdicciones con una tasa de pago dentro de plazo **creciente**
Impuesto sobre la renta de las personas físicas (15 jurisdicciones)	79,6	77,4	-2,1	8	7
Impuesto sobre sociedades (15 jurisdicciones)	89,6	88,2	-1,5	6	9
Retenciones sobre el salario (13 jurisdicciones)	92,8	90,8	-2,0	6	7
Impuesto sobre el valor agregado (17 jurisdicciones)	88,7	88,4	-0,3	9	8

Nota: La tabla muestra las tasas promedio de pago dentro de plazo para aquellas jurisdicciones que proporcionaron información correspondiente a los años 2014 y 2023. El número de jurisdicciones con datos disponibles se indica entre paréntesis. Los datos de Costa Rica se han excluido del cálculo, ya que distorsionarían los promedios.

Fuentes: BAsD, CIAT, OIAT, FMI, OCDE, Encuesta Internacional sobre Administración Tributaria, Tablas D.36 Tasa de pagos recibidos dentro de plazo: IS, D.37 Tasa de pagos recibidos dentro de plazo: IRPF, D.38 Tasa de pagos recibidos dentro de plazo: Retenciones a cuenta sobre los salarios, y D.39 Tasa de pagos recibidos dentro de plazo: IVA, http://isoradata.org (consultado el 1 de octubre de 2025), y OCDE (2017), *Tax Administration 2017: Comparative Information on OECD and Other Advanced and Emerging Economies*, Tabla A.9, https://doi.org/10.1787/tax_admin-2017-en.

Gráfico 4.3. Rango del pago dentro de plazo entre jurisdicciones por principales tipos de impuesto, 2023

Pagos recibidos dentro de plazo como porcentaje de los pagos recibidos

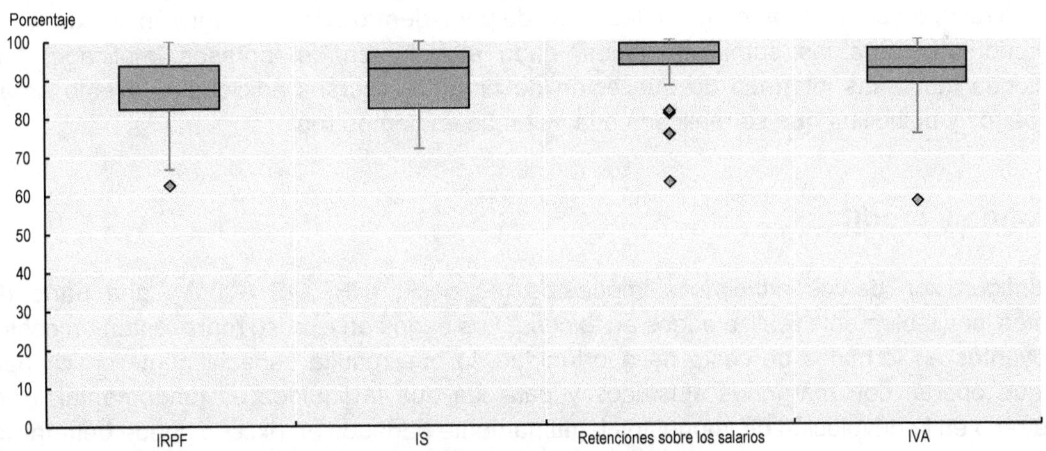

Fuente: BAsD, CIAT, OIAT, FMI, OCDE, Encuesta Internacional sobre Administración Tributaria, Tablas D.36 Tasa de pagos recibidos dentro de plazo: IS, D.37 Tasa de pagos recibidos dentro de plazo: IRPF, D.38 Tasa de pagos recibidos dentro de plazo: Retenciones a cuenta sobre los salarios, y D.39 Tasa de pagos recibidos dentro de plazo: IVA, http://isoradata.org (consultado el 1 de octubre de 2025).

StatLink https://stat.link/ul0pd1

Gráfico 4.4. Rango del pago dentro de plazo por jurisdicción y principales tipos de impuesto, 2023

Pagos recibidos dentro de plazo como porcentaje de los pagos recibidos

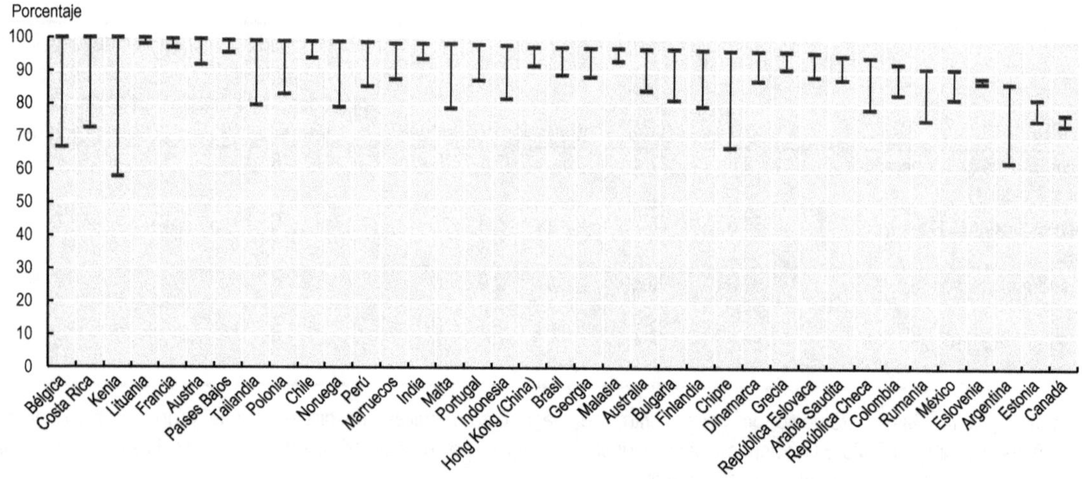

Nota: El gráfico muestra, para cada jurisdicción, el rango de pago dentro de plazo en 2023 para los cuatro tipos de impuesto: IRPF, IS, retenciones a cuenta sobre los salarios e IVA (cuando corresponda). Solo incluye jurisdicciones para las que se dispone de información de, al menos, dos tipos de impuesto.

Fuente: BAsD, CIAT, OIAT, FMI, OCDE, Encuesta Internacional sobre Administración Tributaria, Tablas D.36 Tasa de pagos recibidos dentro de plazo: IS, D.37 Tasa de pagos recibidos dentro de plazo: IRPF, D.38 Tasa de pagos recibidos dentro de plazo: Retenciones a cuenta sobre los salarios, y D.39 Tasa de pagos recibidos dentro de plazo: IVA, http://isoradata.org (consultado el 1 de octubre de 2025).

StatLink https://stat.link/c1abne

Las próximas ediciones de este informe continuarán realizando el seguimiento y análisis de estas tendencias. La recuperación y el aumento de las tasas de pago dentro de plazo seguirán siendo, sin duda, un ámbito prioritario para las administraciones, dado el volumen de ingresos implicado. Muchas administraciones tributarias informan de que están destinando recursos adicionales a esta área para facilitar los pagos y posibilitar que se realicen cada vez más en tiempo real.

Devoluciones y créditos

Dada la configuración de los principales impuestos (es decir, IRPF, IS e IVA), una parte de los contribuyentes inevitablemente realiza pagos en exceso. Los pagos en exceso representan un costo para los contribuyentes en términos de costo de oportunidad, lo que resulta especialmente crítico para las empresas que operan con márgenes ajustados y para las que la liquidez es fundamental. Por ello, cualquier retraso en la devolución de impuestos legítimamente pagados en exceso puede generar costos significativos para los contribuyentes.

La Tabla 4.11. muestra los distintos tratamientos de las devoluciones del IVA y pone de relieve que la mayoría de las administraciones las abonan de forma inmediata. Esto resulta beneficioso para las empresas, aunque las administraciones tributarias deben seguir teniendo en cuenta los riesgos de fraude. Los regímenes tributarios con una alta incidencia de devoluciones resultan especialmente atractivos para los defraudadores (en particular mediante ataques organizados), lo que exige aplicar enfoques eficaces basados en el riesgo para identificar posibles solicitudes de devolución fraudulentas.

Tabla 4.11. Tratamiento de las devoluciones del IVA, 2023

Porcentaje de jurisdicciones en las que...			
Las devoluciones del IVA se abonan automáticamente de forma inmediata.	Las devoluciones del IVA se abonan de forma inmediata, sujetas a la disponibilidad de fondos.	Las devoluciones del IVA se registran como un crédito en la cuenta del contribuyente hasta que este pueda solicitar legalmente su devolución.	Las devoluciones del IVA se registran como un crédito en la cuenta del contribuyente hasta que este pueda solicitar legalmente su devolución, sujetas a la disponibilidad de fondos.
61,8	3,6	32,7	1,8

Fuente: BAsD, CIAT, OIAT, FMI, OCDE, Encuesta Internacional sobre Administración Tributaria, Tabla A.72 Tratamiento de la mayoría de las devoluciones de IVA aprobadas, http://isoradata.org (consultado el 1 de octubre de 2025).

Recuadro 4.5. China (República Popular): Innovaciones en enfoques basados en datos para la revisión de devoluciones de créditos de IVA

La Administración Tributaria Estatal de la República Popular China (STA) ha explorado enfoques basados en datos para revisar el proceso de devolución de créditos de IVA. Este sistema presenta las siguientes características:

- Gestión previa: Se centra en mejorar los servicios mediante innovaciones en la infraestructura digital. Se ha desarrollado un nuevo modelo que identifica a los contribuyentes que reúnen las condiciones para solicitar la devolución (entre los 15 millones de contribuyentes generales en todo el país), lo que permite enviar recordatorios automáticos para la presentación de solicitudes de devolución de créditos de IVA. Más del 85 % de los datos de las solicitudes de devolución son precumplimentados automáticamente por el sistema, lo que ahorra tiempo a los contribuyentes. Además, se han puesto en marcha 59 modelos de indicadores de riesgo que analizan a los contribuyentes con créditos de IVA por categorías y registran los riesgos detectados en una base de datos específica.
- Sistema de revisión durante el proceso: Incluye un módulo de revisión basada en datos que recopila la información tributaria necesaria para el análisis, lo que mejora la eficiencia y la precisión. También incorpora una función de intercepción inteligente, que analiza diariamente a los contribuyentes en función de su nivel de riesgo. Asimismo, se ha adoptado una estrategia de respuesta precisa, por la cual los contribuyentes clasificados con riesgo medio o alto están sujetos a comprobaciones adicionales.
- Control posterior: Se ha implantado un sistema de prevención y control de riesgos. En primer lugar, se realiza un seguimiento y análisis dinámicos. Los contribuyentes que han recibido devoluciones son objeto de un seguimiento continuo en tiempo real; la base de datos se actualiza periódicamente y se ha establecido un modelo de análisis de riesgos en cadena. En segundo lugar, se realizan comprobaciones aleatorias y selectivas, con mayor frecuencia en los sectores con niveles de riesgo relativamente más elevados o en aquellos que activan numerosos indicadores de riesgo, a pesar de que el sistema les haya asignado un nivel de riesgo bajo. En tercer lugar, se aplica un sistema de control trazable. El análisis de datos se utiliza para rastrear los casos de riesgo asociados a devoluciones de créditos de IVA, lo que permite actualizar los indicadores de riesgo, mejorar el modelo y aumentar la eficiencia.

Fuente: China (República Popular) (2025).

Bibliografía

OECD (2022), *Tax Administration 2022: Comparative Information on OECD and other Advanced and Emerging Economies*, OECD Publishing, Paris, https://doi.org/10.1787/1e797131-en. [1]

OECD (2019), *Tax Administration 2019: Comparative Information on OECD and other Advanced and Emerging Economies*, OECD Publishing, Paris, https://doi.org/10.1787/74d162b6-en. [3]

OECD (2017), *Tax Administration 2017: Comparative Information on OECD and Other Advanced and Emerging Economies*, OECD Publishing, Paris, https://doi.org/10.1787/tax_admin-2017-en. [2]

5 Servicios

Este capítulo examina el modo en que los objetivos de cumplimiento de las administraciones tributarias se alcanzan gracias a la prestación de servicios eficaces y eficientes a los contribuyentes, basados cada vez más en la tecnología. Ello promueve el cumplimiento voluntario por los contribuyentes, en la medida en que les ayuda a comprender las obligaciones tributarias, a declarar la renta imponible y a realizar los pagos.

Introducción

Si bien el cumplimiento de los contribuyentes puede verse afectado en gran medida por circunstancias ajenas al control de la administración tributaria —por ejemplo, la coyuntura económica, los cambios relativos a las obligaciones de declaración (como el paso del trabajo asalariado al trabajo por cuenta propia) o la percepción de equidad del sistema tributario—, un pilar fundamental para promover el cumplimiento consiste en ofrecer a los contribuyentes una gama amplia de servicios eficaces, accesibles y de fácil utilización. Prestar estos servicios de forma satisfactoria para los contribuyentes y otras partes interesadas aumentará el grado de participación, la confianza de los contribuyentes y la credibilidad del sistema tributario en su conjunto.

Este capítulo analiza diversos ámbitos que las administraciones tributarias pueden tener en cuenta para reforzar el cumplimiento de los contribuyentes a través de los servicios que prestan, e incluye ejemplos pertinentes de distintos países. Estos ámbitos son:

- Comprensión y atención de las preferencias de los contribuyentes.
- Fomento del autoservicio.
- Adopción de iniciativas educativas y de apoyo.
- Prestación de servicios colaborativos.

Comprender y atender las preferencias de los contribuyentes

El volumen de interacciones con los contribuyentes es de una magnitud considerable. Las administraciones informaron de más de 3 000 millones de contactos recibidos a través de las cuentas en línea de los contribuyentes, a los que se sumaron más de 300 millones de llamadas telefónicas (véanse las Tablas A.96 y A.97 en la base de datos ISORA). No obstante, a diferencia de lo que ocurre con muchos otros servicios públicos, los contribuyentes —a título individual— suelen tener un contacto limitado con la administración tributaria y, para algunos, esas interacciones pueden suponer situaciones relativamente estresantes, en las que hay importantes cantidades de dinero en juego o existe el riesgo de que se les impongan sanciones. Asimismo, para muchos contribuyentes han cambiado las expectativas por lo que respecta a la disponibilidad de los servicios y los tiempos de respuesta, especialmente tras la pandemia de COVID-19 y a la vista de la transformación digital que está experimentando la economía.

Las encuestas de satisfacción de los contribuyentes y otros mecanismos de recogida de opiniones pueden proporcionar a las administraciones tributarias información valiosa sobre las expectativas en materia de servicios, así como sobre la percepción que se tiene de ellos. En este sentido, la Tabla 5.1 muestra que el 91 % de las administraciones mide, por ejemplo, la experiencia de los contribuyentes en el uso de los servicios en línea. Las encuestas son el instrumento más utilizado, seguidas de otros canales de recogida de opiniones en línea.

Tabla 5.1. Medición de la experiencia del contribuyente en el uso de servicios en línea, 2024

Porcentaje de administraciones que cuentan con el procedimiento correspondiente

La administración mide la experiencia del contribuyente en el uso de servicios en línea	Si la respuesta es afirmativa, instrumento utilizado:					
	Encuesta (en línea o en papel)	Canales de recogida de opiniones en línea (distintos de encuestas)	Pruebas con usuarios	Analítica web	Entrevistas (telefónicas o presenciales)	Otros
90,7	89,8	71,4	55,1	53,1	49,0	8,2

Fuente: OCDE (2025), *Tax Administration Digitalisation and Digital Transformation Initiatives*, Tabla 3.8., https://doi.org/10.1787/c076d776-en.

El Recuadro 5.1. describe algunos enfoques utilizados por las administraciones tributarias para comprender y atender las preferencias de los contribuyentes. Puede encontrarse información adicional sobre el uso de encuestas de satisfacción en el Capítulo 5 de la edición 2024 de esta serie (OECD, 2024[1]).

Recuadro 5.1. Ejemplos – Comprender y atender las preferencias de los contribuyentes

Canadá: Uso de inteligencia artificial generativa para la optimización de contenidos web

Con el fin de mejorar la experiencia en el sitio web de la Agencia Tributaria de Canadá (CRA), se incorporó una herramienta de comentarios al final de cada página, preguntando a los usuarios si habían encontrado la información que buscaban. En caso de respuesta negativa, los usuarios podían dejar un comentario anónimo. La información recopilada se utiliza para identificar y priorizar áreas de mejora.

En este contexto, se puso en marcha un proyecto destinado a mejorar las instrucciones sobre cómo registrarse o iniciar sesión en las cuentas en línea. Para comprender los principales problemas asociados a estas situaciones, se analizaron los comentarios recibidos a través de la herramienta durante un período de un año. En ese tiempo, los usuarios proporcionaron más de 90 000 comentarios sobre su experiencia. Se puso a prueba una herramienta de inteligencia artificial generativa (GenAI) para ayudar a resumir y clasificar los comentarios por temas clave.

Con ella se identificaron diez áreas prioritarias de mejora, que pasaron a constituir el eje de un proyecto de optimización de contenidos. Ello dio lugar a un aumento del 158 % en el éxito de los usuarios en las tareas de registro e inicio de sesión. El uso de la herramienta GenAI permitió respaldar de manera eficiente estos esfuerzos de optimización.

China (República Popular): Modelo de servicios interactivos inteligentes y presenciales entre los contribuyentes y la administración tributaria

En el marco de su proceso continuo de transformación digital, la STA ha implantado un modelo de servicios interactivos «Inteligente + Presencial» orientado a reforzar la interacción entre los contribuyentes y la administración tributaria. En la actualidad, el 97 % de los asuntos tributarios y el 99 % de las declaraciones pueden tramitarse en línea. Esta evolución ha incrementado la demanda de servicios digitales de consulta y orientación por parte de los contribuyentes. Para atender esta demanda, la STA ha desarrollado un sistema de servicios más interactivo, integrado en la plataforma de la oficina tributaria electrónica, que ofrece a los contribuyentes una integración fluida de asistencia automatizada y atención personalizada.

El sistema se estructura en torno a cuatro características principales:

- Orientación impulsada por inteligencia artificial: Se centra en las cuestiones tributarias más frecuentes y proporciona asistencia automatizada mediante IA las 24 horas del día, los 7 días de la semana.
- Asistencia en tiempo real: Para apoyar a los contribuyentes en la gestión de sus trámites tributarios, el sistema ofrece consultas en tiempo real mediante uso compartido de pantalla, interacción audiovisual y colaboración con las autoridades tributarias locales competentes. Este enfoque integra los recursos de servicio para ayudar a los contribuyentes a realizar sus gestiones de manera ágil.
- Resolución de problemas bajo demanda: Proporciona servicios basados en escenarios específicos, disponibles en cualquier momento a lo largo del proceso de tramitación. En 2024 se prestaron cerca de 60 millones de servicios interactivos, lo que mejoró significativamente la experiencia de los servicios en línea.

- Ventanilla de atención virtual: Se ha establecido una ventanilla de atención virtual que permite a los contribuyentes gestionar asuntos tributarios interregionales en todo el país sin modificar los permisos de acceso a los datos. Esta innovación simplifica el proceso y mejora la accesibilidad.

Italia: Asistencia digital a los contribuyentes

La Agencia Tributaria italiana (IRA) ha introducido mejoras en los servicios digitales que ofrece a los contribuyentes. En línea con la tendencia de las administraciones tributarias a hacer sus servicios más sofisticados y fáciles de utilizar, se ha implantado un nuevo sistema de cita previa accesible a través del sitio web, la aplicación móvil o una línea telefónica gratuita. El objetivo era mejorar la relación entre el contribuyente y la administración tributaria y, al mismo tiempo, facilitar el acceso a la asistencia a través del canal preferido, reduciendo los tiempos de espera y evitando desplazamientos a las oficinas.

Mediante una solución tecnológica de gestión de la relación con el contribuyente, se incorporó el uso de videollamadas que permiten la interacción directa entre los contribuyentes y los funcionarios tributarios, creando un entorno de «ventanilla de atención virtual». Entre sus funcionalidades se incluyen el intercambio de archivos y la posibilidad de compartir pantalla.

Esta ventanilla virtual, puesta en marcha a finales de 2023, se ha ampliado hasta contar con aproximadamente 5 000 funcionarios prestando servicio, y a finales de 2024 se habían registrado más de 130 000 interacciones. Ha resultado especialmente útil para atender a contribuyentes con discapacidad y para resolver consultas relacionadas con beneficios fiscales específicos.

Fuentes: Canadá (2025), China (República Popular de) (2025) e Italia (2025).

Un aspecto importante para satisfacer las preferencias de los contribuyentes es encontrar el equilibrio adecuado entre los distintos canales de comunicación. La Tabla 5.2 pone de relieve el cambio en el uso de los distintos canales durante el período de diez años comprendido entre 2014 y 2023, y muestra el desplazamiento hacia lo digital que se ha producido en los últimos años, acelerado por la pandemia de COVID-19. El descenso en el número de visitas presenciales a las oficinas tributarias es particularmente significativo.

Tabla 5.2. Demanda de servicios por canal, 2014-23

	Número de contactos recibidos		
Tipo de canal	2014	2023	Variación porcentual
En línea a través de la cuenta del contribuyente (31 jurisdicciones)	1 076 833 409 (2018)	3 091 848 263	+187,1
Teléfono (37 jurisdicciones)	292 973 732	288 899 301	-1,4
Presencial (25 jurisdicciones)	129 237 960	56 976 308	-55,9
Correo postal (14 jurisdicciones)	15 132 056	19 121 148	+26,4
Correo electrónico (22 jurisdicciones)	11 794 253	30 604 471	+159,5
Asistencia digital (34 jurisdicciones)	11 404 668 (2018)	89 173 086	+681,9

Nota: La tabla muestra el número de contactos recibidos correspondientes a aquellas jurisdicciones que proporcionaron la información para los años 2014 y 2023. Entre paréntesis figura el número de jurisdicciones que presentaron datos. En el caso de «En línea a través de cuenta del contribuyente» y «Asistencia digital», la tabla compara la información correspondiente a los años 2018 y 2023, dado que estos datos no se recopilaron en la edición 2016 de la ISORA.

Fuentes: BAsD, CIAT, OIAT, FMI, OCDE, Encuesta Internacional sobre Administración Tributaria, Tablas A.96 Consultas sobre servicios: Seguimiento y número de contactos por canal - Asistencia en línea y digital, A.97 Consultas sobre servicios: Número de contactos por canal - Teléfono y correo electrónico, y A.98 Consultas sobre servicios: Número de contactos por canal - por correo postal y presenciales, http://isoradata.org (consultado el 1 de octubre de 2025), y *Tax Administration 2017: Comparative Information on OECD and Other Advanced and Emerging Economies*, Tablas A.116 a A.119, https://doi.org/10.1787/tax_admin-2017-en.

La asistencia digital, por ejemplo mediante chatbots, se ha convertido en un canal muy utilizado en muchas jurisdicciones; no obstante, las interacciones a través de las cuentas en línea de los contribuyentes siguen siendo mayoritarias. Los datos confirman un cambio estructural desde los canales disponibles únicamente en horario de oficina hacia canales disponibles las 24 horas del día, los 7 días de la semana.

Fomento del autoservicio

La oferta de autoservicio de las administraciones tributarias sigue creciendo, pues la gama de autoservicios prestados es cada vez más amplia. Entre ellos destacan, por ejemplo, la posibilidad de registrarse, presentar declaraciones y efectuar pagos en línea, junto con una variedad de herramientas interactivas. Gracias al autoservicio, las administraciones tributarias son más eficientes y tienen capacidad de prestar servicios ininterrumpidos a los contribuyentes.

A partir de los datos del ITTI (OECD et al., 2025[2]), la Tabla 5.3 ofrece una visión general de algunos de los servicios en línea que las administraciones ofrecen en relación con los tres principales tipos de impuestos. La información muestra que la mayoría de las administraciones tributarias ha pasado a tramitar en línea muchas de las interacciones con los contribuyentes.

Tabla 5.3. Servicios en línea ofrecidos por las administraciones tributarias por tipo de impuesto, 2024

Porcentaje de administraciones que cuentan con el procedimiento correspondiente

Tipo de interacción	Impuesto sobre la renta de las personas físicas	Impuesto de sociedades	Impuesto sobre el valor agregado
Registro a efectos tributarios	88,5	87,0	92,0
Presentación de declaraciones	100,0	98,1	100,0
Pago de impuestos	90,4	92,6	92,0
Solicitud de ampliación de plazos (de declaración y pago):	65,4	61,1	60,0
Solicitud de facilidades de pago	75,0	72,2	76,0
Realización de consultas confidenciales en un entorno seguro	75,0	74,1	74,0
Presentación de reclamaciones tributarias	88,5	77,8	84,0
Gestión de correspondencia	90,4	88,9	90,0
Carga de datos en los sistemas de la administración tributaria	86,5	87,0	86,0

Fuente: OCDE (2025), *Tax Administration Digitalisation and Digital Transformation Initiatives*, Tabla 3.1., https://doi.org/10.1787/c076d776-en.

Para aumentar la eficiencia y reducir los costos administrativos, muchas administraciones tributarias están incrementando la automatización de sus servicios en línea. Como muestra la Tabla 5.4, existe una gama de servicios en línea para los que las administraciones tributarias ya ofrecen respuestas totalmente automatizadas cuando se cumplen ciertos criterios predefinidos.

Tabla 5.4. Servicios en línea con respuestas automatizadas por tipo de impuesto, 2024

Porcentaje de administraciones que proporcionan respuestas automatizadas (cuando se cumplen criterios predefinidos) sin intervención humana

Tipo de interacción	Impuesto sobre la renta de las personas físicas	Impuesto de sociedades	Impuesto sobre el valor agregado
Registro a efectos tributarios: La persona que se registra recibe una respuesta automatizada con el número de registro tributario.	69,2	70,4	56,0
Presentación de declaraciones: Las declaraciones se tramitan automáticamente y las liquidaciones se envían a los contribuyentes.	76,9	64,8	74,0
Pago de impuestos: Los pagos se procesan de forma inmediata y se reflejan en los saldos visibles para el contribuyente.	46,2	51,9	52,0
Solicitud de ampliación de plazos: El solicitante recibe una respuesta automatizada indicando si la solicitud ha sido aceptada o rechazada.	26,9	22,2	22,0
Solicitud de facilidades de pago: El solicitante recibe una respuesta automatizada indicando si la solicitud ha sido aceptada o rechazada.	48,1	44,4	42,0

Fuente: OCDE (2025), *Tax Administration Digitalisation and Digital Transformation Initiatives*, Tabla 3.3., https://doi.org/10.1787/c076d776-en.

Recuadro 5.2. Ejemplos: Mejora del autoservicio a través de canales en línea

Chile: Mejora de las funcionalidades de autoservicio en línea para los contribuyentes

Chile ha mejorado la gestión en línea por parte de los contribuyentes mediante actualizaciones del portal del contribuyente en el sitio web del Servicio de Impuestos Internos (SII). Se ha habilitado la opción «Mis solicitudes» en el sitio personal del contribuyente (Mi SII), disponible en el portal del SII, que comprende tres secciones:

- Clave tributaria: Esta sección se compone de dos partes. La primera ofrece un registro histórico de las principales actividades vinculadas a la clave tributaria. La segunda muestra el historial de uso de la clave, tanto para acceder al sitio web del SII como para la autenticación en plataformas de otros organismos públicos.
- Solicitudes en curso: Permite consultar el estado de las solicitudes presentadas a través del sitio web del SII, como modificaciones, trámites administrativos, consultas, reclamaciones y cese de actividades.
- Solicitudes finalizadas o cerradas: Una vez resuelta o cerrada una solicitud incluida en la sección de solicitudes en curso, esta queda registrada para su posterior consulta.

Polonia: Centro de comunicación multicanal

La Administración Nacional de Ingresos (NRA) ha implantado un sistema denominado «Centro de comunicación multicanal», que presta servicios a los contribuyentes a través de canales remotos. Este sistema facilita un acceso más ágil y sencillo a la información tributaria y contribuye a que los contribuyentes cumplan más fácilmente con sus obligaciones.

El Centro de comunicación multicanal permite obtener información general en materia tributaria y aduanera a través de los canales telefónico, correo electrónico y chat. El canal telefónico incorpora un asistente de voz que dirige al contribuyente al área temática correspondiente y le permite contactar con especialistas que pueden responder a sus consultas. Asimismo, se ha implantado una aplicación que permite a los funcionarios que atienden a los contribuyentes visualizar información relevante sobre estos, con el fin de personalizar la asistencia y ofrecer un mejor servicio. También se ha introducido un chatbot disponible las 24 horas del día, los 7 días de la semana, que responde a consultas de carácter general.

Reino Unido: Digitalización del proceso de autorización de los representantes fiscales

En abril de 2024, la Agencia Tributaria y Aduanera del Reino Unido (HMRC) introdujo mejoras en su «Agent Services Account», como parte de una iniciativa estratégica dirigida a reforzar la seguridad y la base del sistema. Los representantes fiscales pueden ahora utilizar el servicio digital para consultar y actualizar sus datos de contacto y la información relativa a su supervisión en materia de prevención del blanqueo de capitales. Esto permite a la HMRC realizar comprobaciones automáticas y reforzar la lucha contra el fraude.

En un plazo de ocho semanas, el proyecto permitió implantar mejoras que posibilitaron:

- Un uso más eficiente del autoservicio por parte de los representantes fiscales, que ahora pueden actualizar su información de contacto y de supervisión en materia de prevención del blanqueo de capitales.
- La realización de comprobaciones digitales automatizadas de los representantes fiscales en el momento de acceder a la «Agent Services Account».
- La reducción de riesgos en materia de protección de datos para la HMRC.
- La disminución de los costos asociados a la impresión y a los envíos postales.

Como resultado de estas mejoras, en enero de 2025 un total de 5 355 representantes fiscales habían actualizado sus datos, 1 843 habían actualizado su situación en materia de supervisión contra el blanqueo de capitales y 377 fueron identificados para comprobaciones adicionales de cumplimiento.

El ritmo de utilización de estas mejoras por parte de los representantes fiscales sigue aumentando con rapidez, lo que refuerza la capacidad de la HMRC para regular y profesionalizar el mercado de representantes fiscales remunerados. Ello se alinea, a su vez, con las prioridades del Gobierno del Reino Unido orientadas a modernizar la administración tributaria, reducir la brecha fiscal y mejorar el desempeño.

Fuentes: Chile 2025), Polonia (2025) y Reino Unido (2025).

Asistentes virtuales

Las ediciones anteriores de esta serie ya destacaban que cada vez más administraciones utilizan asistentes virtuales o digitales para responder a las consultas de los contribuyentes y fomentar el autoservicio. Así lo confirman los datos de la Tabla 5.2. sobre la demanda de servicios por canal y de la Tabla 5.5., que muestra que el crecimiento ha sido significativo entre 2018 y 2023 (un aumento de 36 puntos porcentuales) y que, en la actualidad, es habitual que muchas administraciones hagan uso de estos servicios.

Tabla 5.5. Uso de asistentes virtuales, inteligencia artificial e interfaces de programación de aplicaciones, 2018-23

Porcentaje de administraciones que usan esta tecnología

	Inteligencia artificial (IA), incluido el aprendizaje automático					Asistentes virtuales (p. ej. chatbots)			Interfaces de programación de aplicaciones (API)		
				Diferencia en p.p.							
Estado de adopción y uso	2016	2018	2023	2016-23	2018-23	2018	2023	Diferencia en p.p.	2018	2023	Diferencia en p.p.
Tecnología adoptada y en uso	8,6	29,8	69,0	+60,4	+39,2	34,5	70,7	+36,2	79,0	98,3	+19,3
Tecnología en fase de adopción para su uso en el futuro	13,8	15,8	24,1	+10,3	+8,3	13,8	17,2	+3,4	7,0	1,7	-5,3
La tecnología no se usa (se incluyen las situaciones en que la fase de adopción no ha comenzado)	77,6	54,4	6,9	-70,7	-47,5	51,7	12,1	-39,6	14,0	0,0	-14,0

Fuentes: BAsD, CIAT, OIAT, FMI, OCDE, Encuesta Internacional sobre Administración Tributaria, Tabla A.108 Tecnologías innovadoras: Adopción y uso - Blockchain, inteligencia artificial e informática en la nube, A.109 Tecnologías innovadoras: Adopción y uso - Ciencia de datos, automatización robótica de procesos y API, y A.110 Tecnologías innovadoras: Adopción y uso - Ventanilla única a efectos de identificación, tecnología de autenticación digital y asistentes virtuales, http://isoradata.org (consultado el 1 de octubre de 2025), y OCDE (2019), *Tax Administration 2019: Comparative Information on OECD and Other Advanced and Emerging Economies*, Tabla A.27 https://doi.org/10.1787/74d162b6-en.

Inteligencia artificial

A partir de los datos de la edición 2019 de esta serie, se observa un marcado aumento en el uso de la inteligencia artificial en los últimos años. Mientras que en 2016 solo el 9 % de las administraciones utilizaba IA, esta proporción ha aumentado hasta el 69 %, y otro 24 % se encuentra en fase de implantación para su uso futuro (véase la Tabla 5.5.). Parte de esta evolución corresponde al uso de la IA en la prestación de servicios, incluido el autoservicio. Por ejemplo, la IA se utiliza para crear asistentes virtuales capaces de gestionar preguntas más complejas formuladas por los contribuyentes y/o proporcionar respuestas más personalizadas.

También se utiliza en otros tipos de interacción con los contribuyentes, por ejemplo, para proporcionar orientación y apoyar al personal de la administración tributaria. Algo más de una quinta parte de las administraciones utiliza IA en este tipo de interacciones, como se observa en la Tabla 5.6. Ello incluye el uso de inteligencia artificial para asistir a los contribuyentes durante la presentación de sus declaraciones, para sugerir posibles respuestas a los funcionarios tributarios al gestionar la correspondencia recibida, o para apoyar a los funcionarios durante chats en directo con contribuyentes. El Recuadro 5.3. presenta una serie de ejemplos del uso de la IA en la prestación de servicios.

Tabla 5.6. Uso de la IA en las interacciones con los contribuyentes (distintas de los asistentes virtuales), 2024

Porcentaje de administraciones que cuentan con el procedimiento correspondiente

Se utiliza la IA en interacciones con los contribuyentes (distintas de los asistentes virtuales)	Si la respuesta es afirmativa, tipo de interacción:			
	Para sugerir posibles respuestas en la tramitación de la correspondencia recibida	Para apoyar al personal de la administración tributaria durante chats en directo con contribuyentes	Para asistir a los contribuyentes en la presentación de declaraciones	Otras interacciones
22,2	25,0	25,0	33,3	50,0

Fuente: OCDE (2025), *Tax Administration Digitalisation and Digital Transformation Initiatives*, Tabla 3.5., https://doi.org/10.1787/c076d776-en.

Todo ello forma parte de una tendencia mucho más amplia en el uso de la IA en la administración tributaria, que queda patente a lo largo de este informe, por ejemplo, en relación con la gestión de los riesgos de cumplimiento (véase el Capítulo 6).

Recuadro 5.3. Ejemplos: Inteligencia artificial

Austria: Federación de bots: Una estrategia de inteligencia artificial en red para la administración pública

La Administración Tributaria de Austria ha introducido un nuevo concepto, la «Federación de bots», para interconectar chatbots especializados utilizados por la administración pública. Su objetivo es ofrecer a la ciudadanía una interacción digital más eficiente y fácil de usar mediante la colaboración inteligente de bots basada en IA. Los bots —entre ellos Fred (para consultas tributarias), Mona (para información general sobre distintos servicios públicos) e ID-Austria (para la verificación de identidad digital)— comparten su conocimiento y proporcionan siempre la mejor respuesta posible, con independencia del bot al que se dirija la consulta.

Este enfoque reduce la carga administrativa, ya que cada departamento de la administración es responsable únicamente de su propio contenido, pero se beneficia de un intercambio de conocimiento organizado de forma centralizada. Los ciudadanos obtienen respuestas rápidas y precisas, lo que reduce la necesidad de llamadas telefónicas, visitas presenciales y trámites en papel.

El proyecto se puso en marcha en agosto de 2023. Los resultados iniciales muestran un aumento de la eficiencia, un alivio significativo para los equipos de atención al público y un alto grado de aceptación por parte de los usuarios.

A largo plazo, la Federación de bots constituye una solución escalable que puede ampliarse a otros ámbitos de la administración pública. Asimismo, establece nuevos estándares de digitalización en los servicios públicos al aprovechar la IA para ofrecer servicios centrados en la ciudadanía de forma más eficiente y accesible.

Canadá: Iniciativa de análisis avanzado de comentarios sobre el servicio

La Agencia Tributaria de Canadá (CRA) ha iniciado una colaboración de investigación con la Western University denominada «Service Feedback Business Intelligence Initiative» (SFBII), orientada al análisis de los comentarios sobre el servicio. La CRA recibe cada año miles de comentarios sobre la calidad del servicio. Actualmente, cada comentario —ya sea una queja, un elogio o una sugerencia— se revisa y clasifica manualmente. Uno de los desafíos reside en que la clasificación manual dificulta la detección sistemática de tendencias y no garantiza la coherencia en la categorización.

En el marco de la SFBII se ha desarrollado un modelo multilingüe basado en un modelo de lenguaje de gran tamaño (LLM), capaz de analizar grandes volúmenes de comentarios sobre el servicio e identificar de manera eficiente elementos relacionados con su calidad. Como primer modelo de estas características en la CRA, la iniciativa ha introducido un enfoque más avanzado para el análisis de tendencias, que proporciona información valiosa para la mejora de los servicios. El uso del modelo multilingüe basado en LLM permite ahorrar una cantidad considerable de tiempo en comparación con un análisis realizado íntegramente de forma manual. No obstante, el sistema mantiene la posibilidad de intervención y supervisión humanas, algo necesario en cualquier herramienta de inteligencia artificial.

Asimismo, se decidió incorporar variables interseccionales para realizar análisis con perspectiva de género, así como análisis de tendencias y de conglomerados. Tras la finalización satisfactoria del experimento, el modelo proporcionó a la CRA una mayor capacidad para identificar y priorizar tendencias específicas en los datos, lo que permitió comprender con mayor profundidad cómo estas pueden afectar a distintos grupos desde una perspectiva interseccional. Este avance refuerza la capacidad de la CRA para prestar un mejor servicio a los contribuyentes y pone de relieve el potencial de la iniciativa para transformar la manera en que se analizan y utilizan los comentarios sobre el servicio.

Irlanda: Automatización de la clasificación de consultas de los contribuyentes

La administración tributaria irlandesa (Revenue) ha mejorado la eficiencia de su portal en línea MyEnquiries mediante el uso de inteligencia artificial y tecnología de procesamiento del lenguaje natural (*Natural Language Processing*, NLP). Anteriormente, el servicio requería que los contribuyentes clasificaran sus consultas mediante menús desplegables. Seleccionar la categoría correcta resultaba a menudo difícil y confuso, lo que daba lugar a que muchas consultas se presentaran como «generales» o se clasificaran de forma incorrecta.

Para solucionarlo, los equipos operativos y tecnológicos trabajaron conjuntamente para identificar distintos tipos de consultas de los usuarios y utilizaron esta información para entrenar modelos de IA/NLP que automatizan la tarea de clasificación. Ahora, la clasificación se realiza de forma automática en el momento en que el contribuyente presenta la consulta, que se asigna directamente al equipo especializado competente para su tramitación. Se ha implantado un modelo de IA que ha simplificado de manera significativa la interfaz en línea.

Entre los beneficios del proyecto se incluyen:

- Un aumento de la precisión, que pasó de menos del 65 % cuando los contribuyentes clasificaban sus propias consultas a un 97 % cuando la clasificación se hace mediante IA.
- Una reducción media superior a 24 horas en el tiempo de asignación de las consultas al equipo especializado competente.
- La simplificación de la interfaz dirigida al usuario, eliminando capas de menús desplegables complejos y permitiendo presentar consultas en formato de texto libre, sin necesidad de seleccionar categorías y subcategorías tributarias.
- El fomento del uso de canales digitales como primera opción de contacto, al facilitar el envío de consultas.
- Una clasificación más precisa de las consultas, una mejor comprensión de las necesidades de los usuarios y la posibilidad de ofrecer respuestas más específicas.

Corea: Línea telefónica tributaria basada en inteligencia artificial

En 2024, el Servicio Nacional de Impuestos de Corea (NTS) puso en marcha una línea telefónica tributaria con inteligencia artificial, un servicio de atención telefónica que utiliza reconocimiento de voz basado en IA. El NTS entrenó este sistema con más de 2 millones de consultas de contribuyentes, junto con un amplio volumen de normativa tributaria, resoluciones administrativas y precedentes judiciales.

Cuando un contribuyente recibe un aviso de presentación y solicita asistencia, puede llamar a esta línea telefónica. Al realizar la llamada, un asistente virtual atiende al contribuyente y verifica su identidad mediante el número de teléfono registrado en la base de datos. A continuación, el sistema proporciona información básica personalizada.

Durante la llamada, se envían en tiempo real, mediante mensaje de texto, recursos adicionales relacionados con la consulta, como preguntas frecuentes, enlaces a vídeos e instrucciones paso a paso. Una vez finalizada la llamada, el contribuyente puede acceder directamente al apartado de presentación de declaraciones a través del enlace facilitado y continuar con la tramitación.

Gracias a este sistema, el 98 % de las llamadas entrantes fueron atendidas con éxito en 2024, lo que supone una mejora significativa respecto al 26 % registrado en 2023. El NTS atendió un total de 1,42 millones de llamadas, lo que representa un volumen 2,5 veces superior al del año anterior. De ellas, aproximadamente el 74 % fueron gestionadas por el asistente virtual por voz.

Si bien pueden persistir algunas limitaciones en términos de especialización, la implantación de este sistema de inteligencia artificial equivale a la incorporación de 1 000 empleados adicionales, lo que evidencia una mejora relevante en términos de eficiencia y capacidad de atención.

Singapur – Asistente de inteligencia artificial para gestionar consultas de los contribuyentes

La Agencia Tributaria de Singapur (IRAS) ha desarrollado IRASearch, una herramienta interna basada en modelos de lenguaje de gran tamaño (LLM) y en inteligencia artificial generativa (GenAI), que actúa como asistente para los funcionarios en la gestión de consultas de los contribuyentes. IRASearch integra diversas funcionalidades de aprendizaje automático e inteligencia artificial orientadas a mejorar la eficiencia operativa y la toma de decisiones. La herramienta utiliza LLM para perfeccionar las consultas y optimizar las búsquedas, y recurre a la GenAI para personalizar las respuestas.

Una de sus características principales es la capacidad de generar respuestas adaptadas mediante GenAI. Con indicaciones predefinidas y configurables, esta funcionalidad permite a los funcionarios elaborar respuestas que tengan en cuenta tanto las cuestiones tributarias planteadas como las circunstancias específicas de cada contribuyente. Asimismo, los funcionarios pueden solicitar a la GenAI que simplifique conceptos tributarios complejos para ayudar a los contribuyentes a comprender mejor sus obligaciones, como los requisitos de declaración de ingresos sujetos a imposición. Esta mejora en la comunicación entre la IRAS y los contribuyentes no solo eleva la calidad del servicio prestado, sino que también fomenta la confianza y reduce las barreras al cumplimiento voluntario. En última instancia, contribuye a mejorar la satisfacción general de los contribuyentes y facilita interacciones más fluidas con la administración tributaria.

En conclusión, IRASearch agiliza el proceso de búsqueda de información, permitiendo a los funcionarios acceder a información precisa y generar respuestas con mayor rapidez. Al reducir el tiempo necesario para recopilar información y mejorar la coherencia de las respuestas, incrementa la eficiencia y la calidad del servicio. Esta novedosa herramienta demuestra cómo la IA puede transformar la prestación de servicios y mejorar el desempeño operativo.

Suecia: Mejora de la gestión operativa mediante asistentes de inteligencia artificial

La Administración Tributaria de Suecia (STA) está desarrollando tres herramientas basadas en IA para mejorar la eficiencia operativa y la prestación de servicios. Se trata de tres asistentes diseñados para automatizar tareas, acelerar procesos y mejorar la toma de decisiones en áreas clave:

- Asistente de código basado en IA: Esta herramienta se está desarrollando para apoyar a los desarrolladores y analistas de la STA mediante la automatización de tareas repetitivas, como la generación de código y la detección de errores. Al acelerar los ciclos de desarrollo y reducir errores humanos, permitirá al personal centrarse en tareas de mayor complejidad. Asimismo, contribuirá a mejorar la calidad del código y a agilizar la implementación de sistemas y servicios.
- IA para investigaciones de delitos fiscales: Esta herramienta, actualmente en desarrollo, tiene como finalidad ayudar a los investigadores a identificar casos similares, transcribir grabaciones de voz y traducir documentos. Al agilizar la recuperación y el análisis de datos, mejorará la rapidez y la precisión en la toma de decisiones. También facilitará la cooperación internacional al reducir las barreras lingüísticas y reforzar la cooperación transfronteriza.
- Automatización de respuestas por correo electrónico basada en IA: Este sistema se está desarrollando para ayudar a los funcionarios de la STA a generar automáticamente respuestas a correos electrónicos relacionados con cuestiones tributarias, así como a consultas relativas al registro de bienes inmuebles y al registro de población. La automatización permitirá gestionar un mayor volumen de consultas sin menoscabar la calidad del servicio. El objetivo es automatizar plenamente las respuestas, garantizando una comunicación coherente y profesional y reduciendo de forma significativa el tiempo dedicado a su redacción. Más adelante, está previsto recabar la opinión de los usuarios para mejorar la precisión y la pertinencia de las respuestas.

En conjunto, estos asistentes de IA contribuirán a modernizar las operaciones de la STA. Al automatizar tareas rutinarias, acelerar procesos y mejorar la toma de decisiones, aumentarán de manera significativa la eficiencia, la capacidad operativa y la capacidad de la administración para prestar a los contribuyentes servicios oportunos, precisos y de calidad.

Fuentes: Austria (2025), Canadá (2025), Irlanda (2025), Corea (2025), Singapur (2025) y Suecia (2025).

Iniciativas educativas y de apoyo

La educación cívico-tributaria presenta dos vertientes: la primera gira en torno a la comprensión de las propias obligaciones y de la capacidad para cumplirlas; la segunda se refiere a la concienciación sobre el papel de los impuestos en la sociedad. Ambas son esenciales para promover el cumplimiento voluntario. Influir en las creencias, actitudes y normas constituye, por lo general, un mecanismo eficaz y eficiente para promover a largo plazo conductas de cumplimiento. La edición de 2024 de esta serie señaló que la mayoría de las administraciones tributarias lleva a cabo iniciativas educativas y que aproximadamente la mitad ofrece servicios tributarios gratuitos a nuevas empresas y a ciudadanos con bajos ingresos (OECD, 2024[1]). En la práctica, estas iniciativas suelen incluir la provisión de materiales digitales y formación en línea, campañas informativas —incluidas aquellas desarrolladas a través de redes sociales—, así como conferencias y actividades de divulgación.

Además, las administraciones tributarias están desarrollando programas de apoyo, como servicios de asesoramiento o medidas temporales de flexibilización de obligaciones tributarias, que pueden ayudar a los contribuyentes en situaciones difíciles, por ejemplo como consecuencia de desastres naturales o dificultades personales. Estas medidas pueden contribuir a prevenir futuros problemas de cumplimiento y a reducir la carga adicional para los contribuyentes en circunstancias adversas. Asimismo, pueden mitigar riesgos reputacionales para la administración tributaria y generar beneficios más amplios, como el mantenimiento de la confianza en el sistema, la mejora de la percepción pública de la administración y el fortalecimiento de la resiliencia económica.

El Recuadro 5.4. incluye ejemplos de iniciativas educativas y de apoyo emprendidas por las administraciones tributarias. En la edición de 2024 puede consultarse información adicional, así como enlaces a otros informes pertinentes de la OCDE (OECD, 2024[1]).

Recuadro 5.4. Ejemplos – Iniciativas educativas y de apoyo

Canadá: Análisis geoespacial para la aplicación de medidas de apoyo a contribuyentes afectados por desastres

La Agencia Tributaria de Canadá (CRA) ha reconocido que los desastres naturales —como inundaciones, incendios forestales y huracanes— pueden dificultar que las personas cumplan con sus obligaciones tributarias. Por ello, utiliza herramientas avanzadas y datos en tiempo real sobre emergencias para cartografiar las zonas afectadas.

Mediante la integración de datos geográficos, información sobre la ubicación de los contribuyentes y datos actualizados sobre desastres, la CRA puede identificar en un plazo de 24 horas los códigos postales afectados. Esto permite formular con rapidez recomendaciones fundamentadas y basadas en evidencia para la adopción de medidas de alivio tributario dirigidas a los contribuyentes afectados. Este enfoque ha reforzado la capacidad de preparación y respuesta de la CRA ante situaciones de emergencia, al tiempo que permite acelerar la prestación de apoyo a los contribuyentes, mejorando la calidad y oportunidad del servicio durante situaciones de crisis.

Dinamarca: Guía digital del impuesto sobre la renta de las personas físicas

La *Guía digital del impuesto sobre la renta de las personas físicas* es un proyecto piloto cuyo objetivo es desarrollar una solución digital que, mediante el análisis de datos, detecte acontecimientos relevantes en la vida de los contribuyentes que puedan afectar a la determinación del impuesto, posibilitando así una orientación personalizada y automatizada.

Un ejemplo de ello es el efecto en las deducciones por desplazamiento derivado de un cambio de empleo o de la pérdida del empleo. El propósito de proporcionar orientación de manera proactiva es mejorar la experiencia del contribuyente y ofrecer una asistencia lo más eficaz posible, con el fin de fomentar un mayor cumplimiento y reducir el número de consultas en los períodos de mayor demanda. Este enfoque se materializa mediante:

- Informar de manera anticipada a los contribuyentes sobre las posibles consecuencias que los cambios detectados en su situación puedan tener en su tributación durante el ejercicio fiscal, en lugar de esperar al momento de la declaración anual.
- Fomentar el uso de la solución digital de autoservicio de la Administración Tributaria danesa (DTA), favoreciendo que los ciudadanos gestionen sus trámites de forma autónoma.

La solución técnica del proyecto piloto consiste en una búsqueda sencilla que activa un paquete de orientación, distribuido a través del sistema oficial de mensajería electrónica de la administración pública. Si este enfoque demuestra ser eficaz, podría evolucionar hacia una solución tecnológica plenamente automatizada e integrada.

El sistema consulta datos del almacén de datos de la DTA con base en criterios previamente establecidos. El paquete de orientación se adapta en función de los cambios detectados en la situación del contribuyente y de aquellos que pueden actualizarse a través de la solución digital de autoservicio de la DTA.

Italia: Canal de chat en línea y participación en redes sociales

Durante el último año, la estrategia de comunicación de la Agencia Tributaria italiana (IRA) en redes sociales se ha visto reforzada con la incorporación de su canal oficial de chat en línea. Lanzado a finales de 2023, este canal oficial ha superado los 770 000 suscriptores.

A través de su presencia en redes sociales, la IRA ha facilitado el uso de los servicios digitales por parte de los contribuyentes y ha reforzado su credibilidad y visibilidad, promoviendo un diálogo más abierto con estos.

En el marco de su estrategia de comunicación digital —orientada a difundir información clara y accesible que facilite el cumplimiento de las obligaciones fiscales—, la IRA ha utilizado el canal de chat para desarrollar acciones de comunicación coordinadas sobre diversos temas. Entre ellos se incluyen el relanzamiento de la campaña anual de información sobre las declaraciones precumplimentadas, la promoción de la facturación electrónica obligatoria y la difusión de los servicios en línea.

Una característica destacada del canal es la publicación diaria de actualizaciones en tiempo real sobre la actualidad tributaria, así como contenidos más detallados sobre iniciativas nacionales y territoriales de interés general.

A través de las redes sociales, la IRA difunde información clara y oportuna en materia tributaria, mediante secciones dedicadas a temas específicos (palabras clave, encuestas y sondeos, infografías, noticias de actualidad y comunicados de prensa), con el objetivo de fomentar la participación y fidelizar a los usuarios que siguen el canal.

Los resultados han sido muy positivos. Por lo general, en los sondeos participan entre 5 000 y 8 000 usuarios, mientras que las publicaciones generan cientos de reacciones.

Japón: Educación tributaria dirigida a jóvenes

La Agencia Tributaria Nacional de Japón (NTA) trabaja en la creación de un entorno que permita a la ciudadanía comprender la importancia de los impuestos y el papel que desempeñan en el adecuado funcionamiento de la sociedad.

En este contexto, se constituyó el Consejo para la Promoción de la Educación Tributaria, integrado por los ministerios competentes —la NTA, el Ministerio de Asuntos Internos y Comunicaciones y el Ministerio de Educación, Cultura, Deportes, Ciencia y Tecnología—, que se reúne periódicamente para analizar y coordinar medidas eficaces de apoyo a la educación tributaria.

Asimismo, la NTA envía a su personal, a solicitud de los centros educativos, para impartir sesiones formativas en materia tributaria, organiza concursos de redacción sobre temas fiscales y desarrolla diversas actividades en colaboración con las asociaciones de asesores fiscales certificados y otras organizaciones privadas relevantes. En 2023, 9 720 funcionarios participaron en la impartición de clases de educación tributaria. En cuanto al concurso de redacción, participaron 174 008 estudiantes de educación secundaria superior y 445 945 estudiantes de educación secundaria inferior.

Además, teniendo en cuenta el currículo nacional y el proceso de digitalización de los centros educativos, la NTA está desarrollando cursos y materiales didácticos orientados a mejorar la experiencia de aprendizaje, mediante una identificación precisa de las necesidades del profesorado y la colaboración con los organismos competentes.

Los contenidos se publican en una sección específica del sitio web de la NTA, lo que permite a los estudiantes aprender sobre impuestos de forma autónoma. Asimismo, la NTA ofrece programas educativos en una instalación específica dedicada a la educación tributaria situada en la Oficina Tributaria de Tokio-Ueno.

Türkiye: Contribuyentes que inician una nueva actividad económica

La Administración Tributaria de Türkiye ha puesto en marcha una política de comunicación proactiva dirigida a los contribuyentes que inician una nueva actividad económica. El objetivo es reforzar el conocimiento de sus derechos y obligaciones legales y facilitar, desde el inicio, el cumplimiento de sus responsabilidades fiscales. En este marco, se elaboró un folleto informativo exhaustivo que detalla las obligaciones y derechos que deben atender, conforme a la legislación vigente, los contribuyentes que obtienen rendimientos de actividades económicas y profesionales. El folleto está disponible tanto en formato impreso como digital, lo que permite un acceso rápido y sencillo a la información esencial.

Con el fin de facilitar aún más el cumplimiento desde el inicio de la actividad, se elaboró también un vídeo breve en el que se explican derechos y obligaciones. El vídeo se difundió a través de los canales oficiales de la Administración Tributaria en redes sociales, con el objetivo de ampliar su alcance.

Asimismo, tras el registro de nuevos contribuyentes, se envían mensajes informativos por SMS cada mes. En 2024 se remitieron un total de 415 626 mensajes a contribuyentes de nueva inscripción. Estos recordatorios contribuyen a que los contribuyentes dispongan de información precisa sobre los procedimientos legales desde el inicio de su actividad. Además, las iniciativas no se limitan a la difusión de información, sino que incluyen una estrategia integral de seguimiento para analizar y evaluar el comportamiento de cumplimiento de los contribuyentes que inician una nueva actividad empresarial.

El propósito de este enfoque es reducir las barreras que puedan dificultar el cumplimiento de las obligaciones tributarias y fortalecer la confianza en el sistema fiscal. También está previsto realizar un análisis comparativo entre los niveles generales de cumplimiento en 2025 y los correspondientes a quienes iniciaron su actividad en ese mismo año. Se prevé que este enfoque influya positivamente en el comportamiento de cumplimiento al reforzar la conciencia sobre la necesidad de atender las obligaciones futuras.

Fuentes: Canadá (2025), Dinamarca (2025), Italia (2025), Japón (2025) y Türkiye (2025).

Servicios colaborativos

A medida que se amplían los servicios digitales desarrollados por las administraciones tributarias, un número creciente de ellas reconoce que estos servicios ofrecen oportunidades para: (i) coordinarse con otros organismos públicos con el fin de proporcionar una experiencia de servicio integrada en el conjunto de la administración; y (ii) colaborar con desarrolladores externos para facilitar la interoperabilidad con los sistemas utilizados por los contribuyentes.

Servicios administrativos integrados

Las administraciones tributarias informan de que se están coordinando con otros organismos públicos para mejorar la experiencia global de servicio en toda la administración, incluyendo enfoques basados en el principio de «recopilar una vez, utilizar muchas veces». En este ámbito, las administraciones tributarias ocupan una posición estratégica dentro del sector público, ya que: (i) suelen disponer de información actualizada y verificada sobre la identidad; (ii) intervienen tanto en la recepción como en la realización de pagos; y (iii) intercambian información con terceros, como instituciones financieras y empleadores.

La Tabla 5.7. muestra dos ejemplos de servicios públicos integrados. En muchas jurisdicciones, la integración del registro a efectos tributarios y del pago de impuestos en procesos administrativos más amplios ha permitido reducir y simplificar las cargas administrativas. Asimismo, en ediciones anteriores de esta serie se han incluido varios ejemplos de este tipo de servicios integrados, como el recogido en el Recuadro 1.7 de la edición de 2019 (OECD, 2019[3]). Por otra parte, los ejemplos que se exponen en el Recuadro 5.5. muestran cómo la coordinación entre organismos públicos puede reducir las cargas para los contribuyentes.

Tabla 5.7. Servicios tributarios integrados en un enfoque más amplio de prestación pública de servicios, por tipo de impuesto, 2024

Porcentaje de jurisdicciones en las que el proceso tributario correspondiente forma parte de un enfoque más amplio de prestación pública de servicios

Tipo de interacción	Impuesto sobre la renta de las personas físicas	Impuesto de sociedades	Impuesto sobre el valor agregado
El registro a efectos tributarios está integrado en un sistema público más amplio de registro en línea.	50,0	66,7	48,0
El proceso de pago está integrado en un portal público más amplio de pagos en línea.	40,4	40,7	42,0

Fuente: OCDE (2025), *Tax Administration Digitalisation and Digital Transformation Initiatives*, Tabla 3.2., https://doi.org/10.1787/c076d776-en.

Recuadro 5.5. Ejemplos: Reducción de cargas mediante la integración de servicios

Hungría: Sistema electrónico de gestión de nóminas

La Administración Nacional de Impuestos y Aduanas (NTCA) de Hungría tiene previsto implantar un nuevo sistema electrónico de nóminas (*ePayroll*) con el objetivo de reducir la carga administrativa de los empleadores en la gestión de datos laborales.

Se espera que este sistema genere múltiples beneficios. Permitirá a los empleadores remitir información a la administración tributaria y a otros organismos públicos competentes en un único envío y en formato normalizado, así como comunicar datos vinculados a acontecimientos relacionados con la relación laboral. La iniciativa se alinea con la visión de la OCDE sobre la Administración Tributaria 3.0 (OECD, 2020[4]), que sitúa al contribuyente en el centro del ecosistema, y se adapta mejor a los procesos de gestión de nóminas de los empleadores, lo que permitirá ahorrar tiempo y costes. Además, se prevé que los datos sean validados en tiempo real mediante el uso de información procedente de bases de datos públicas, reduciendo así la necesidad de realizar correcciones posteriores.

El sistema *ePayroll* se implantará como una plataforma segura basada en tecnología *blockchain*, con control de accesos y mecanismos integrados de confidencialidad y protección de datos. La plataforma está diseñada para facilitar la cooperación interinstitucional, permitiendo a la administración tributaria colaborar con otros organismos públicos, como el tesoro, el ministerio competente en materia de salud y la oficina nacional de estadística. El proyecto también prevé compatibilizar el uso de la tecnología *blockchain* con las exigencias en materia de protección de datos, para garantizar que el tratamiento de la información se ajuste a los requisitos legales y de privacidad.

Para más información, consúltese: https://www.youtube.com/watch?v=qBTDOfA7ZqA (consultado el 1 de octubre de 2025).

Singapur: Fuente única de información sobre los ingresos de los trabajadores por cuenta propia

Desde 2024, la Agencia Tributaria de Singapur (IRAS) actúa como fuente única de información (*Single Source of Truth* , SSOT) dentro del Gobierno de Singapur en relación con los ingresos de los trabajadores por cuenta propia. Con anterioridad, este colectivo debía declarar sus ingresos ante distintos organismos públicos para diferentes finalidades. Por ejemplo, además de presentar su declaración ante la IRAS a efectos de la determinación del impuesto, quienes solicitaban prestaciones públicas complementarias en el marco del programa Workfare Income Supplement debían declarar también sus ingresos ante otro organismo público, el Consejo del Fondo Central de Previsión (Central Provident Fund Board, CPFB). Este procedimiento generaba una carga administrativa adicional para los trabajadores por cuenta propia.

En colaboración con el CPFB, la IRAS asumió el papel de fuente única de información sobre los ingresos de este colectivo y simplificó el proceso de declaración, de modo que ahora los trabajadores por cuenta propia solo han de presentar electrónicamente su información ante la IRAS. Cuando los interesados prestan su consentimiento, el sistema permite disponer de una visión única y precisa de sus ingresos, cuyos datos pueden compartirse con los organismos competentes para el análisis de políticas públicas y la gestión de programas públicos integrados. Esta medida ha beneficiado aproximadamente a 300 000 trabajadores por cuenta propia.

Además, la IRAS recopila de forma proactiva información sobre los ingresos de este colectivo a través de intermediarios, como entidades pagadoras de comisiones y operadores de vehículos de alquiler con conductor, con el fin de precumplimentar los datos de ingresos en sus declaraciones tributarias.

Este enfoque centrado en el ciudadano ha simplificado notablemente el proceso de declaración de ingresos. La iniciativa ha contribuido a mejorar la eficiencia administrativa y la utilización de los recursos públicos en la IRAS y en el conjunto del Gobierno de Singapur. Asimismo, proporciona a la administración una visión integral de los ingresos y la situación de los trabajadores por cuenta propia, lo que facilita una aplicación más ágil y eficaz de los programas de apoyo.

Fuentes: Hungría (2025) y Singapur (2025).

Colaboración con terceros desarrolladores

Integrar los servicios y procesos en los sistemas que los contribuyentes utilizan habitualmente en su vida diaria y en sus actividades empresariales contribuye a mejorar el cumplimiento de las obligaciones tributarias, además de reducir las cargas administrativas y liberar tiempo que los empresarios pueden dedicar al desarrollo de sus negocios. La mayoría de estos sistemas son desarrollados por terceros, y muchas administraciones están estableciendo colaboraciones con dichos desarrolladores para poner en marcha nuevos servicios.

La conexión entre los sistemas de la administración tributaria y los sistemas utilizados por los contribuyentes se realiza, por lo general, mediante interfaces de programación de aplicaciones (API). Las API permiten la interoperabilidad entre sistemas sin necesidad de conceder acceso directo y constituyen un elemento esencial para la prestación de numerosos servicios innovadores. En este contexto, alrededor del 85 % de las administraciones tributarias están desarrollando interfaces de programación de aplicaciones, y tres cuartas partes de ellas las ponen a disposición de desarrolladores externos. Asimismo, el 55 % de las administraciones tributarias desarrolla interfaces de programación de aplicaciones en colaboración con terceros. (Véase la Tabla 5.8.)

Tabla 5.8. Desarrollo de interfaces de programación de aplicaciones, 2024

Porcentaje de administraciones que cuentan con el procedimiento correspondiente

La administración desarrolla interfaces de programación de aplicaciones	En caso afirmativo, ...	
	La administración pone a disposición pública una biblioteca de interfaces de programación de aplicaciones para su uso por terceros	La administración participa con terceros desarrollando conjuntamente interfaces de programación de aplicaciones
83,3	75,6	55,6

Fuente: OCDE (2025), *Tax Administration Digitalisation and Digital Transformation Initiatives*, Tabla 3.9., https://doi.org/10.1787/c076d776-en.

El informe de la OCDE *Unlocking the digital economy – a guide to unlocking application programming interfaces in government* (OECD, 2019[5]) expone una visión general de las prácticas, técnicas y estándares que guían la prestación de servicios digitales modernos y eficaces a los contribuyentes a través de API. A medida que los servicios prestados se vuelven más sofisticados y adquieren un papel más relevante en la prestación de servicios de calidad a los contribuyentes, las administraciones tributarias deben invertir más en la gestión y supervisión de sus API. El Recuadro 5.6. contiene ejemplos de algunos de los avances más recientes de las administraciones en relación con las API.

Recuadro 5.6. Ejemplos: API

Canadá: Servicio *Work in progress*

El servicio «Work in Progress» (WIP) se desarrolló con el objetivo de mejorar la experiencia de los contribuyentes —tanto personas físicas como empresas— que utilizan los portales seguros de la Agencia Tributaria de Canadá (CRA). Actualmente, los contribuyentes deben cumplimentar y presentar los formularios en una única sesión a través del portal en línea de la CRA. Si la sesión expira antes de que el formulario sea enviado, deben reiniciar el proceso desde el principio en el siguiente intento. Esta experiencia puede desincentivar el uso de los servicios digitales.

Para resolver este problema, la CRA desarrolló un servicio que almacena la información introducida en un formulario en curso y la recupera cuando el contribuyente está preparado para finalizarlo. El servicio consiste en una base de datos independiente alojada en la nube que conserva los datos del formulario. Mediante una API, esa información se recupera y se vuelve a mostrar al contribuyente para su finalización. Asimismo, el sistema permite el envío de notificaciones por correo electrónico para recordar a los contribuyentes que completen su presentación.

El servicio se puso en marcha como programa único en octubre de 2024, con previsión de ampliarlo a otros programas.

Hungría: Servicio general de presentación máquina a máquina

La Administración Nacional de Impuestos y Aduanas (NTCA) de Hungría ha introducido un servicio de presentación máquina a máquina (Machine-to-Machine , M2M) que constituye un hito en la transición desde un servicio complejo basado en formularios hacia un servicio interactivo en tiempo real basado en eventos y datos. El servicio M2M permite a los proveedores de software desarrollar aplicaciones que se conectan a los sistemas de tramitación de la NTCA a través de interfaces de programación de aplicaciones (API). Estas aplicaciones pueden transmitir automáticamente datos a la NTCA sin necesidad de intervención humana.

El uso del servicio requiere un registro previo en línea con autenticación de dos factores, mediante el cual el usuario final (el contribuyente) queda identificado en un sistema único de identificación para toda la administración pública. Posteriormente, los contribuyentes pueden presentar formularios electrónicos ante la administración tributaria utilizando aplicaciones previamente registradas ante la NTCA.

Para garantizar el cumplimiento de los requisitos de seguridad, tras el registro se exige un proceso de activación para obtener acceso, que incluye un procedimiento complejo de autenticación multifactor. En conjunto, estos mecanismos garantizan un nivel adecuado de protección de la identidad de los usuarios. Una vez activado el acceso, la aplicación puede presentar formularios electrónicos en formato XML ante la NTCA. Tras una verificación preliminar para detectar posibles errores, la NTCA remite los formularios a sus sistemas internos de tramitación.

En los tres primeros meses tras el lanzamiento del servicio, se registraron 34 aplicaciones de este tipo y se presentaron más de 10 000 formularios electrónicos por aproximadamente 500 usuarios finales, tanto personas físicas como entidades.

Para más información, véase: https://www.youtube.com/watch?v=NM7f723g--o (consultado el 1 de octubre de 2025).

Noruega: Estructura y gobernanza de datos en el intercambio de información

La Administración Tributaria de Noruega (NTA) comparte datos con entidades públicas y privadas con el fin de simplificar, mejorar y racionalizar las operaciones cotidianas tanto de empresas como de contribuyentes personas físicas. Esta actividad constituye un componente esencial de su misión institucional. En la práctica, el intercambio de datos se realiza mediante API que proporcionan información procedente de diversos sistemas fuente. En términos de volumen, la NTA recibe más de 300 millones de solicitudes API al mes por parte de aproximadamente 4 000 entidades usuarias.

Con el fin de racionalizar los procesos, garantizar un tratamiento de datos correcto y conforme a la normativa, y asegurar una gestión eficiente de los servicios de intercambio de información, la NTA aplica el Marco Europeo de Interoperabilidad y su propia Política de Intercambio de Datos, lo que permite mantener el alcance del intercambio debidamente delimitado y estandarizado.

Para organizaciones con necesidades de datos similares dentro de un mismo sector, la NTA promueve y establece mecanismos de colaboración sectorial con entidades representativas. Actualmente mantiene colaboraciones en los sectores financiero, municipal, sanitario y energético.

Entre los ejemplos de intercambio de datos se incluyen:

- Simplificación de las solicitudes por gastos de guardería: Una organización representativa de los gobiernos locales y regionales de Noruega ha colaborado con la NTA para automatizar el proceso, reduciendo de manera significativa la carga administrativa tanto para los progenitores como para los municipios.
- Tramitación eficiente de solicitudes de préstamos: Cuando los clientes prestan su consentimiento, los bancos pueden acceder directamente a los datos tributarios de la NTA, lo que agiliza la tramitación de préstamos. Se estima que este sistema permite un ahorro anual para la sociedad de hasta 1 300 millones de coronas noruegas (NOK), al tiempo que garantiza la protección de la privacidad y reduce el uso de documentación en papel.

Fuentes: Canadá (2025), Hungría (2025) y Noruega (2025).

Además de integrar servicios en sistemas ya existentes, varias administraciones están desarrollando también sistemas propios que ayuden a los contribuyentes a cumplir sus obligaciones tributarias, ya sea de forma directa o en colaboración con terceros. Las administraciones tributarias pueden desarrollar estas soluciones por sí mismas o en asociación con terceros. Las soluciones informáticas más habituales desarrolladas por las administraciones, ya sea de manera autónoma o en colaboración comercial con terceros, se centran principalmente en los procesos de presentación de declaraciones, seguidas de soluciones de facturación electrónica. Véase la Tabla 3.11. del informe de la OCDE de 2025 *Tax Administration Digitalisation and Digital Transformation Initiatives* (OECD, 2025[6]).

Administración inclusiva

Las administraciones tributarias deben ofrecer servicios integrales que garanticen un acceso equitativo para toda la ciudadanía, incluidas las personas con discapacidad, aquellas sin acceso a internet o quienes no hablan ninguna de las lenguas oficiales de la jurisdicción. Ofrecer formatos accesibles, apoyo multilingüe y alternativas de atención presencial contribuye a tender puentes de comunicación y acceso y promueve una sociedad más inclusiva. Estas medidas pueden ayudar a reforzar la confianza en el sistema y el cumplimiento voluntario.

Por otra parte, las administraciones tributarias también están estudiando cómo ayudar a los contribuyentes que atraviesan situaciones personales complicadas, por ejemplo, mediante el desarrollo de nuevos servicios o la prestación de asistencia personalizada. Esto se recoge en el Recuadro 5.7.

Recuadro 5.7. Ejemplos: Inclusión

Canadá: Investigación sobre la participación de colectivos vulnerables o de difícil acceso en los sistemas tributario y de prestaciones

La CRA, en colaboración con Employment and Social Development Canada y Statistics Canada, llevó a cabo una serie de estudios sobre colectivos vulnerables o de difícil acceso, con el objetivo de facilitar que accedan a las prestaciones.

Esta investigación se realizó en respuesta a una auditoría gubernamental de 2022 que concluyó que determinados colectivos vulnerables o de difícil acceso podrían no estar accediendo a prestaciones a las que tenían derecho. Ello se debe a que el sistema tributario canadiense no exige la presentación de declaración a quienes se sitúan por debajo de un determinado umbral de ingresos, mientras que ciertas prestaciones solo se conceden a quienes presentan una declaración anual.

Los estudios vincularon datos censales con datos administrativos tributarios para identificar las características y estimar el número de personas pertenecientes a estos colectivos que no habían presentado declaración, pero que podrían reunir los requisitos para acceder a prestaciones. Los resultados correspondientes a seis colectivos —pueblos indígenas, jóvenes, personas mayores, recién llegados a Canadá, personas en situación de inseguridad habitacional y personas que declararon tener una discapacidad— se analizaron aplicando el enfoque de análisis de género plus (GBA+).

Ello permitió a la CRA ajustar sus estrategias y actividades programáticas para reforzar las acciones de divulgación en ámbitos específicos y mejorar los servicios dirigidos a colectivos vulnerables o de difícil acceso. Los estudios tuvieron además un impacto directo al sustentar iniciativas públicas orientadas a ampliar el acceso a prestaciones y mejorar la equidad desde una perspectiva de género y diversidad.

Israel: Garantizar el pago equitativo de los impuestos

Dado que en Israel no existe una obligación general de declaración, la Autoridad Tributaria de Israel (ITA) ha puesto en marcha medidas para ayudar a los contribuyentes a maximizar los beneficios fiscales a los que tienen derecho y evitar pagos indebidos de impuestos. Esta iniciativa ha permitido a la ITA contactar directamente con personas que podrían reunir los requisitos y asistirlas en el ejercicio efectivo de sus derechos.

Las poblaciones destinatarias de esta iniciativa incluyen:

- Padres y madres de hijos con discapacidad.
- Residentes con una discapacidad médica reconocida, con especial consideración para los supervivientes del Holocausto.
- Personas que han pagado impuestos en exceso y no han presentado una solicitud de devolución.

Para alcanzar este objetivo, la ITA adoptó las siguientes medidas:

- Se enviaron cartas personalizadas a miles de personas que habían pagado impuestos en exceso y cumplían determinados requisitos. Estas incluían los formularios pertinentes y una explicación del proceso de devolución.
- Se enviaron cartas personalizadas a personas que reunían ciertos requisitos y que aún no habían solicitado sus beneficios fiscales, detallando cómo ejercer sus derechos.
- Se realizaron acciones de contacto mediante SMS y llamadas telefónicas para ayudar a los contribuyentes a solicitar los beneficios a los que tenían derecho.
- En determinados casos, la ITA corrigió proactivamente solicitudes de devolución y declaraciones anuales en las que no se habían aplicado los beneficios fiscales correspondientes.

Estas actuaciones se llevaron a cabo en colaboración con otros ministerios y organismos públicos, incluidos el Ministerio de Educación, el Instituto Nacional de Seguros y la Autoridad para los Derechos de los Supervivientes del Holocausto.

Aproximadamente 800 000 personas recibieron una comunicación de este tipo. De ellas, el 10 % presentó una solicitud de devolución, lo que dio lugar a devoluciones directas por un importe aproximado de 340 millones de NIS.

Fuentes: Canadá (2025) e Israel (2025).

Bibliografía

OECD (2025), *Tax Administration Digitalisation and Digital Transformation Initiatives*, OECD Publishing, Paris, https://doi.org/10.1787/c076d776-en. [6]

OECD (2024), *Tax Administration 2024: Comparative Information on OECD and other Advanced and Emerging Economies*, OECD Publishing, Paris, https://doi.org/10.1787/2d5fba9c-en. [1]

OECD (2020), *Tax Administration 3.0: The Digital Transformation of Tax Administration*, OECD Publishing, Paris, https://doi.org/10.1787/ca274cc5-en. [4]

OECD (2019), *Tax Administration 2019: Comparative Information on OECD and other Advanced and Emerging Economies*, OECD Publishing, Paris, https://doi.org/10.1787/74d162b6-en. [3]

OECD (2019), *Unlocking the Digital Economy - A Guide to Implementing Application Programming Interfaces in Government*, OECD Publishing, Paris, https://doi.org/10.1787/56697aa7-en. [5]

OECD (2017), *Tax Administration 2017: Comparative Information on OECD and Other Advanced and Emerging Economies*, OECD Publishing, Paris, https://doi.org/10.1787/tax_admin-2017-en. [7]

OECD et al. (2025), *Inventory of Tax Technology Initiatives*, http://www.oecd.org/content/oecd/en/data/datasets/inventory-of-tax-technology-initiatives.html (accessed on 1 October 2025). [2]

6 Gestión del cumplimiento

Evaluar la exactitud y exhaustividad de la información declarada por los contribuyentes es una función esencial de las administraciones tributarias. En este capítulo se analiza más en profundidad la labor de las administraciones tributarias en este ámbito, incluyendo las acciones que llevan a cabo para comprender y gestionar los riesgos de cumplimiento, así como las medidas destinadas a prevenir el incumplimiento. Por último, se analiza el desempeño de las administraciones tributarias a la hora de abordar los casos de incumplimiento.

Introducción

La función de inspección, verificación e investigación evalúa la exactitud y exhaustividad de la información declarada por los contribuyentes. Esta función emplea, en promedio, a cerca del 30 % del personal de las administraciones tributarias, cuya tarea principal consiste en verificar que se han cumplido las obligaciones tributarias. Aunque a menudo esta labor se realiza a través de las funciones de inspección, cada vez es más frecuente el uso de controles electrónicos automatizados, validaciones y cruces de información de los contribuyentes. La adopción y visibilidad de estas y otras actuaciones dirigidas a garantizar el cumplimiento son fundamentales para respaldar el cumplimiento voluntario, entre otras razones por su influencia en la percepción de equidad del sistema tributario, así como por el efecto disuasorio que generan. Por ello, este capítulo examina:

- la forma en que las administraciones tributarias gestionan los riesgos de cumplimiento, incluidos los distintos enfoques adoptados para prevenir el incumplimiento; y
- la ejecución de las actuaciones dirigidas a garantizar el cumplimiento realizadas por las administraciones tributarias, analizando los controles de cumplimiento electrónicos, las inspecciones y las investigaciones de delitos fiscales.

Gestión de los riesgos de cumplimiento

El proceso de gestión de los riesgos de cumplimiento, descrito en la nota de orientación *Compliance Risk Management: Managing and Improving Tax Compliance* (OECD, 2004[1]) de 2004 de la OCDE, se ha mantenido en gran medida sin cambios a lo largo de los años. Sus principales etapas, ilustradas en el Gráfico 6.1., siguen constituyendo un modelo de referencia para la gestión de los riesgos de cumplimiento. Desde entonces, diversos informes de la OCDE han analizado distintos aspectos de este marco, proporcionando orientaciones y ejemplos de buenas prácticas. Asimismo, el informe de 2017 *The Changing Tax Compliance Environment and the Role of Audit* (OECD, 2017[2]) examinó una serie de cambios graduales en las administraciones tributarias que, en conjunto, estaban transformando el entorno del cumplimiento tributario y permitiendo enfoques de cumplimiento más focalizados y gestionados.

Gráfico 6.1. Proceso de gestión de los riesgos de cumplimiento

Fuente: OECD (2004), *Compliance Risk Management: Managing and Improving Tax Compliance*, https://www.oecd.org/content/dam/oecd/en/topics/policy-issues/tax-administration/compliance-risk-management-managing-and-improving-tax-compliance.pdf (consultado el 1 de octubre de 2025).

Esta sección examina cómo las administraciones tributarias están organizando sus procesos en este ámbito, analizando los enfoques que utilizan para comprender y gestionar los riesgos de cumplimiento, así como algunas de las medidas adoptadas para prevenir el incumplimiento.

Comprensión y gestión de los riesgos de cumplimiento tributario

Comprender los riesgos de cumplimiento tributario es fundamental para las administraciones tributarias, ya que les permite identificar los ámbitos en los que es más probable que se produzcan incumplimientos, ya sea por error, negligencia o actuación deliberada. Mediante el análisis y la gestión de estos riesgos, las administraciones pueden asignar los recursos de manera más eficaz, adaptar sus estrategias de control y diseñar programas orientados a mejorar el cumplimiento voluntario. Como se señala en la edición de 2024 de esta serie, alrededor del 85 % de las administraciones indican contar con una estrategia formal de gestión de los riesgos de cumplimiento, y casi todas ellas disponen de enfoques específicos para identificar, evaluar y priorizar los principales riesgos de cumplimiento. (OECD, 2024[3])

Mayor disponibilidad de datos

El fuerte incremento en la cantidad de datos disponibles para las administraciones tributarias con fines de control del cumplimiento está contribuyendo a mejorar la comprensión de las áreas de riesgo y a promover el cumplimiento tributario. A medida que cada vez más datos se almacenan en formato electrónico, y que la transferencia, el almacenamiento y la integración de datos se han vuelto más sencillos gracias a la aplicación de nuevas técnicas y procesos, las administraciones tributarias recurren cada vez con mayor frecuencia a diversas fuentes de información, tales como:

- ***Datos procedentes de dispositivos:*** Los datos pueden recopilarse a partir de dispositivos que registran transacciones, como cajas registradoras en línea y ordenadores de a bordo para taxis y camiones, así como registros de paso en barreras y básculas de pesaje. Como se ilustra en la Tabla 6.1., algo más de la mitad de las administraciones reciben datos de dispositivos fiscales electrónicos o cajas registradoras, y en dos tercios de esos casos la información se transmite automáticamente. Un número reducido de administraciones también recibe datos de otros dispositivos, como taxímetros.
- ***Datos procedentes de bancos, comerciantes o intermediarios de pago y proveedores de servicios:*** Este tipo de información permite verificar directamente los ingresos o activos declarados por el contribuyente. Algunas jurisdicciones reciben periódicamente los detalles o totales de las transacciones de contribuyentes.
- ***Datos procedentes de proveedores:*** La recopilación de datos de proveedores, ya sea directamente o a través del contribuyente, permite obtener una visión más completa de las actividades y los ingresos del contribuyente. Así lo evidencia el creciente uso de los sistemas de facturación electrónica (véase la Tabla 6.1.) que, como se comenta en el Capítulo 4, permite a algunas administraciones tributarias precumplimentar las declaraciones de impuestos.
- ***Datos procedentes de clientes:*** Esto resulta más sencillo cuando el número de clientes es limitado y conocido, pero cada vez se utilizan más mecanismos para aprovechar los datos de los clientes, por ejemplo en la verificación de los ingresos en efectivo.
- ***Datos desestructurados relativos al contribuyente***: Tanto en Internet como en las redes sociales pueden encontrarse rastros electrónicos relacionados con actividades y transacciones comerciales.
- ***Datos procedentes de otros organismos públicos***: Los datos que poseen otros organismos públicos, por ejemplo para fines de licencias, regulación o seguridad social, pueden ser relevantes para verificar las declaraciones tributarias o para realizar evaluaciones de riesgo.
- ***Datos procedentes de socios internacionales***: Los intercambios internacionales de datos en el marco de los *International Standards for Automatic Exchange of Information in Tax Matters* (OECD, 2023[4]) y del *Country-by-Country Reporting* (OECD, 2015[5]) están incrementando considerablemente la cantidad de datos disponibles sobre las actividades internacionales y proporcionando información útil para los procesos de inspección y selección de casos, así como, en algunos casos, para la precumplimentación de las declaraciones tributarias.

Tabla 6.1. Facturación electrónica y dispositivos que registran transacciones, 2023

Porcentaje de administraciones

Determinadas categorías de contribuyentes están obligadas a utilizar un mecanismo de facturación electrónica que transmite datos a la administración tributaria	La administración recibe datos de dispositivos que registran transacciones	En caso afirmativo, tipo de dispositivo y modalidad de transmisión de datos			
		Dispositivos fiscales electrónicos / cajas registradoras		Otros dispositivos (p. ej., taxímetros)	
		Los datos se transmiten automáticamente	Los datos se transmiten previa solicitud	Los datos se transmiten automáticamente	Los datos se transmiten a petición
46,6	53,4	61,3	41,9	9,7	19,4

Fuente: BAsD, CIAT, OIAT, FMI, OCDE, Encuesta Internacional sobre Administración Tributaria, Tablas A.105 Enfoques de cumplimiento: Facturación electrónica, y A.106 Enfoques de cumplimiento: Dispositivos que registran transacciones, http://isoradata.org (consultado el 1 de octubre de 2025).

Recuadro 6.1. Ejemplos: Digitalización de procesos

México: Digitalización de los procedimientos de comercio exterior

Uno de los principios rectores del Plan Maestro del Servicio de Administración Tributaria (SAT) es la digitalización de los trámites de comercio exterior, con el objetivo de simplificar los procedimientos y facilitar a los contribuyentes su presentación mediante diversas herramientas tecnológicas.

Esta transición digital ha permitido al SAT facilitar y simplificar los procedimientos. Además, ahorra tiempo a los contribuyentes, ya que ya no tienen que desplazarse a las oficinas del SAT para realizar los trámites de forma presencial, y garantiza el cumplimiento de las obligaciones fiscales y aduaneras, puesto que la presentación digital asegura que se realicen en el formato correcto. Además, permite al SAT tener un mayor control de la información generada en estos trámites, ya que se almacena digitalmente, lo que facilita su acceso cuando se realizan análisis en el marco de actuaciones de inspección. Por último, también beneficia al medio ambiente al reducir el uso de papel.

Reino Unido: Documentos comerciales electrónicos

La Agencia Tributaria y Aduanera del Reino Unido (HMRC, por sus siglas en inglés) ha realizado avances significativos en la digitalización de los procesos comerciales, lo cual resulta especialmente útil dado que una proporción importante de los datos contenidos en los documentos comerciales electrónicos es necesaria para los procesos tributarios. Esto también facilita el comercio para las empresas del Reino Unido, especialmente para las pequeñas y medianas empresas, lo que a su vez contribuye al crecimiento económico.

Asimismo, permite a la HMRC acceder a estos datos y utilizarlos con mayor rapidez para sus necesidades operativas. Esto no solo mejorará los procesos de gestión del riesgo y de cumplimiento, sino que también reducirá la carga administrativa para las empresas. Por ejemplo, una factura comercial en forma de Electronic Transferable Record (ETR) permitiría respaldar la información relativa al IVA. Este enfoque podría aplicarse también a la facturación electrónica. La innovación podría demostrar la viabilidad de tratar una factura electrónica del mismo modo que un ETR y aplicar así los principios de un «sistema fiable», con posibles aplicaciones en la declaración del IVA.

Con este objetivo, la HMRC está identificando las dificultades actuales tanto para usuarios internos como externos, con el fin de analizar el potencial de los documentos comerciales electrónicos para mejorar el diseño y la gestión de los procesos tributarios y comerciales, tanto para las empresas como para la administración pública. A tal efecto, se están llevando a cabo estudios con usuarios, tanto con empresas como con funcionarios de la administración tributaria.

Fuentes: México (2025) y Reino Unido (2025).

A medida que las administraciones tributarias gestionan volúmenes cada vez mayores de datos, la implantación de mecanismos para protegerlos y gestionarlos se ha generalizado hasta convertirse en una función crítica. Estos mecanismos respaldan procesos más amplios de gobernanza de los datos y, a su vez, contribuyen a mantener la confianza de los contribuyentes en el sistema, además de facilitar el cumplimiento de las obligaciones legales (véase la Tabla 6.2.). El Recuadro 6.2 destaca algunos ejemplos en este ámbito. Por otra parte, a medida que los sistemas de datos están cada vez más interconectados, la ciberseguridad va cobrando mayor importancia. La edición de 2023 de esta publicación incluía algunos ejemplos de administraciones tributarias en este ámbito; véase el Recuadro 10.5. de *Tax Administration 2023*. (OECD, 2023[6])

Tabla 6.2. Gobernanza de datos, 2024

Porcentaje de administraciones que cuentan con el proceso correspondiente

Existe una estrategia integral de gestión de datos	Se evalúa la calidad de los datos declarados	Existe un marco ético en materia de datos	Se controla el acceso y la seguridad de los datos de los usuarios	El acceso no autorizado se detecta automáticamente	Existe la figura de responsable de protección de datos	Existe un departamento de ciberseguridad	Se contratan entidades externas para probar la seguridad de los sistemas	Se utiliza IA como parte del proceso de gobernanza de los datos
72,2	85,2	75,9	98,1	87,0	85,2	94,4	94,4	16,7

Fuente: OCDE (2025), *Tax Administration Digitalisation and Digital Transformation Initiatives*, Tabla 4.1., https://doi.org/10.1787/c076d776-en.

Recuadro 6.2. Gobernanza de datos

Australia: Marco de ética de datos para el conjunto de la administración pública

El Marco de ética de datos para el conjunto de la administración pública proporciona orientaciones para que el Servicio Público Australiano amplíe de forma segura y adecuada el uso de datos y analítica mediante enfoques innovadores, al tiempo que refuerza la confianza de los ciudadanos en que sus datos se utilizan de manera ética. El marco también identifica los próximos pasos para ampliar los usos actuales de los datos a medida que surgen y se adoptan nuevas tecnologías, lo que resulta especialmente relevante para la Oficina Tributaria Australiana (ATO, por sus siglas en inglés) en su proceso continuo de transformación digital basada en datos.

El marco incluye:

- principios de ética de datos;
- orientaciones sobre cómo aplicar dichos principios para identificar riesgos;
- funciones y responsabilidades;
- ejemplos prácticos que ilustran en qué situaciones puede aplicarse el marco.

Para más información sobre el marco, véase: https://www.finance.gov.au/government/public-data/public-data-policy/data-ethics-framework (consultado el 1 de octubre de 2025).

Noruega: Un futuro basado en los datos

La Administración Tributaria de Noruega (NTA, por sus siglas en inglés) es una organización orientada al uso de datos y, en los últimos años, ha reforzado su eficacia mediante iniciativas de gestión de contribuyentes basadas en datos. No obstante, hasta ahora estas iniciativas se han aplicado a una escala relativamente reducida. Por ello, con el fin de mejorar aún más su eficiencia, la NTA está tratando de ampliar el uso de sus soluciones basadas en datos.

Para lograrlo, ha creado una plataforma de datos y analítica basada en la nube, que incorpora capacidades de analítica, ciencia de datos y aprendizaje automático, así como paneles de control y herramientas de elaboración de informes. Actualmente, la plataforma se utiliza para una amplia gama de proyectos de analítica y elaboración de informes, que abarcan ámbitos como las criptomonedas, la calidad de los datos y la detección de fraude. La NTA también utiliza la plataforma para desarrollar y entrenar modelos de aprendizaje automático, y está explorando soluciones basadas en inteligencia artificial generativa, con resultados prometedores, especialmente en el ámbito de la atención al contribuyente y en la mejora del tratamiento de documentos no estructurados.

La adopción de medidas eficaces de gobernanza de los datos es fundamental para ampliar el uso de estas soluciones basadas en datos. Entre ellas se incluyen la creación de nuevas funciones, la implantación de mecanismos de seguridad y de procesos jurídicos, así como la garantía de la calidad de los datos. La NTA pone a disposición información analítica a través de productos de datos, es decir, conjuntos de datos fácilmente accesibles que abarcan desde información de los contribuyentes hasta datos de carácter más administrativo. Hasta la fecha se han desarrollado cerca de 200 productos de datos, y está previsto que se creen muchos más. Conscientes de la magnitud de este cambio impulsado por los datos, también se ha puesto en marcha una iniciativa de alfabetización en datos en toda la organización, destinada a acompañar al personal en este proceso de cambio y mejorar la comprensión del uso de los datos.

España: Metodología para el desarrollo de proyectos de inteligencia artificial

La Agencia Estatal de Administración Tributaria (AEAT) ha establecido una metodología específica para apoyar el desarrollo de sus proyectos de inteligencia artificial, con el objetivo de mejorar su calidad y asegurar una adecuada gestión de estos. Esta metodología se ha diseñado específicamente para proyectos de IA y abarca todas las fases de su ciclo de vida.

A diferencia de los enfoques centrados en el desarrollo de software, no pone el foco en los aspectos técnicos de la programación, sino en los distintos elementos que deben analizarse en cualquier proyecto de IA, como las fuentes de datos, los posibles sesgos o el reentrenamiento periódico de los modelos.

La metodología define una serie de etapas y tareas, y establece los roles y actores que intervienen en cada una de ellas. De este modo, la mayoría de los departamentos de la AEAT —entre ellos los de tecnologías de la información, las áreas operativas, seguridad y servicios jurídicos— pueden aportar sus conocimientos y perspectivas al proyecto de IA. Asimismo, se examinan todos los aspectos relevantes del proyecto, como la calidad de los datos, la posible existencia de sesgos, la transparencia del modelo y su integración con los sistemas de información de la organización.

Si el proyecto no obtiene la aprobación de todas las partes por incumplir los estándares éticos, jurídicos o de calidad establecidos por la AEAT, no puede continuar. La aplicación de esta metodología a cada proyecto permite asegurar su adecuada supervisión y generar la documentación necesaria para dejar constancia de todo el proceso. Además, la metodología se revisa periódicamente para adaptarse a los cambios tecnológicos y jurídicos que puedan surgir.

Fuentes: Australia (2025), Noruega (2025) y España (2025).

Análisis de datos

En los últimos años, el uso de analítica avanzada para la gestión y la identificación de riesgos se ha vuelto cada vez más común.

- En la Tabla 6.3. se muestra que el 87% de las administraciones tributarias afirman utilizar *big data* en su labor, y que la mayoría de ellas lo emplean para mejorar sus actuaciones en materia de cumplimiento. El *big data* también se utiliza para hacer previsiones y para una variedad de otros fines, como puede observarse en la Tabla 6.3. correspondiente y en el ejemplo del Recuadro 6.3.
- De las 58 administraciones tributarias estudiadas en este informe, casi todas declaran utilizar herramientas de ciencia de datos o analítica, mientras que las restantes se encuentran en proceso de preparar el uso de estas herramientas en el futuro (véase la Tabla 6.4.).
- Asimismo, la mayoría de las administraciones ya utiliza inteligencia artificial (IA), incluido el aprendizaje automático, para la evaluación de riesgos y la detección del fraude (véase la Tabla 6.3.).

Tabla 6.3. Uso de *big data* e inteligencia artificial con fines analíticos, 2024

Porcentaje de administraciones

Uso de *big data*							Uso de inteligencia artificial (IA)	
	En caso afirmativo, finalidad del uso de *big data*:							
La administración utiliza *big data*	Mejorar el cumplimiento	Detectar tendencias	Previsión de políticas públicas	Previsión de ingresos	Prestación de nuevos servicios	Otros fines	Uso de IA en procesos de evaluación de riesgo	Uso de IA para detectar evasión fiscal y fraude
87,0	89,4	78,7	51,1	63,8	55,3	23,4	64,1	74,4

Fuente: OCDE (2025), *Tax Administration Digitalisation and Digital Transformation Initiatives*, Tabla 4.11., https://doi.org/10.1787/c076d776-en.

Recuadro 6.3. Ejemplos: Integración de datos

Australia: panel centralizado de información

La Oficina Tributaria Australiana (ATO, por sus siglas en inglés) ha desarrollado Centrl, un panel de control que reúne en un único entorno datos procedentes de múltiples sistemas para ayudar al personal que trabaja con empresas públicas, privadas y multinacionales a gestionar los casos que tiene asignados. Desarrollado por un equipo multidisciplinar procedente de las áreas operativas y de datos, Centrl se conecta con los sistemas de gestión de casos de la ATO, el repositorio de datos de declaraciones tributarias y las herramientas de perfilado de contribuyentes.

Los funcionarios de la ATO pueden utilizar Centrl para diversas funciones, entre ellas:

- Consultar una lista de sus casos a nivel de grupo de contribuyentes, con la información clave mostrada de forma inmediata.
- Recibir alertas cuando entidades de un grupo de contribuyentes realizan determinadas acciones (por ejemplo, presentar una declaración tributaria) o cuando se detectan coincidencias con nuevos datos (como transacciones inmobiliarias).
- Publicar notas para otros participantes en el caso, independientemente del equipo o área al que pertenezcan, para compartir información y establecer recordatorios de plazos que faciliten el seguimiento de un caso en curso.
- Acceder a un canal de novedades con información sobre actualizaciones de los sistemas, cambios en los procedimientos o determinados riesgos que conviene tener en cuenta en la gestión de los casos.
- Acceder directamente, a través de un panel de aplicaciones, a los sistemas de uso más frecuente, que se abren con los datos del grupo de contribuyentes o de la entidad seleccionada ya cargados.
- Buscar un contribuyente por nombre, número de empresa australiano (Australian Business Number, ABN) o número de identificación fiscal.
- Acceder directamente, mediante enlaces en la parte inferior del panel, a determinados sistemas corporativos, herramientas y recursos externos pertinentes.

Centrl evita que el personal tenga que supervisar manualmente múltiples sistemas para detectar eventos relevantes para sus casos. Además, facilita la colaboración con otros funcionarios y permite recibir información específica relacionada con su trabajo. Esto les permite dedicar más tiempo a la interpretación y aplicación de la normativa tributaria.

China (República Popular): Uso de datos tributarios al servicio de la gestión pública

La Administración Tributaria Estatal de la República Popular China (STA, por sus siglas en inglés) utiliza de forma intensiva los datos tributarios para profundizar en sus análisis fiscales y económicos, que posteriormente pueden compartirse con el conjunto de la administración pública. Esta iniciativa tiene como objetivo establecer una plataforma que contribuya a la modernización del sistema tributario y a una gobernanza más eficaz.

En el plano macro, la STA ha utilizado datos procedentes de la contabilidad de facturación electrónica para elaborar un modelo que refleja tendencias macroeconómicas en función de variables como el tiempo, el tipo de impuesto, el sector económico o la región. Esto proporciona una base sólida para la formulación de políticas macroeconómicas por parte del gobierno central.

En el plano intermedio, se ha establecido un sistema comparativo de análisis fiscal que permite realizar automáticamente comparaciones entre distintas regiones, ciudades y provincias, tanto a nivel nacional como internacional. Este sistema ayuda a identificar regiones y grupos con contribuciones tributarias significativas y permite a los gobiernos locales comprender mejor el desarrollo económico de sus territorios.

En el plano micro, la agregación en tiempo real de los datos empresariales por contribuyente permite obtener una visión completa de las operaciones empresariales, los pagos de impuestos, las facturas emitidas, los riesgos asociados y los estados financieros de las empresas. Este enfoque proporciona información valiosa sobre los patrones, tendencias y riesgos subyacentes de la actividad económica.

En los últimos años, la STA ha elaborado más de diez mil informes analíticos al año, que sirven de apoyo a la toma de decisiones macroeconómicas, al análisis del funcionamiento de la economía y a la evaluación de la situación empresarial.

Fuentes: Australia (2025) y China (República Popular) (2025).

Tabla 6.4. Uso de herramientas de ciencia de datos, inteligencia artificial y automatización robótica de procesos, 2018-23

Porcentaje de administraciones que usan esta tecnología

	Herramientas de ciencia de datos / analítica			Inteligencia artificial, incluido el aprendizaje automático			Automatización robótica de procesos		
Situación de implantación y uso	2018	2023	Diferencia en puntos porcentuales (p.p.)	2018	2023	Diferencia en p.p.	2018	2023	Diferencia en p.p.
Tecnología implantada y en uso	71,9	96,6	+24,7	29,8	69,0	+39,2	22,8	60,3	+37,5
Tecnología en fase de implantación para uso futuro	19,3	3,4	-15,9	15,8	24,1	+8,3	14,0	3,5	-10,5
Tecnología no utilizada, incluidos los casos en los que no se ha iniciado su implantación	8,8	0,0	-8,8	54,4	6,9	-47,5	63,2	36,2	-27,0

Fuente: BAsD, CIAT, OIAT, FMI, OCDE, Encuesta Internacional sobre Administración Tributaria, Tablas A.108 Tecnologías innovadoras: Implementación y uso - Blockchain, inteligencia artificial y computación en la nube, y A.109 Tecnologías innovadoras: Implementación y uso - Ciencia de datos, automatización robótica de procesos y API, https://data.rafit.org/regular.aspx?key=74180897 (consultado el 1 de octubre de 2025).

Este uso cada vez más sofisticado de la analítica en conjuntos de datos cada vez más amplios está dando paso a un perfeccionamiento de la gestión de riesgos, así como al desarrollo de una amplia gama de actuaciones dirigidas a garantizar el cumplimiento, incluso mediante procesos automatizados. El Recuadro 6.4. presenta diversos ejemplos del uso de técnicas avanzadas de análisis de datos por parte de las administraciones tributarias.

Por otra parte, el informe de la OCDE *Advanced Analytics for Tax Administration: Putting data to work* (OECD, 2016[7]) aporta pautas de orientación práctica sobre el modo en que las administraciones tributarias pueden utilizar la analítica para respaldar el cumplimiento y la prestación de servicios.

A medida que el uso de la analítica se ha convertido en una parte habitual e integrada del funcionamiento de las administraciones tributarias en todo el mundo, tanto en países desarrollados como en países en desarrollo, el Foro sobre Administración Tributaria (FTA) de la OCDE ha desarrollado el *Modelo de madurez analítica* (OECD, 2022[8]) para ayudar a las administraciones tributarias a autoevaluar su nivel actual de madurez en el uso de la analítica y en el desarrollo de sus capacidades analíticas. Este modelo proporciona información sobre su situación actual al identificar tanto áreas de debilidad como fortalezas.

Recuadro 6.4. Ejemplos: Uso de técnicas avanzadas de análisis de datos en la gestión de riesgos

Australia: Análisis de datos no estructurados

La Oficina Tributaria Australiana (ATO, por sus siglas en inglés) está desarrollando diversas herramientas para facilitar un uso y un análisis más rápidos y fiables de los grandes volúmenes de datos que recopila en formatos no estructurados. Entre ellas se incluyen modelos de inteligencia artificial, automatización robótica de procesos y funcionalidades de búsqueda.

Un ejemplo es una nueva herramienta utilizada en el programa Justified Trust, destinado a verificar el cumplimiento tributario de las 1 000 principales empresas públicas y multinacionales con una actividad económica significativa relacionada con Australia. Tras completar la comprobación del cumplimiento, se elabora un informe detallado que recoge las conclusiones de la ATO y sus recomendaciones para cada uno de los ámbitos analizados. Hasta ahora, el carácter no estructurado de la información limitaba la capacidad de la ATO para extraer información útil de los cientos de informes generados por el programa. La nueva capacidad analítica permite, sin embargo, extraer información de estos informes mediante inteligencia artificial, que identifica los elementos relevantes e indexa el contenido. La herramienta dispone de una interfaz que permite filtrar y realizar búsquedas en el conjunto de informes.

Esto permite a los equipos responsables de los casos identificar con mayor facilidad contribuyentes con problemáticas similares y realizar con mayor eficiencia futuras comprobaciones, al tiempo que se mantiene la coherencia en el tratamiento del conjunto de contribuyentes analizados. Asimismo, esta herramienta ha mejorado la capacidad de elaboración de informes de la ATO, al disponer de análisis con mayor nivel de detalle y desagregación. A su vez, esto facilita que la ATO proporcione orientaciones más claras a los contribuyentes a través de su informe anual *Findings Report*. Las áreas de análisis de riesgos también pueden identificar con mayor facilidad tendencias y nuevas áreas de riesgo, gracias a una mejor visibilidad de los resultados de las comprobaciones.

Australia: Plataforma en la nube de analítica avanzada

La ATO ha implantado la Advanced Analytics Platform Cloud (AAP Cloud) que proporciona un entorno seguro para que científicos de datos e ingenieros desarrollen modelos de aprendizaje automático. La infraestructura de la AAP Cloud está alojada en una nube privada y permite acceder de forma segura a los datos almacenados en los sistemas de la ATO.

Para su desarrollo se han utilizado servicios de código abierto, lo que permite reducir costos y ofrece flexibilidad para adaptarse a la aparición de nuevas tecnologías o a cambios en los requisitos. La computación en la nube permite además ampliar de forma dinámica la capacidad de procesamiento cuando es necesario, lo que supone una ventaja frente a otras alternativas, como la infraestructura local.

Los modelos de aprendizaje automático que operan en la AAP Cloud se utilizan para identificar posibles incumplimientos. Además, la capacidad de desarrollar y desplegar inteligencia artificial a gran escala ha contribuido a mejorar la gestión de riesgos, especialmente en el ámbito del fraude, donde los comportamientos de riesgo han evolucionado con rapidez. Estos modelos también permiten una interacción más personalizada con los contribuyentes y sus representantes en tiempo real, lo que contribuye a mejorar el servicio que la ATO presta a los contribuyentes.

China (República Popular): Integración de la información geográfica en la gestión tributaria

En 2024, la Administración Tributaria Estatal de la República Popular China (STA, por sus siglas en inglés) puso en marcha el Taxation-Geographic Information System (T-GIS), un sistema que integra la tecnología de información geográfica en la gestión tributaria. Este sistema mejora la experiencia de los contribuyentes al presentar sus declaraciones y facilita una gestión más eficiente de los riesgos fiscales y la toma de decisiones por parte de los funcionarios tributarios.

En primer lugar, T-GIS transforma el proceso de presentación de declaraciones mediante herramientas de visualización. Para ello, se ha creado una base de datos con 38,5 millones de ubicaciones y numerosas direcciones de contribuyentes, integradas en la plataforma en línea E-Tax. Gracias a ello, los contribuyentes pueden visualizar automáticamente información sobre sus bienes inmuebles, las tasas impositivas aplicables e incluso medir la superficie de los terrenos. El resultado ha sido una mejora significativa de la eficiencia y la precisión de las declaraciones tributarias.

En segundo lugar, mediante la geocodificación de las direcciones registradas de los contribuyentes y la cartografía de las propiedades sujetas a tributación en materia de vivienda y terrenos, T-GIS permite a los funcionarios tributarios identificar a distancia riesgos de cumplimiento utilizando IA y técnicas de comparación de modelos. La inteligencia artificial puede identificar automáticamente terrenos sujetos a tributación en distintas formas y permite un seguimiento inteligente de las fuentes tributarias a partir de imágenes remotas. Al mismo tiempo, la comparación de modelos superpone y contrasta en el mapa distintos tipos de información tributaria para detectar posibles riesgos de evasión o elusión fiscal.

En tercer lugar, T-GIS proporciona a los funcionarios herramientas de análisis multidimensional que abarcan nueve categorías impositivas y permiten analizar la información desde una perspectiva que va de lo macro a lo micro. De este modo, pueden realizar análisis macro sobre la recaudación tributaria, las fuentes de ingresos fiscales y el comportamiento económico de determinados impuestos, así como análisis más detallados mediante imágenes satelitales y la localización precisa de las fuentes tributarias.

Italia: Innovaciones para combatir el fraude en el impuesto sobre el valor agregado

La Administración Tributaria italiana (IRA, por sus siglas en inglés) ha puesto en marcha diversas iniciativas innovadoras para combatir el fraude en el IVA.

Desde 2024, la IRA trabaja en un proyecto que tiene como objetivo identificar y analizar situaciones de evasión intensiva del IVA mediante técnicas avanzadas de análisis de datos. El modelo clasifica a los contribuyentes en distintos grupos según su nivel de riesgo. Esto permite a la IRA prever posibles casos de evasión del IVA entre contribuyentes de alto riesgo y prevenir pérdidas de recaudación.

Además, se ha desarrollado una nueva herramienta, TaxnetVA, que integra diversas fuentes de datos y permite visualizar las relaciones existentes entre distintas entidades económicas. Esta herramienta facilita la identificación de cadenas de operaciones sospechosas, características de los fraudes intracomunitarios del IVA. La información se presenta mediante gráficos fáciles de interpretar. Las entidades económicas se representan como puntos (denominados «nodos»), y las relaciones entre ellas se muestran en forma de «aristas». Cada nodo incluye un conjunto de atributos, como la actividad económica, el volumen de negocio o la forma jurídica. De manera similar, cada arista incorpora información como el importe de la operación y del IVA, el porcentaje de participación accionarial o el papel desempeñado en la estructura empresarial. Los nodos y las aristas se representan con distintos colores y tamaños según sus características específicas (por ejemplo, si la empresa está activa o ha cesado su actividad, o si se trata de una sociedad personalista o de una sociedad mercantil), lo que permite identificar con claridad el nivel de riesgo asociado a cada entidad.

Japón: Uso de inteligencia artificial y análisis de datos para mejorar la recaudación tributaria

La Agencia Tributaria Nacional de Japón (NTA, por sus siglas en inglés) está trabajando para mejorar la recaudación tributaria mediante el uso de IA para analizar una amplia gama de datos y determinar la forma más adecuada de actuar ante contribuyentes que no cumplen sus obligaciones, teniendo en cuenta sus circunstancias.

En concreto, mediante herramientas de analítica empresarial y lenguajes de programación, la NTA ha desarrollado un modelo capaz de predecir el método más eficaz para contactar con cada contribuyente incumplidor. Este modelo permite determinar si resulta más efectivo realizar llamadas telefónicas, efectuar visitas presenciales o enviar comunicaciones escritas, basándose en distintos tipos de información, como los registros de contactos anteriores, los datos de las declaraciones tributarias o el tipo de actividad del contribuyente, con el objetivo de mejorar la eficacia de la recaudación.

Además, la NTA ha desarrollado un modelo de predicción de respuesta que analiza información sobre contribuyentes que no cumplen sus obligaciones, incluidos sus registros de contacto anteriores, para identificar los días de la semana y las franjas horarias en las que es más probable que respondan a las llamadas telefónicas. Como resultado, la tasa de respuesta aumentó en 8,6 puntos porcentuales en comparación con los casos en los que no se utilizó IA durante el período comprendido entre julio de 2023 y junio de 2024.

Tailandia: Mejora de la clasificación de ingresos y facturas

La administración tributaria de Tailandia ha incorporado técnicas de procesamiento del lenguaje natural (NLP) para mejorar y agilizar la clasificación de los ingresos sujetos a tributación y de los datos de facturación electrónica.

Anteriormente, el tratamiento manual de los formularios de retención en la fuente y de las facturas requería mucho tiempo y era propenso a errores, debido a la variedad y al nivel de detalle de las descripciones proporcionadas por los contribuyentes. La aplicación de NLP ha permitido aumentar en un 60 % la precisión en la clasificación de los ingresos recogidos en los datos de retenciones, lo que mejora la evaluación de riesgos. El sistema también permite detectar discrepancias, como inconsistencias entre los ingresos declarados en las retenciones y los declarados a efectos del IVA. Asimismo, permite identificar contribuyentes que no han presentado su declaración anual a pesar de tener ingresos sujetos a retención.

Además, el NLP desempeña un papel fundamental en los esfuerzos por ampliar la base imponible mediante la clasificación de los datos de facturación electrónica. Al clasificar de forma eficiente las facturas entre gastos personales y gastos relacionados con actividades empresariales, el sistema facilita la identificación de empresas que no están registradas en el sistema tributario y promueve su inscripción. Esta información permite orientar actuaciones posteriores, como el envío de notificaciones a posibles entidades incumplidoras. En conjunto, la integración de estas herramientas contribuye a mejorar el cumplimiento tributario y proporciona a los funcionarios un instrumento fiable para realizar inspecciones tributarias exhaustivas y eficientes.

La metodología se basa en modelizar cada fase del proceso mediante una distribución de probabilidad adecuada. La metodología se basa en modelizar cada fase del proceso mediante una distribución de probabilidad adecuada. Estos modelos se combinan posteriormente para calcular una puntuación que refleja la rentabilidad global de la actividad inspectora en relación con cada contribuyente seleccionado.

Fuentes: Australia (2025), China (República Popular) (2025), Italia (2025), Japón (2025) y Tailandia (2025).

Programas dirigidos a segmentos específicos de contribuyentes

Otro enfoque para la gestión focalizada de riesgos consiste en crear departamentos dedicados al análisis de los asuntos fiscales de determinados segmentos de contribuyentes. Entre los segmentos de contribuyentes cuya gestión diferenciada ha resultado especialmente ventajosa para las administraciones tributarias destacan las grandes empresas y los individuos con alto patrimonio neto (IAPN). La razón para concentrar recursos administrativos en la gestión de estos grupos se basa principalmente en los siguientes aspectos:

- ***Importancia de los riesgos de cumplimiento***: debido a la naturaleza y el tipo de transacciones, las actividades *offshore*, así como las oportunidades y estrategias para minimizar las obligaciones fiscales. En el caso de las grandes empresas, también influyen las diferencias entre los beneficios contables y los beneficios calculados a efectos fiscales.
- ***Complejidad de sus estructuras empresariales y fiscales***: especialmente por la amplitud de sus intereses empresariales y, en el caso de los IAPN, por la interrelación entre sus asuntos privados y fiscales.
- ***Integridad del sistema tributario***: la importancia de poder ofrecer garantías a los distintos actores sobre la actuación de la administración respecto de estos contribuyentes de alto perfil.

Recuadro 6.5. Chile: métricas internacionales — zonas de riesgo

El Servicio de Impuestos Internos (SII) ha implantado un nuevo marco de evaluación de riesgos que introduce indicadores de zonas de riesgo para supervisar grupos empresariales multinacionales, individuos con alto patrimonio neto (IAPN) e industrias estratégicas. Este sistema tiene como objetivo reforzar la transparencia y el cumplimiento tributario mediante la evaluación del comportamiento fiscal de contribuyentes que realizan operaciones internacionales o que están clasificados como individuos con alto patrimonio neto.

El marco establece tres niveles de riesgo —bajo, medio y alto—, con métricas específicas adaptadas a cada categoría:

- Grupos empresariales del sector minero: La clasificación del riesgo se basa en cuatro indicadores principales: la tasa efectiva del impuesto sobre sociedades, la tasa efectiva global, la contribución tributaria total y la carga fiscal media a tres años. Cada uno de estos indicadores se evalúa utilizando rangos intercuartílicos específicos del sector.

- Individuos con alto patrimonio neto (IAPN): Están sujetos a un proceso de evaluación en dos fases. En primer lugar, se clasifican en función de su patrimonio total. Posteriormente, se calcula una tasa efectiva teniendo en cuenta todas las fuentes de ingresos, con independencia de su tratamiento fiscal, con el fin de determinar su nivel de riesgo.
- Sectores industriales con operaciones de precios de transferencia: En sectores como el de vehículos de motor, maquinaria, sanidad y electrónica, las zonas de riesgo se determinan analizando la relación entre el perfil funcional de la empresa, la titularidad de los activos y la asunción de riesgos en las actividades de distribución.

Este marco integral refuerza la capacidad del SII para identificar y gestionar los riesgos de cumplimiento tributario, al tiempo que proporciona a los contribuyentes una orientación más clara sobre su situación de riesgo. Mediante la aplicación de estos criterios de evaluación específicos, el SII pretende mejorar la supervisión tributaria y fomentar un mayor cumplimiento entre los contribuyentes con actividad internacional.

Fuente: Chile (2025).

Por otro lado, en el caso de los grandes contribuyentes, a pesar de su reducido número, suelen representar una parte desproporcionadamente elevada de los ingresos tributarios recaudados. Aunque las oficinas o programas de grandes contribuyentes solo gestionan el 2,7% de los contribuyentes del impuesto sobre sociedades, en promedio representan el 44 % del total de los ingresos netos recaudados, incluidas las retenciones practicadas sobre las remuneraciones de los empleados (Tabla 6.5.). Si se analizan los datos a nivel de país, se observa que en la mayoría de las jurisdicciones entre el 30 % y el 60 % del total de los ingresos netos procede de contribuyentes incluidos en los programas para grandes contribuyentes (véase Gráfico 6.2.).

Tabla 6.5. Importancia de las oficinas o programas de grandes contribuyentes (OGC/PGC), 2023

ETC en OGC/PGC, como porcentaje del total de ETC	Contribuyentes del IS gestionados por OGC/PGC, como porcentaje del total de contribuyentes activos de este impuesto	Ingresos netos administrados por OGC/PGC, como porcentaje del total de ingresos netos recaudados por la administración tributaria	ETC dedicados a funciones de inspección, investigación y otras actuaciones de comprobación en OGC/PGC, como porcentaje del total de ETC en OGC/PGC	Valor de las liquidaciones complementarias derivadas de actuaciones de OGC/PGC, como porcentaje del valor total de liquidaciones complementarias resultantes de inspecciones
3,8	2,7	43,8	60,4	33,4

Nota: La tabla muestra los porcentajes promedio correspondientes a las jurisdicciones que proporcionaron la información.
Fuentes: BAsD, CIAT, OIAT, FMI, OCDE, Encuesta Internacional sobre Administración Tributaria, Tablas D.17 Indicadores relativos a oficinas o programas de grandes contribuyentes: Equivalentes a tiempo completo (ETC), y D.18 Indicadores relativos a oficinas o programas de grandes contribuyentes: Contribuyentes del IS, liquidaciones complementarias resultantes, e ingresos netos administrados, https://data.rafit.org/regular.aspx?key=74180900 (consultado el 1 de octubre de 2025).

Gráfico 6.2. Porcentaje de los ingresos administrados a través de oficinas o programas de grandes contribuyentes, 2023

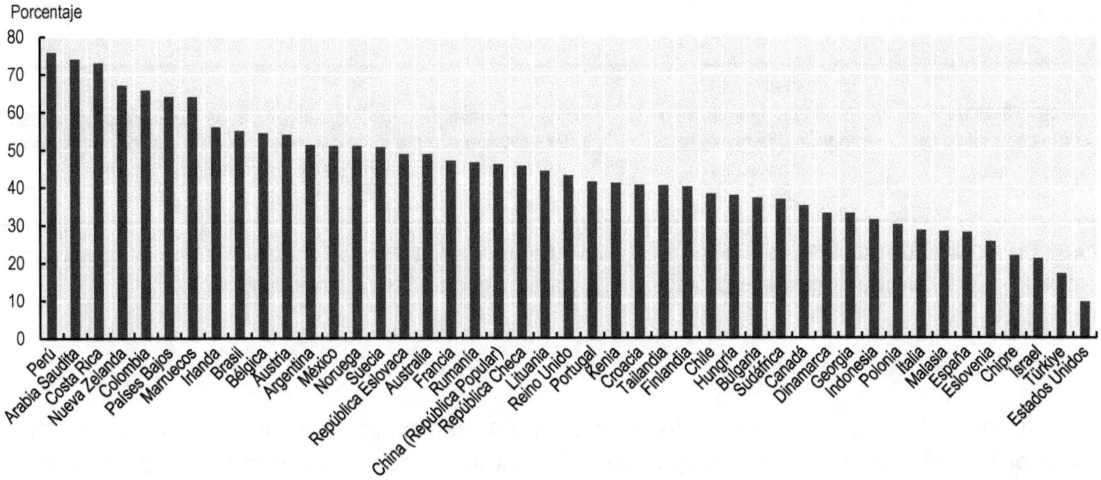

Fuente: BAsD, CIAT, OIAT, FMI, OCDE, Encuesta Internacional sobre Administración Tributaria, Tabla D.18 Indicadores relativos a oficinas o programas de grandes contribuyentes: Contribuyentes del IS, liquidaciones complementarias resultantes, e ingresos netos administrados, https://data.rafit.org/regular.aspx?key=74180900 (consultado el 1 de octubre de 2025).

StatLink https://stat.link/edt63g

Si bien es frecuente que la gestión de estos grupos de contribuyentes se lleve a cabo en forma de programa, en muchas jurisdicciones estos programas también cuentan con una estructura organizativa propia, como una Oficina de Grandes Contribuyentes o un departamento dedicado exclusivamente a los IAPN. Como puede observarse en la Tabla 6.6., en el caso de las oficinas o programas de grandes contribuyentes el alcance de sus funciones varía considerablemente, desde la realización de actividades tradicionales de inspección hasta enfoques de «servicio integral», que pueden incluir también programas de cumplimiento cooperativo (véase el Capítulo 8 para profundizar en esta cuestión). No obstante, en promedio alrededor del 60 % del personal de estas oficinas o programas trabaja en funciones de inspección, investigación u otras actuaciones de comprobación (véase la Tabla 6.5.).

Tabla 6.6. Oficinas / programas de grandes contribuyentes: Existencia y funciones desempeñadas, 2023

Porcentaje de administraciones

Existe oficina / programa de grandes contribuyentes	En caso afirmativo, funciones desempeñadas...					
	Registro	Tramitación de declaraciones y pagos	Servicios	Inspección	Cobro de deudas tributarias	Resolución de controversias
86,2	52,0	64,0	98,0	100,0	62,0	76,0

Fuente: BAsD, CIAT, OIAT, FMI, OCDE, Encuesta Internacional sobre Administración Tributaria, Tablas A.34 Oficinas / programas de grandes contribuyentes: Existencia e ingresos recaudados, A.35 Oficinas / programas de grandes contribuyentes: Funciones — registro, tramitación de declaraciones y pagos, y servicios, y A.36 Oficinas / programas de grandes contribuyentes: Funciones — inspección, cobro de deudas y resolución de controversias, http://isoradata.org (consultado el 1 de octubre de 2025).

Tabla 6.7. Programas para individuos con alto patrimonio neto: Existencia y funciones desempeñadas, 2022

Porcentaje de administraciones

Existe un programa para individuos con alto patrimonio neto	En caso afirmativo: Integrado en una oficina o programa de grandes contribuyentes	Porcentaje de ingresos netos administrados mediante programas para individuos con alto patrimonio neto en relación con el total de ingresos tributarios recaudados por la administración tributaria
43,1	56,0	7,0

Fuente: BAsD, CIAT, OIAT, FMI, OCDE, Encuesta Internacional sobre Administración Tributaria, Tabla A.40 Oficina o programa para individuos con alto patrimonio neto: Existencia e ingresos recaudados, http://isoradata.org (consultado el 1 de octubre de 2025).

Planificación de riesgos futuros

Si bien es fundamental que las administraciones tributarias comprendan los riesgos de cumplimiento actuales y preparen estrategias de respuesta adecuadas, resulta igualmente importante anticipar y prevenir los riesgos que puedan surgir en el futuro. La mayor disponibilidad de datos, junto con la mejor capacidad de las administraciones tributarias para gestionarlos y analizarlos, permite a las administraciones tributarias evaluar con mayor precisión los futuros riesgos fiscales.

La capacidad de detectar, comprender y gestionar los riesgos en un entorno que cambia rápidamente es un elemento clave para una administración tributaria eficaz y resistente. En la Tabla 6.3. se destaca el elevado número de administraciones tributarias que realizan labores de previsión, lo que les permite evaluar dónde podrían surgir nuevos riesgos de cumplimiento y desarrollar estrategias de mitigación adecuadas. Esto está dando lugar a la creación de programas avanzados de gestión de riesgos que integran esta función en toda la organización —e incluso en el conjunto de la administración pública—, en lugar de abordarla de forma aislada, como ilustra el ejemplo de Francia del Recuadro 6.6.

Recuadro 6.6. Francia: Uso de algoritmos para detectar empresas en dificultades

Francia ha puesto en marcha un nuevo proyecto denominado Signaux Faibles («señales débiles»), cuyo objetivo es facilitar la coordinación entre la Dirección General de Finanzas Públicas (DGFiP, por sus siglas en francés) y otros organismos públicos para detectar a las empresas en dificultades y prestarles apoyo lo antes posible, para adoptar medidas tendentes a evitar su quiebra.

Este proyecto digital se basa en la colaboración entre cinco organismos públicos franceses implicados en el apoyo a las empresas: la DGFiP, el Banco de Francia, la Dirección General de Empresas, la Delegación General de Empleo y la Seguridad Social. Estas entidades comparten sus datos para alimentar un algoritmo predictivo de inteligencia artificial, que cruza distintos tipos de información fiscal y de seguridad social. El objetivo del sistema es identificar empresas —generalmente pequeñas y medianas— con probabilidad de entrar en insolvencia en un plazo de dieciocho meses. Cada trimestre, el algoritmo se actualiza con los datos más recientes y genera una lista de empresas con riesgo de insolvencia.

La plataforma Signaux Faibles es accesible para aproximadamente 1 000 funcionarios autorizados de los organismos públicos participantes y permite:

- Consultar la lista trimestral de empresas identificadas por el algoritmo como potencialmente en riesgo de quiebra.
- Acceder a datos sobre las empresas.
- Intercambiar información sobre las medidas de apoyo a empresas en dificultades, con el fin de asegurar que todos los participantes dispongan de la información pertinente, mejorar la coordinación entre los distintos actores y registrar las actuaciones realizadas.

Una vez que las empresas identificadas han sido objeto de un análisis adicional, complementado con datos y evaluaciones internas, se contacta con ellas de manera proactiva para ofrecer apoyo y proponer distintas soluciones.

Fuente: Francia (2025).

Prevención del incumplimiento

Las administraciones tributarias dependen en gran medida de la actitud responsable de los contribuyentes a la hora de declarar y pagar sus impuestos. Esto es lo que habitualmente se denomina «cumplimiento voluntario». Estas actitudes resultan especialmente importantes en aquellos sistemas en los que las administraciones tributarias dependen en gran medida de que los propios contribuyentes declaren de forma completa y correcta sus rentas y hechos imponibles, y efectúen los pagos correspondientes.

Como se señala en el Capítulo 5, el cumplimiento fiscal puede verse muy influido por factores que escapan al control de la administración tributaria. No obstante, estas pueden recurrir a diversas actuaciones basadas en servicios para fomentar el cumplimiento voluntario y prevenir el incumplimiento. Por lo general, estas actuaciones se desarrollan antes de la presentación de las declaraciones e incluyen, entre otras:

- Recordar a los contribuyentes los plazos para presentar declaraciones y efectuar pagos.
- Facilitar el acceso de los contribuyentes a datos de terceros ya recopilados, por ejemplo mediante sistemas de precumplimentación de declaraciones o a través del portal del contribuyente.
- Realizar campañas específicas para fomentar el cumplimiento.
- Ofrecer iniciativas informativas y de apoyo.

Además de estas medidas basadas en servicios, las administraciones tributarias también disponen de otros instrumentos para influir en el comportamiento de cumplimiento. Entre ellos se incluye informar a los contribuyentes sobre posibles actuaciones de control previamente definidas. Saber que cabe la posibilidad de que se produzca una intervención puede animar a los contribuyentes a prestar más atención al cumplimiento de sus obligaciones tributarias.

Análisis conductual e intervenciones conductuales

Otro enfoque para prevenir el incumplimiento pasa por recurrir al análisis conductual. El análisis conductual es un ámbito de investigación interdisciplinar que aplica principios de las ciencias del comportamiento —como la psicología, la neurociencia o la economía del comportamiento— para comprender cómo las personas perciben, procesan y reaccionan ante la información. Estos principios pueden emplearse para diseñar políticas e intervenciones prácticas basadas en el comportamiento humano. Su potencial puede resultar especialmente eficaz cuando se combina con la información obtenida del análisis de los crecientes volúmenes de datos de que disponen las administraciones tributarias, tanto internos como procedentes de fuentes externas. Un ejemplo de ello son los mensajes de aviso que se muestran durante el proceso de cumplimentación de la declaración, indicando al contribuyente posibles inconsistencias o errores en la información que está introduciendo.

Como se señala en la tabla 10.4 de la edición de 2024 de esta publicación, alrededor de la mitad de las administraciones declaran contar con especialistas en análisis conductual (OECD, 2024[3]). Asimismo, el informe *Behavioural Insights for Better Tax Administration: A Brief Guide* publicado en 2021 por la Behavioural Insights Community of Interest del FTA, contiene numerosos ejemplos de su aplicación práctica (OECD, 2021[9]). El Recuadro 6.7. presenta algunos ejemplos de cómo las administraciones utilizan el análisis conductual y las intervenciones conductuales para concienciar a los contribuyentes sobre sus obligaciones tributarias y fomentar el cumplimiento.

Recuadro 6.7. Ejemplos: Análisis conductual e intervenciones conductuales

Canadá: analítica conductual de los contribuyentes

Los servicios digitales de la Agencia Tributaria de Canadá (CRA) permiten a los ciudadanos canadienses suscribirse a notificaciones por correo electrónico al crear una cuenta CRA My Account. Tras el registro, los usuarios reciben un correo electrónico de confirmación en el que se les anima a completar la configuración de su cuenta si aún no lo han hecho.

Con el fin de aumentar las inscripciones en My Account, la CRA llevó a cabo una campaña de análisis conductual en colaboración con una institución de educación superior. Este experimento, desarrollado a lo largo de cuatro semanas en junio de 2022, se dirigió a aproximadamente 900 000 participantes, que recibieron uno de nueve correos electrónicos distintos en los que se ensayaban diversas intervenciones conductuales. La iniciativa tuvo un gran éxito, ya que dio lugar a más de 90 000 nuevas altas en My Account y aportó información valiosa sobre el comportamiento de los usuarios.

En marzo de 2024, la CRA puso en marcha un nuevo servicio de Validación Digital de la Identidad, que permite a los ciudadanos canadienses registrarse y acceder en tiempo real a los servicios de inicio de sesión de la CRA, eliminando así la necesidad de esperar hasta diez días hábiles para recibir por correo un código de seguridad.

A partir de este éxito, en enero de 2025 la CRA inició, en colaboración con el ámbito académico, la segunda fase del experimento. Esta fase se dirigió a personas que se habían suscrito a notificaciones por correo electrónico, pero que no habían completado su registro en My Account. Mediante el uso del nuevo servicio de validación digital de la identidad, la CRA buscaba animar a estos usuarios a completar su registro y acceder a su correspondencia en línea, con el fin de mejorar su experiencia general con los servicios de la CRA.

Türkiye: Medidas dirigidas a garantizar el cumplimiento del IVA y de los derechos de timbre

La Administración Tributaria de Türkiye envía periódicamente mensajes informativos por SMS para animar a los contribuyentes a presentar sus declaraciones de IVA y efectuar los pagos tanto de los derechos de timbre como del IVA antes de la fecha límite. Esta estrategia de comunicación, basada en análisis conductual, tiene por objetivo aumentar la concienciación de los contribuyentes y ayudarles a cumplir sus obligaciones.

Estos mensajes han demostrado ser una herramienta eficaz para mejorar los niveles de cumplimiento. Los mensajes destacan las consecuencias jurídicas, las posibles pérdidas económicas y las sanciones que pueden derivarse del incumplimiento de las obligaciones, con el fin de ayudar a los contribuyentes a tomar decisiones informadas. Además, los SMS ofrecen información práctica sobre cómo cumplir estas obligaciones, lo que facilita el proceso para los contribuyentes.

En 2024 se enviaron notificaciones por SMS a un total de 7 295 513 contribuyentes del IVA. De ellas, 1 211 782 se referían a obligaciones principales del IVA, y 6 083 731 a obligaciones relativas a los derechos de timbre. Cada mes se enviaron recordatorios por SMS a los contribuyentes que no habían efectuado el pago en los cinco días posteriores al vencimiento del plazo. Aproximadamente cinco días después del envío del SMS, se miden las tasas de recaudación o devengo en función de los pagos realizados por los contribuyentes. Los resultados muestran un incremento promedio del 13,37 % en la tasa de recaudación/devengo del IVA y del 15,30 % para los derechos de timbre, lo que demuestra los efectos positivos de este enfoque.

Fuentes: Canadá (2025) y Türkiye (2025).

Programas de calificación de contribuyentes

En los últimos años, un número creciente de administraciones tributarias ha informado de la implantación de programas de calificación de contribuyentes, concebidos para fomentar el cumplimiento mediante el refuerzo del sentido de responsabilidad en el pago de los impuestos y la puesta a disposición de indicadores que permiten a los contribuyentes evaluar su grado de cumplimiento de las obligaciones tributarias. Para incentivar aún más el cumplimiento, en algunos casos estos programas se complementan con sistemas de incentivos dirigidos a los contribuyentes que mantienen un alto nivel de cumplimiento. En el Recuadro 6.8. se presenta una actualización de uno de estos programas implantado en Letonia.

Recuadro 6.8. Letonia: Actualización del sistema de calificación de contribuyentes

En la edición 2024 de esta publicación (OECD, 2024[3]), el Servicio de Recaudación del Estado (SRS, por sus siglas en inglés) presentó su sistema de calificación de contribuyentes para empresas, que permite a estas seguir su desempeño en materia de cumplimiento y mejorarlo. Cada empresa puede consultar su calificación y la explicación de cómo se determina en su perfil del Sistema Electrónico de Declaraciones.

Este sistema se encuentra en constante desarrollo y sigue incorporando mejoras. En la actualidad, cualquier persona interesada puede consultar la evaluación global de la calificación tributaria de una empresa en la base de datos pública del SRS. La información más detallada sobre los indicadores utilizados para determinar la calificación solo está disponible para cada empresa en su perfil del Sistema Electrónico de Declaraciones y no es pública. Estos indicadores permiten a las empresas identificar en qué ámbitos pueden mejorar su calificación y cómo hacerlo. No obstante, las empresas pueden compartir esta información detallada con socios comerciales y organismos públicos, lo que contribuye a reforzar la confianza en el sistema tributario. El SRS ofrece ventajas en la relación con la administración a las empresas con calificaciones más altas, mientras que se aplican determinadas restricciones a aquellas con calificaciones más bajas.

Para reforzar la transparencia, el sitio web del SRS también publica una descripción detallada del sistema de calificación de contribuyentes y de los criterios utilizados para su evaluación. El sistema de calificación de contribuyentes continúa evolucionando e incorpora mejoras periódicas en los criterios de evaluación y en el algoritmo de cálculo.

Fuente: Letonia (2025).

En lo que respecta a la prevención del incumplimiento, es importante señalar que muchos de los otros capítulos también incluyen información sobre la labor que realizan las administraciones tributarias para influir positivamente en el cumplimiento tributario, por ejemplo mediante regímenes de precumplimentación (Capítulo 4), servicios a los contribuyentes (Capítulo 5) o mecanismos para prevenir controversias (Capítulo 8). No obstante, es importante tener en cuenta que esto solo ofrece una visión parcial de la labor que realizan las administraciones tributarias para garantizar el cumplimiento.

Desempeño en la lucha contra el incumplimiento

Las administraciones tributarias determinan si un contribuyente incumple sus obligaciones mediante una combinación de métodos y herramientas. Para ello pueden servirse de programas de cotejo de datos; análisis de datos y el uso de algoritmos, por ejemplo, como parte de los modelos de riesgo de cumplimiento; el intercambio de información entre organismos públicos y jurisdicciones; y las revisiones de riesgos, en las que los funcionarios pueden examinar registros públicos y redes sociales.

Sobre la base de estos métodos y herramientas, una administración tributaria puede solicitar información adicional u ofrecer al contribuyente la posibilidad de realizar una declaración voluntaria. Cuando se considere necesario, se iniciará una actuación dirigida a garantizar el cumplimiento con el fin de determinar si los contribuyentes han declarado correctamente sus impuestos.

Controles de cumplimiento electrónicos

La creciente disponibilidad de datos, junto con la introducción de modelos analíticos avanzados y de inteligencia artificial, está permitiendo a las administraciones tributarias identificar con mayor precisión declaraciones, solicitudes o transacciones que pueden requerir una comprobación adicional o presentar indicios de fraude. Además, muchos de estos modelos pueden operar en tiempo real, lo que permite a las administraciones realizar controles automatizados sobre todas las declaraciones o sobre determinados tipos de transacciones.

El uso de estos controles automatizados, así como de enfoques basados en reglas para abordar riesgos específicos —por ejemplo, denegar automáticamente una solicitud, enviar una comunicación o cotejar una transacción— ofrece a las administraciones formas más eficaces y eficientes de llevar a cabo estas tareas. Como se indica en la Tabla 6.8., más del 90 % de las administraciones utilizan controles de cumplimiento electrónicos como parte del proceso de presentación de declaraciones:

- Alrededor de dos tercios los aplican durante la cumplimentación de la declaración o en el momento de su presentación, por ejemplo mediante avisos o indicaciones en tiempo real que señalan que falta información o que las deducciones son excesivas.
- Más del 85 % realizan controles electrónicos tras la presentación de la declaración.

Tabla 6.8. Controles de cumplimiento electrónicos, 2023

Porcentaje de administraciones que aplican el enfoque correspondiente

Uso de controles de cumplimiento electrónicos en el marco del proceso de presentación de declaraciones	En caso afirmativo, los controles se realizan...		
	Durante el proceso de cumplimentación de la declaración	Al presentar la declaración	Una vez presentada la declaración
91,4	64,2	64,2	86,8

Fuente: BAsD, CIAT, OIAT, FMI, OCDE, Encuesta Internacional sobre Administración Tributaria, Tabla A.86 Actividad de verificación / inspección: Controles de cumplimiento electrónicos, http://isoradata.org (consultado el 1 de octubre de 2025).

Inspecciones

En promedio, la tasa de inspecciones con ajuste se ha mantenido relativamente estable, en torno al 60 %, durante el período 2018-2023 (véase la Tabla 6.9.). No obstante, como se muestra en el Gráfico 6.3., existen diferencias significativas entre las administraciones tributarias analizadas en este informe.

Tabla 6.9. Tasa de inspecciones con ajuste y liquidaciones complementarias resultantes de inspecciones, 2018-23

	2018	2019	2020	2021	2022	2023
Tasa de inspecciones con ajuste – en porcentaje (40 jurisdicciones)	57,4	58,8	57,9	60,7	61,6	59,8
Liquidaciones complementarias resultantes de inspecciones como porcentaje de la recaudación tributaria (48 jurisdicciones)	4,0	4,0	4,2	3,9	3,2	3,0

Nota: La tabla muestra la tasa media de inspecciones con ajuste y las liquidaciones complementarias resultantes de inspecciones (excluidos los controles de cumplimiento electrónicos) para aquellas jurisdicciones que proporcionaron información para los años 2018 a 2023. El número de jurisdicciones con datos disponibles se indica entre paréntesis.
Fuente: BAsD, CIAT, OIAT, FMI, OCDE, Encuesta Internacional sobre Administración Tributaria, Tabla D.46 Indicadores de inspección: tasa de inspecciones con ajuste y liquidaciones complementarias, http://isoradata.org (consultado el 1 de octubre de 2025).

Gráfico 6.3. Tasas de ajuste de las inspecciones, 2023

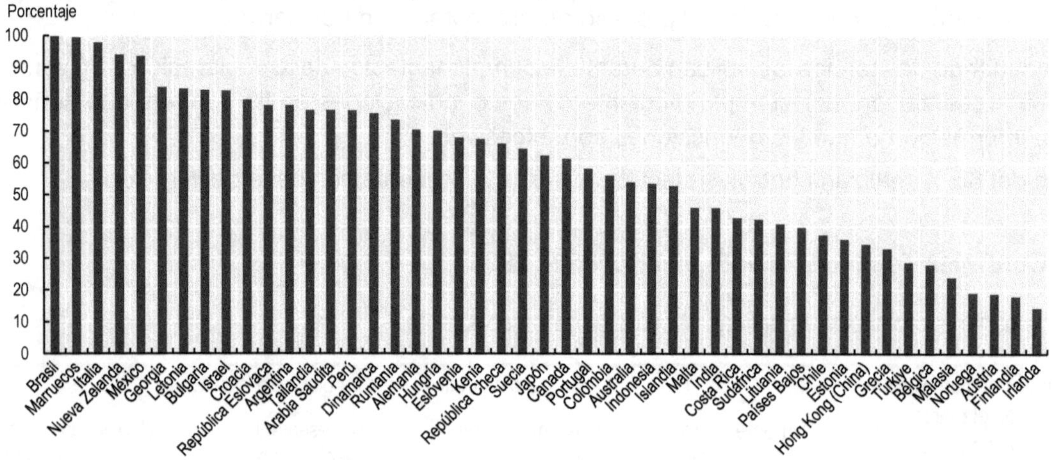

Fuente: BAsD, CIAT, OIAT, FMI, OCDE, Encuesta Internacional sobre Administración Tributaria, Tabla D.46 Indicadores de inspección: tasa de inspecciones con ajuste y liquidaciones complementarias, http://isoradata.org (consultado el 1 de octubre de 2025).

StatLink https://stat.link/5pr0af

No es posible realizar una comparación directa de la tasa de inspecciones con ajuste para el período de diez años comprendido entre 2014 y 2023, ya que los datos de ISORA de 2014 distinguían entre diferentes tipos de actuación inspectora, y la tasa de inspecciones con ajuste para el número total de inspecciones finalizadas solo está disponible para un número reducido de jurisdicciones. No obstante, al observar la tasa de inspecciones con ajuste por tipo de actuación inspectora, que se muestra en la Tabla 6.10., parece que las cifras de 2014 son muy similares a la tasa global de inspecciones con ajuste comunicada en la Tabla 6.9. para el período 2018-2023.

Tabla 6.10. Tasa de inspecciones con ajuste por tipo de actuación inspectora, 2014

Tipo de actuación inspectora	2014
Inspecciones generales (30 jurisdicciones)	79,0
Inspecciones orientadas a cuestiones específicas (29 jurisdicciones)	67,4
Inspecciones documentales (19 jurisdicciones)	51,5
Inspecciones del impuesto sobre sociedades (27 jurisdicciones)	54,1
Inspecciones del impuesto sobre la renta de las personas físicas (27 jurisdicciones)	63,5
Inspecciones del impuesto sobre el valor agregado (30 jurisdicciones)	54,7

Fuente: OCDE (2017), *Tax Administration 2017: Comparative Information on OECD and Other Advanced and Emerging Economies*, Tabla A.16, https://doi.org/10.1787/tax_admin-2017-en.

La importancia de las inspecciones puede apreciarse al analizar las liquidaciones complementarias resultantes de las inspecciones. Entre 2018 y 2023, las liquidaciones complementarias resultantes de inspecciones representaron entre el 3 % y el 4,2 % de la recaudación tributaria total. No obstante, aunque este porcentaje se mantuvo relativamente estable entre 2018 y 2021, descendió de forma apreciable en 2022 y 2023 (véase la Tabla 6.9.). Si se examinan los datos a nivel de jurisdicción, se observa que existen diferencias significativas entre las 54 administraciones que proporcionaron datos (véase el Gráfico 6.4.).

Gráfico 6.4. Liquidaciones complementarias resultantes de inspecciones, como porcentaje de la recaudación tributaria, 2023

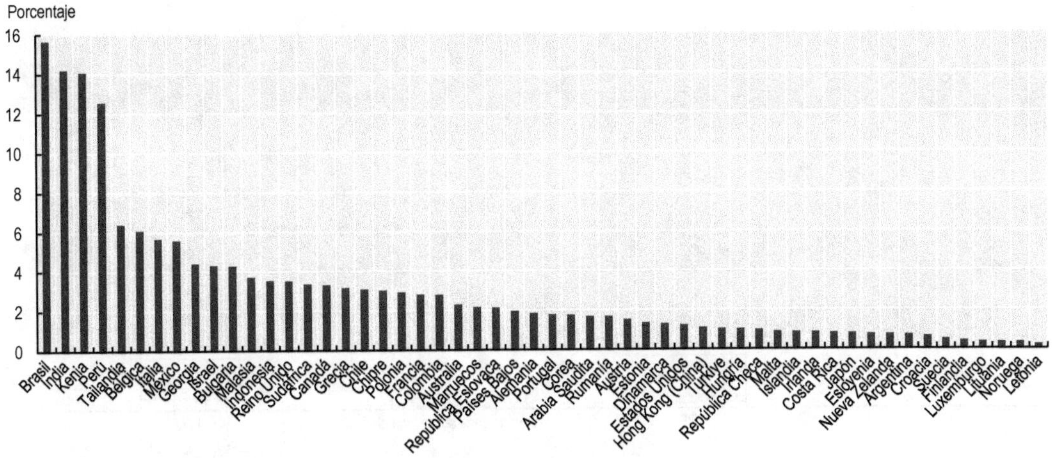

Fuente: BAsD, CIAT, OIAT, FMI, OCDE, Encuesta Internacional sobre Administración Tributaria, Tabla D.46 Indicadores de inspección: tasa de inspecciones con ajuste y liquidaciones complementarias, http://isoradata.org (consultado el 1 de octubre de 2025).

StatLink https://stat.link/x9yg75

El Gráfico 6.5.muestra la distribución de la relación entre las liquidaciones complementarias resultantes de inspecciones y la recaudación tributaria en las distintas jurisdicciones para los principales tipos de impuestos. Los recuadros representan el segundo y el tercer cuartil (es decir, el 50 % central de las jurisdicciones), mientras que la línea central indica el valor de la mediana. De este análisis se desprende lo siguiente:

- La dispersión de los valores es mayor en el caso del IS, con una mediana de alrededor del 4 %;
- En el caso del IRPF y del IVA, los valores son muy similares para el 50 % central de las jurisdicciones: entre el 0,3 % y el 2,8 % en el IRPF, y entre el 0,6 % y el 2,7 % en el IVA.
- Los valores más bajos corresponden a las retenciones a cuenta sobre los salarios, con valores entre el 0,05 % y el 0,8 % para el 50 % central de las jurisdicciones.
- Existen algunos valores atípicos significativos, y conviene señalar que en el caso del IS el gráfico no muestra dos valores atípicos superiores al 20 %.

En muchas jurisdicciones, las liquidaciones complementarias resultantes de inspecciones realizadas por OGC/PGC representan una proporción significativa del total de liquidaciones complementarias derivadas de inspecciones (véase el Gráfico 6.6.). Por término medio, las OGC/PGC contribuyen aproximadamente a una tercera parte del total de liquidaciones complementarias resultantes de inspecciones (véase la Tabla 6.5.).

Gráfico 6.5. Rango de las liquidaciones complementarias resultantes de inspecciones como porcentaje de la recaudación tributaria, por tipo de impuesto, 2023

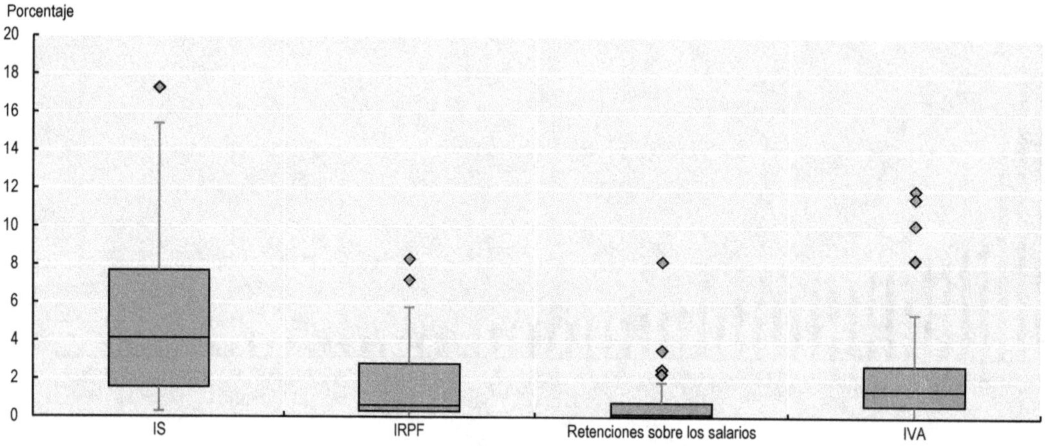

Nota: En lo que respecta al IS, el gráfico no muestra los valores atípicos superiores al 20 %, aunque esos datos se utilizaron en los cálculos subyacentes.
Fuente: BAsD, CIAT, OIAT, FMI, OCDE, Encuesta Internacional sobre Administración Tributaria, Tablas D.47 Indicadores de inspección: liquidaciones complementarias por tipo de impuesto - IS e IRPF, y D.48 Indicadores de inspección: liquidaciones complementarias por tipo de impuesto - retenciones a cuenta sobre los salarios e IVA, https://data.rafit.org/regular.aspx?key=74180903 (consultado el 1 de octubre de 2025).

StatLink https://stat.link/q7dn1h

Gráfico 6.6. Liquidaciones complementarias resultantes de inspecciones realizadas por oficinas o programas de grandes contribuyentes, como porcentaje del total de liquidaciones complementarias derivadas de inspecciones, 2023

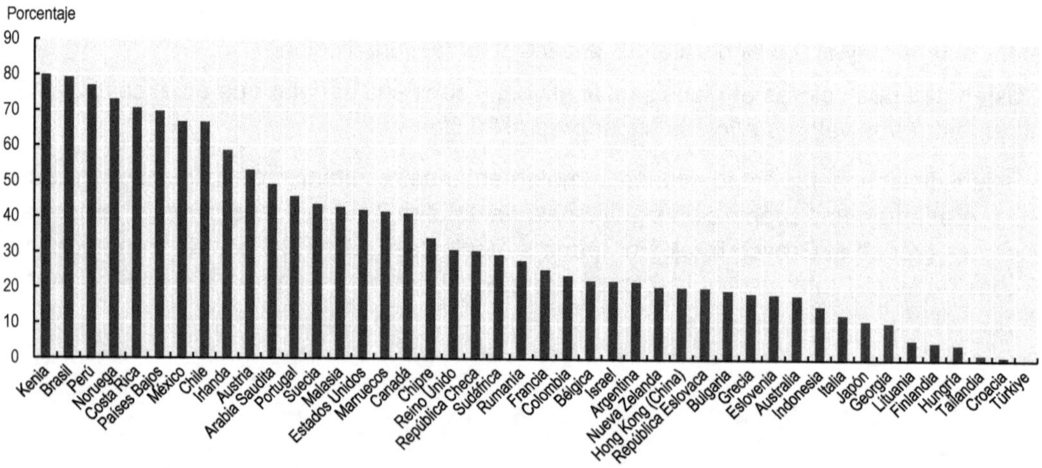

Fuente: BAsD, CIAT, OIAT, FMI, OCDE, Encuesta Internacional sobre Administración Tributaria, Tabla D.18 Indicadores relativos a oficinas o programas de grandes contribuyentes: Contribuyentes del IS, liquidaciones complementarias resultantes, e ingresos netos administrados, https://data.rafit.org/regular.aspx?key=74180900 (consultado el 1 de octubre de 2025).

StatLink https://stat.link/t8zs6o

Los datos de la ISORA permiten analizar la evolución de las liquidaciones complementarias resultantes de inspecciones por tipo de impuesto durante el período de diez años comprendido entre 2014 y 2023. Como puede observarse en la Tabla 4.2., los valores promedio disminuyeron de forma significativa en el IRPF, el IS y el IVA, lo que podría indicar la eficacia de los programas de cumplimiento aplicados en fases tempranas y una mejora en el comportamiento de cumplimiento de los contribuyentes. Esta evolución podría reflejar, entre otros factores, la mejora de los servicios y de los programas de educación tributaria, así como un posible efecto disuasorio asociado al creciente volumen de datos del que disponen las administraciones tributarias.

Tabla 6.11. Promedio de las liquidaciones complementarias resultantes de inspecciones como porcentaje de la recaudación tributaria, por tipo de impuesto, 2014 y 2023

Tipo de impuesto	2014	2023	Variación porcentual
Impuesto sobre la renta de las personas físicas (24 jurisdicciones)	2,3	1,3	-1,0
Impuesto de sociedades (25 jurisdicciones)	12,2	5,5	-6,7
Retenciones sobre el salario (18 jurisdicciones)	0,7	1,2	+0,5
Impuesto sobre el valor agregado (26 jurisdicciones)	6,5	2,4	-4,1

Nota: La tabla muestra el promedio de las liquidaciones complementarias resultantes de inspecciones como porcentaje de la recaudación tributaria en las jurisdicciones que proporcionaron información para los años 2014 y 2023. El número de jurisdicciones con datos disponibles se indica entre paréntesis.

Fuentes: BAsD, CIAT, OIAT, FMI, OCDE, Encuesta Internacional sobre Administración Tributaria, Tablas D.47 Indicadores de inspección: Liquidaciones complementarias por tipo de impuesto - IS e IRPF, y D.48 Indicadores de inspección: Liquidaciones complementarias por tipo de impuesto - Retenciones a cuenta sobre los salarios e IVA, http://isoradata.org (consultado el 1 de octubre de 2025), y cálculos basados en OCDE (2017), *Tax Administration 2017: Comparative Information on OECD and Other Advanced and Emerging Economies*, Tablas A.17, A.28, A.29, A.161 y A.162, https://doi.org/10.1787/tax_admin-2017-en.

Investigación de delitos fiscales

Como se señala en el Capítulo 2, cerca de dos tercios de las administraciones tributarias incluidas en esta publicación participan en la realización de investigaciones de delitos fiscales. La encuesta ISORA solicitó a estas administraciones información sobre el número de casos remitidos para su enjuiciamiento penal.

En la Tabla 6.12. se muestra el número total de casos remitidos para su enjuiciamiento penal durante el ejercicio fiscal en las 30 administraciones responsables de llevar a cabo investigaciones de delitos fiscales que proporcionaron datos para el período 2018-2023. La reducción anual del número total de casos remitidos para su enjuiciamiento penal observada entre 2018 y 2022 se interrumpió en 2023, cuando el número total de casos aumentó un 15 % respecto a 2022. No obstante, el valor registrado en 2023 sigue situándose muy por debajo de los niveles observados entre 2018 y 2021.

Tabla 6.12. Evolución del n.º de casos de investigación de delitos fiscales remitidos para su enjuiciamiento penal entre 2018 y 2022

Año	N.º de casos remitidos para su enjuiciamiento penal durante el ejercicio	Variación porcentual (frente al año anterior)
2018	41 081	
2019	39 768	-3,2
2020	33 210	-16,5
2021	29 918	-9,9
2022	23 523	-21,4
2023	27 106	+15,2

Nota: Solo incluye los datos de las administraciones que tienen competencias en la investigación de delitos fiscales y han podido facilitar la información para los años 2018 a 2022.
Fuente: BAsD, CIAT, OIAT, FMI, OCDE, Encuesta Internacional sobre Administración Tributaria, Tabla A.88 Investigaciones de delitos fiscales: Número de casos, http://isoradata.org (consultado el 1 de octubre de 2025).

Esto también se refleja en los datos a nivel de jurisdicción, que muestran que el 60 % de las administraciones responsables de realizar investigaciones de delitos fiscales informó de un aumento en el número de casos remitidos para su enjuiciamiento penal entre 2022 y 2023 (véase la Tabla A.88).

Si se considera el período de diez años comprendido entre 2014 y 2023, los datos correspondientes a 23 jurisdicciones muestran que en casi tres cuartas partes de las administraciones el número de casos remitidos para su enjuiciamiento penal disminuyó. (Cálculo basado en la Tabla A.135 de la edición de 2017 (OECD, 2017[10]) y en la Tabla A.88 de la base de datos ISORA.)

Bibliografía

OECD (2024), *Tax Administration 2024: Comparative Information on OECD and other Advanced and Emerging Economies*, OECD Publishing, Paris, https://doi.org/10.1787/2d5fba9c-en. [3]

OECD (2023), *International Standards for Automatic Exchange of Information in Tax Matters: Crypto-Asset Reporting Framework and 2023 update to the Common Reporting Standard*, OECD Publishing, Paris, https://doi.org/10.1787/896d79d1-en. [4]

OECD (2023), *Tax Administration 2023: Comparative Information on OECD and other Advanced and Emerging Economies*, OECD Publishing, Paris, https://doi.org/10.1787/900b6382-en. [6]

OECD (2022), *Analytics Maturity Model*, OECD, Paris, https://www.oecd.org/en/topics/sub-issues/comparative-analysis-of-tax-administrations/tax-maturity-models.html (accessed on 1 October 2025). [8]

OECD (2021), *Behavioural Insights for Better Tax Administration: A Brief Guide*, OECD Publishing, Paris, https://doi.org/10.1787/582c283e-en. [9]

OECD (2017), *Tax Administration 2017: Comparative Information on OECD and Other Advanced and Emerging Economies*, OECD Publishing, Paris, https://doi.org/10.1787/tax_admin-2017-en. [10]

OECD (2017), *The Changing Tax Compliance Environment and the Role of Audit*, OECD Publishing, Paris, https://doi.org/10.1787/9789264282186-en. [2]

OECD (2016), *Advanced Analytics for Better Tax Administration: Putting Data to Work*, OECD Publishing, Paris, https://doi.org/10.1787/9789264256453-en. [7]

OECD (2015), *Transfer Pricing Documentation and Country-by-Country Reporting, Action 13 - 2015 Final Report*, OECD/G20 Base Erosion and Profit Shifting Project, OECD Publishing, Paris, https://doi.org/10.1787/9789264241480-en. [5]

OECD (2004), *Compliance Risk Management: Managing and Improving Tax Compliance*, OECD, Paris, https://www.oecd.org/content/dam/oecd/en/topics/policy-issues/tax-administration/compliance-risk-management-managing-and-improving-tax-compliance.pdf (accessed on 1 October 2025). [1]

7 Recaudación

Este capítulo analiza el desempeño de las administraciones tributarias en la gestión del cobro de los impuestos pendientes de pago, y describe las características que debe reunir una gestión moderna de la recaudación de deudas tributarias, así como los enfoques aplicados por las administraciones para prevenir la generación de deuda.

Introducción

La función de recaudación implica interactuar con los contribuyentes que no presentan una declaración en plazo y/o no realizan el pago cuando corresponde, pudiendo adoptar, cuando sea necesario, medidas coercitivas. A pesar de que en los últimos años han proliferado los enfoques basados en declaraciones precumplimentadas o que no requieren la presentación de una declaración (véase el Capítulo 4), en muchas de las jurisdicciones que participan en esta publicación sigue siendo obligatorio presentar una declaración o autoliquidación. Si bien los porcentajes de presentación dentro de plazo en 2023 (sobre la base de las declaraciones recibidas) se situaron en promedio entre el 85 % y el 93 %, más de 130 millones de declaraciones no se presentaron en plazo ese año (véanse las Tablas 4.7. y A.47, A.51, A.55 y A.60). Por lo tanto, es importante que las administraciones sigan centrando sus esfuerzos en mejorar la presentación en plazo de las declaraciones atrasadas o pendientes.

En cuanto a la recaudación de los pagos atrasados, todas las administraciones participantes en la encuesta, excepto una, señalan que están destinando recursos de personal a emprender acciones para garantizar el cobro de los impuestos vencidos (la administración tributaria chilena informó de que la recaudación de deudas no es de su competencia; véase la Tabla A.19). Según la información facilitada por las administraciones, en promedio, alrededor del 10 % de la plantilla se ocupa de la función de recaudación (véase el Capítulo 9).

Este capítulo:

- examina sucintamente las características propias de una función moderna de recaudación de deudas tributarias, incluidos los elementos esenciales de una estrategia eficaz de gestión de deudas tributarias y los enfoques preventivos que se están aplicando; y
- analiza el desempeño de las administraciones tributarias en la gestión de la recaudación de deudas pendientes.

Cabe señalar que puede consultarse una descripción detallada de las facultades de recaudación y su utilización por las administraciones tributarias en la edición 2024 de esta serie (OECD, 2024[1]).

Características de la función de recaudación de deudas tributarias

Para mantener niveles elevados de cumplimiento voluntario y de confianza en el sistema fiscal, las administraciones deben asegurarse de que sus métodos de recaudación de deudas sean a la vez «adecuados para su propósito» y respondan a las expectativas de los contribuyentes en cuanto a la forma en que debe administrarse el sistema. Esto implica no solo tomar medidas firmes contra aquellos contribuyentes que incumplen deliberadamente sus obligaciones, sino también adoptar enfoques más orientados al servicio al contribuyente respecto a los contribuyentes que quieren cumplir, pero no pueden hacerlo debido a factores como problemas de liquidez a corto plazo.

Cada vez más, las administraciones tributarias adoptan una perspectiva integral o sistémica de sus procesos y analizan las razones por las que no se presentan las declaraciones o no se efectúan los pagos. También están utilizando la información del historial del contribuyente para identificar patrones y/o anomalías. El Recuadro 7.1 destaca algunos avances en este ámbito.

Recuadro 7.1. Ejemplos: mejora en la recaudación de deudas tributarias

Bélgica: Proyecto ARGUS

La Administración General de Impuestos de Bélgica ha emprendido un ambicioso proceso de transformación digital que ha incluido la creación de una base de datos de deudas de última generación (FIRST), una plataforma de interacción con los contribuyentes («MyFinaccount») y herramientas avanzadas de analítica predictiva basadas en minería de datos.

Con el fin de gestionar de forma más eficiente los procesos de gestión de la deuda, se desarrolló la iniciativa ARGUS, que consta de cuatro fases:

- En la primera fase, se elaboró un panel visual que ofrece una visión integrada de la solvencia del deudor, incluyendo una visión general de sus activos.
- En la segunda fase, el sistema se configuró para completar automáticamente todos los formularios y documentos relacionados con embargos y retenciones.
- La tercera fase contempla la plena integración de los modelos predictivos existentes en ARGUS, lo que permitirá proponer actuaciones de gestión de la deuda basadas en normas operativas específicas. Estos modelos analizan grandes conjuntos de datos a intervalos regulares con el fin de presentar al usuario final una clasificación de deudores basada en múltiples criterios y reglas, a la que se asocia, para cada grupo de deudores, un conjunto de actuaciones recomendadas. Está previsto que esta fase concluya en diciembre de 2025.
- Por último, en una fase posterior, se prevé integrar técnicas de inteligencia artificial en ARGUS para analizar de forma conjunta todos los datos disponibles, identificar patrones de evasión de pagos y mejorar la priorización de las actuaciones de gestión de la deuda con mayores probabilidades de éxito.

Lituania: Estrategia de gestión de la deuda dirigida

La Inspección Tributaria Estatal de Lituania (STI) ha aplicado el *Modelo de madurez de la gestión de la deuda tributaria* de la OCDE (OECD, 2019[2]) con el fin de identificar posibles ámbitos de mejora en sus procesos de gestión de la deuda. Esta evaluación ha influido directamente en la definición de los objetivos estratégicos de la STI en materia de gestión de la deuda a largo plazo.

El enfoque actual de la STI pone un mayor énfasis en estrategias personalizadas basadas en el uso de datos, lo que permite a la administración adaptarse a entornos en constante cambio. En este contexto, se llevará a cabo una evaluación destinada a clasificar a los deudores en función de su voluntad y capacidad de pago. Las categorías podrían abarcar desde contribuyentes que desean cumplir, pero carecen de los conocimientos o recursos necesarios, hasta aquellos que evitan deliberadamente el pago de impuestos pese a disponer de medios suficientes. En función de esta clasificación, se prevé aplicar respuestas diferenciadas, que van desde acciones de apoyo y orientación hasta medidas coercitivas más estrictas.

Paralelamente, la STI continuará reforzando el uso de la automatización y la analítica avanzada con el objetivo de reducir la carga de trabajo del personal y garantizar un uso eficiente de los recursos. En este marco, se está desarrollando un modelo predictivo para evaluar la probabilidad de pago de la deuda, mediante la aplicación de algoritmos que analizan datos históricos de los contribuyentes con el fin de identificar patrones asociados a una menor probabilidad de pago dentro de los plazos establecidos. Además de examinar el comportamiento pasado de contribuyentes individuales, el modelo permitirá comparar contribuyentes con perfiles similares para identificar características comunes vinculadas a un mayor riesgo de incumplimiento. El objetivo último de este enfoque es identificar de forma temprana a los contribuyentes que deberían ser objeto de medidas adicionales en materia de gestión de la deuda y priorizar dichas actuaciones en función de su probabilidad de éxito.

Fuentes: Bélgica (2025) y Lituania (2025).

Características esenciales de la función de recaudación de deudas tributarias

El informe de 2014 *Working Smarter in Tax Debt Management* (OECD, 2014[3]) presentó una visión general de las características esenciales de una función moderna de recaudación de deudas tributarias, destacando los siguientes aspectos:

- **Analítica avanzada**: que permite utilizar toda la información que las administraciones tributarias tienen sobre los contribuyentes para identificar con precisión a los deudores y realizar la intervención adecuada en el momento oportuno.
- ***Estrategias de tratamiento***: dado que la función de recaudación implica una serie de intervenciones, que abarcan desde aquellas destinadas a minimizar el riesgo de que las personas incurran en deudas, hasta las dirigidas a ayudar a los contribuyentes a realizar los pagos y aplicar las medidas coercitivas adecuadas cuando proceda.
- ***Centros de llamadas salientes***: que permiten gestionar de manera eficiente un gran volumen de deudas.
- ***Organización***: ya que el cobro de las deudas tributarias es una función especializada y, por lo general, está estructurada como tal. La utilización de parámetros e indicadores de desempeño adecuados, junto con un enfoque orientado a la mejora continua contribuyen a lograr los resultados deseados.
- ***Deudas transfronterizas***: en cuyo ámbito resulta crucial recurrir de manera adecuada y oportuna a la asistencia internacional, en particular a los «artículos de asistencia en materia de recaudación» incluidos en los acuerdos entre jurisdicciones.

El informe de 2019 *Successful Tax Debt Management: Measuring Maturity and Supporting Change* (OECD, 2019[4]) aporta información adicional sobre los elementos de una estrategia eficaz de gestión de la deuda tributaria, y establece cuatro principios estratégicos que las administraciones tributarias pueden considerar a la hora de definir su estrategia en este ámbito. Estos principios se centran en determinar el momento oportuno para intervenir en el ciclo de la deuda tributaria, desde la consideración de medidas para evitar que la deuda se genere en primer lugar, pasando por una interacción temprana y continuada con los contribuyentes antes de recurrir a medidas coercitivas, hasta la ejecución efectiva y proporcionada de tales medidas y el desarrollo de estrategias realistas de condonación de deudas. La premisa subyacente a estos principios es que centrar los esfuerzos en atajar la deuda de manera temprana, e idealmente antes de que llegue a generarse, constituye el medio más eficaz para minimizar el volumen de deuda tributaria pendiente. El informe también contiene un compendio de iniciativas exitosas de gestión de la deuda tributaria y una descripción general de un *Modelo de madurez de la gestión de la deuda tributaria* que posteriormente se publicó como documento independiente (OECD, 2019[2]).

Con el fin de facilitar el uso del modelo de madurez y contribuir a ofrecer una visión global más clara del grado de madurez en la gestión de la deuda tributaria, la OCDE ha publicado una nueva edición del *Modelo de madurez de la gestión de la deuda tributaria* (OECD, 2025[5]). La edición de 2025 es más concisa y se centra en mayor medida en los elementos fundamentales de una gestión eficaz de la deuda tributaria. Como se muestra en el Gráfico 7.1., la nueva edición ya ha sido completada por 36 administraciones tributarias, lo que proporciona una visión global útil tanto para examinar futuras reformas como para identificar los ámbitos en los que la colaboración futura, incluido el fortalecimiento de capacidades, podría generar mayor valor.

Gráfico 7.1. Resultados de las autoevaluaciones del *Modelo de madurez de la gestión de la deuda tributaria*

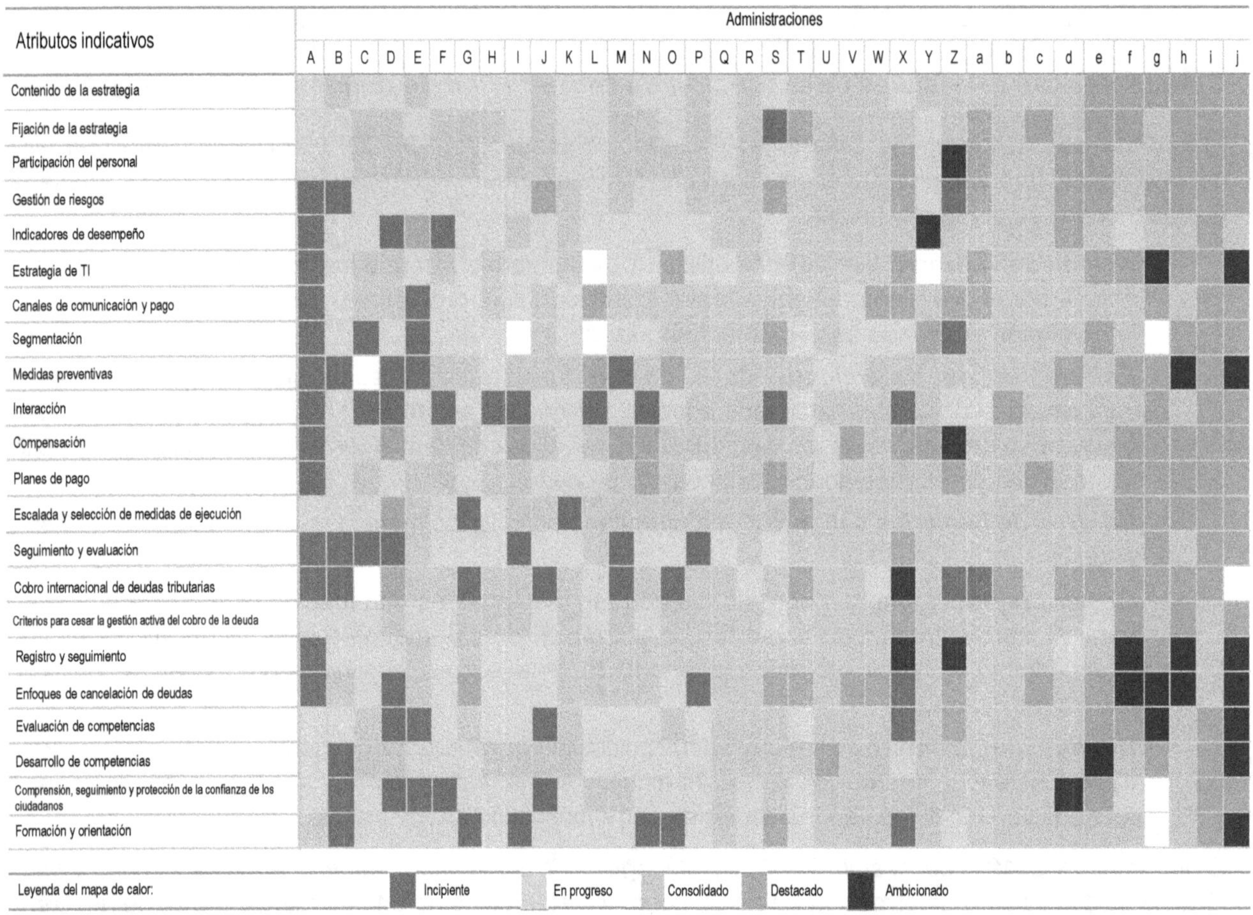

Fuente: OCDE (2025), *Tax Debt Management Maturity Model*, OECD Tax Administration Maturity Model Series, edición de 2025, https://www.oecd.org/content/dam/oecd/en/topics/policy-issues/tax-administration/tax-debt-management-maturity-model-2025-edition.pdf (consultado el 1 de octubre de 2025).

Enfoques preventivos

Un ámbito clave de actuación para las administraciones tributarias consiste en adoptar medidas destinadas a prevenir la generación de deuda, ya que ello ofrece importantes oportunidades de eficiencia frente a la recaudación de deudas pendientes.

El Recuadro 7.2 ilustra los enfoques adoptados por algunas administraciones. Los avances en modelización predictiva y en técnicas experimentales, descritos en el informe de la OCDE *Advanced Analytics for Better Tax Administration* (OECD, 2016[6]), en el compendio de prácticas exitosas de gestión de la deuda tributaria incluido en el informe de la OCDE *Successful Tax Debt Management:. Measuring Maturity and Supporting Change* (OECD, 2019[4]), o en el Anexo B de la edición 2025 del *Modelo de madurez de la gestión de la deuda tributaria* (OECD, 2025[5]) están ayudando a muchas administraciones a adecuar mejor sus intervenciones al riesgo específico de cada contribuyente. Los enfoques utilizados se agrupan en las siguientes categorías:

- **Analítica predictiva**, que trata de dilucidar la probabilidad de que se produzcan determinados resultados y, en lo que respecta al cobro de deudas, incluye la modelización del riesgo de impago de una persona o empresa, así como modelos orientados a evaluar la probabilidad de insolvencia u otros problemas de pago.
- **Analítica prescriptiva**, que consiste en predecir el impacto probable de distintas actuaciones sobre el comportamiento de los contribuyentes, de modo que las administraciones tributarias puedan seleccionar el curso de acción más adecuado para cada contribuyente o grupo de contribuyentes. (OECD, 2016[6])

Muchas administraciones están combinando ambos enfoques y han ensayado una amplia variedad de actuaciones dirigidas a influir en el «comportamiento de los contribuyentes». Como se señala en el Capítulo 6, alrededor de la mitad de las administraciones afirman emplear investigadores especializados en comportamiento, y el uso de enfoques conductuales tiene el potencial de transformar el enfoque de la deuda tributaria a medida que las administraciones se alejan de los enfoques «universales» (cuando es rentable hacerlo) y tratan, en su lugar, de identificar:

- qué casos deben ser objeto de una intervención;
- cuándo intervenir (por ejemplo, incluso antes de que venza una declaración o un pago); y
- qué tipo de actuación permitiría obtener el mejor resultado en términos de costo-beneficio.

Recuadro 7.2. España: Estrategias de análisis de riesgos para la investigación de la deuda

España ha implantado un nuevo enfoque que combina técnicas avanzadas de análisis de datos y herramientas informáticas con la mejora de los procesos operativos, con el objetivo de aumentar la eficiencia en la gestión de la deuda tributaria. En el marco de este enfoque, las herramientas de análisis de datos proporcionan información más precisa sobre el riesgo de impago de una deuda. A partir de estos análisis, equipos especializados aplican estrategias específicas para clasificar los riesgos y llevar a cabo actuaciones de gestión de la deuda a gran escala, al tiempo que adoptan medidas orientadas a prevenir la generación de nuevas deudas. El enfoque incorpora asimismo un ciclo de evaluación continua que analiza los resultados de las actuaciones emprendidas, con el fin de perfeccionar progresivamente el servicio.

Fuente: España (2025).

Desempeño en materia de recaudación de deudas tributarias pendientes

El importe total de los atrasos pendientes al cierre del ejercicio fiscal sigue siendo muy elevado, en torno a 2,7 billones de euros. A efectos de encuesta y análisis comparativo, se entiende por «atrasos totales pendientes de pago al final del ejercicio» el importe total de la deuda tributaria y de la deuda sobre otros ingresos de la que es responsable la administración tributaria y que está vencida al final del ejercicio fiscal.

Esta definición incluye los intereses y las sanciones correspondientes, así como los atrasos cuyo cobro se ha aplazado (por ejemplo, como resultado de acuerdos de pago).

El importe total de los «atrasos cobrables» al cierre del ejercicio fiscal ascendía a aproximadamente 990 000 millones de euros. Los atrasos cobrables se definen como el total de atrasos menos (i) los importes impugnados cuyo cobro se ha suspendido a la espera del resultado, (ii) los importes que no son legalmente recuperables, y (iii) los atrasos que no pueden cobrarse, por ejemplo, cuando el deudor carece de fondos u otros activos.

En consecuencia, y a pesar de los esfuerzos realizados para que los datos sean comparables, hay que ser cautos a la hora de comparar puntos de datos específicos, ya que la administración de los sistemas fiscales difiere de una jurisdicción a otra, y lo mismo ocurre respecto a las prácticas administrativas.

En 2023, en promedio, la proporción de atrasos totales pendientes de pago al final del ejercicio en relación con los ingresos netos recaudados fue del 29,3 % (véase la Tabla D.41). Como en años anteriores, dicho promedio sigue estando muy influido por los porcentajes muy elevados de un reducido número de jurisdicciones, que presentan valores superiores al 50 %. Si se excluyen estas jurisdicciones, el promedio se reduce al 11,5 % de los ingresos netos (véanse el Gráfico 7.2 y el Gráfico 7.3, así como la Tabla D.41). Cabe señalar que los porcentajes mencionados en este párrafo difieren de los presentados en la Tabla 7.1, ya que esta muestra los ratios promedio de morosidad solo para aquellas jurisdicciones que proporcionaron información sobre los años 2018 a 2023.)

Tabla 7.1. Ratios promedio de morosidad (en porcentaje), 2018-23

Ratios de morosidad	2018	2019	2020	2021	2022	2023	Variación porcentual entre 2018-22
Total de atrasos a final del ejercicio como porcentaje de los ingresos netos recaudados (48 jurisdicciones)	28,1	27,6	32,4	28,5	27,0	26,6	-1,5
Total de atrasos cobrables al final del ejercicio como porcentaje del total de atrasos a final del ejercicio (39 jurisdicciones)	49,8	50,5	53,7	54,3	54,7	55,0	+5,2

Nota: La tabla muestra los ratios promedio de morosidad para aquellas jurisdicciones que proporcionaron información sobre los años 2018 a 2023. Entre paréntesis figura el número de jurisdicciones que presentaron datos. Los datos de Bulgaria se excluyeron del cálculo, ya que no son comparables a lo largo del período. Los datos de Kenia se excluyeron debido a que las fluctuaciones significativas distorsionarían los promedios.

Fuente: BAsD, CIAT, OIAT, FMI, OCDE, Encuesta Internacional sobre Administración Tributaria, Tabla D.41 Ratios de morosidad: Saldo de atrasos al cierre del ejercicio y atrasos cobrables, http://isoradata.org (consultado el 1 de octubre de 2025).

Al analizar los datos correspondientes al período 2018-2023, se observa una ligera disminución de 1,5 puntos porcentuales en el promedio de atrasos totales pendientes de pago al final del ejercicio en relación con los ingresos netos recaudados, véase la Tabla 7.1. El aumento apreciable registrado en 2020 fue consecuencia de la pandemia, cuando numerosos gobiernos adoptaron medidas para apoyar a las personas y las empresas, como la ampliación de los plazos de pago o la suspensión del cobro de deudas pendientes (CIAT/IOTA/OECD, 2020[7]).

La Tabla 7.2. muestra la evolución a diez años de la proporción de atrasos totales pendientes de pago al final del ejercicio en relación con los ingresos netos recaudados. En promedio, este porcentaje ha disminuido en torno a un 10 %, lo que equivale a 2,7 puntos porcentuales. Los datos a nivel de jurisdicción confirman esta evolución, ya que dos tercios de las jurisdicciones presentan una reducción de este ratio. (Cabe señalar que la tabla únicamente tiene en cuenta la información correspondiente a las jurisdicciones que pudieron facilitar datos tanto para 2014 como para 2023, lo que explica las diferencias observadas en los promedios de 2023 presentados en la Tabla 7.1. y la Tabla 7.2.).

Tabla 7.2. Ratios promedio de morosidad (en porcentaje), 2014 y 2023

Ratios de morosidad	2014	2023	Diferencia en puntos porcentuales	N.º de jurisdicciones con un promedio de atrasos **decreciente**	N.º de jurisdicciones con un promedio de atrasos **creciente**
Total de atrasos a final del ejercicio como porcentaje de los ingresos netos recaudados (44 jurisdicciones)	28,4	25,7	-2,7	29	15

Nota: La tabla muestra los ratios promedio de morosidad para aquellas jurisdicciones que proporcionaron información sobre los años 2014 y 2023. Entre paréntesis figura el número de jurisdicciones que presentaron datos. Los datos de Bulgaria e India se excluyeron del cálculo, ya que no son comparables a lo largo del período.

Fuente: BAsD, CIAT, OIAT, FMI, OCDE, Encuesta Internacional sobre Administración Tributaria, Tabla D.41 Ratios de morosidad: Saldo de atrasos al cierre del ejercicio y atrasos cobrables, http://isoradata.org (consultado el 1 de octubre de 2025), y OCDE (2017), *Tax Administration 2017: Comparative Information on OECD and Other Advanced and Emerging Economies*, Tabla A.11, https://doi.org/10.1787/tax_admin-2017-en.

Gráfico 7.2. Total de atrasos a final del ejercicio como porcentaje del total de ingresos netos recaudados (para las administraciones con un ratio superior al 50 %), 2023

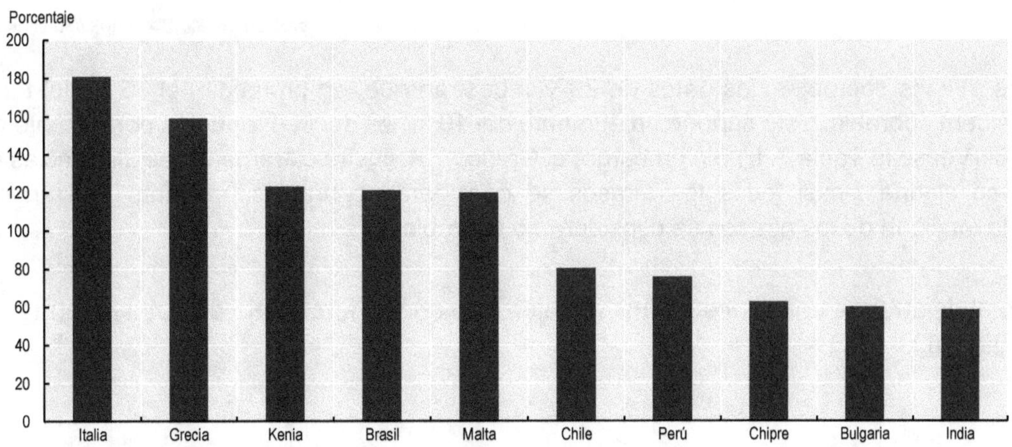

Fuente: BAsD, CIAT, OIAT, FMI, OCDE, Encuesta Internacional sobre Administración Tributaria, Tabla D.41 Ratios de morosidad: Saldo de atrasos al cierre del ejercicio y atrasos cobrables, http://isoradata.org (consultado el 1 de octubre de 2025).

StatLink https://stat.link/d72jq4

Gráfico 7.3. Total de atrasos a final del ejercicio como porcentaje del total de ingresos netos recaudados (para las administraciones con un ratio inferior al 50 %), 2023

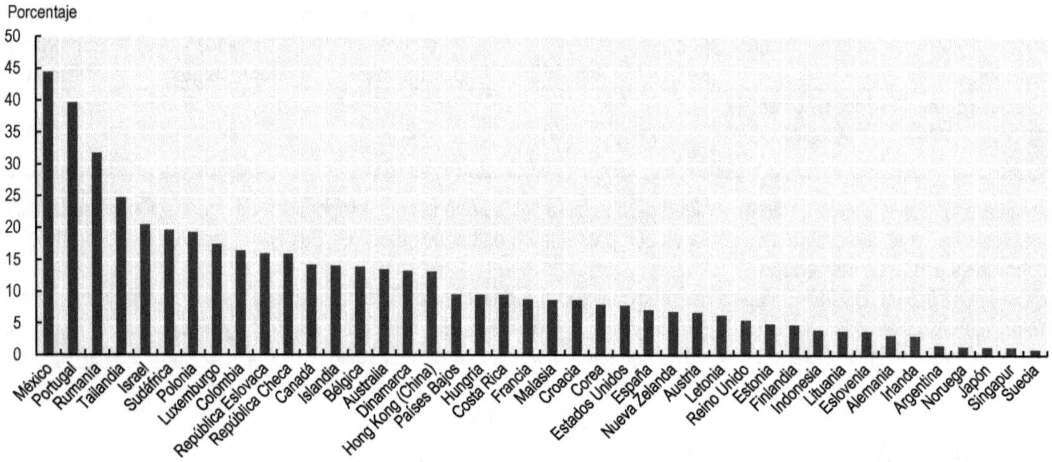

Fuente: BAsD, CIAT, OIAT, FMI, OCDE, Encuesta Internacional sobre Administración Tributaria, Tabla D.41 Ratios de morosidad: Saldo de atrasos al cierre del ejercicio y atrasos cobrables, http://isoradata.org (consultado el 1 de octubre de 2025).

StatLink https://stat.link/563nuf

En cuanto a los atrasos cobrables, los datos de 2023 muestran que, en promedio, el 55 % del total de atrasos se considera cobrable. Esto supone un aumento del 10 %, es decir, 5,2 puntos porcentuales, con respecto a 2018. (Véase la Tabla 7.1.) Sin embargo, el Gráfico 7.4. ilustra claramente las diferencias entre jurisdicciones: en algunas, casi todos los atrasos se consideran cobrables, mientras que en otras, prácticamente la totalidad de los atrasos se considera no cobrable.

Gráfico 7.4. Total de atrasos cobrables al final del ejercicio como porcentaje del total de atrasos al final del ejercicio, 2023

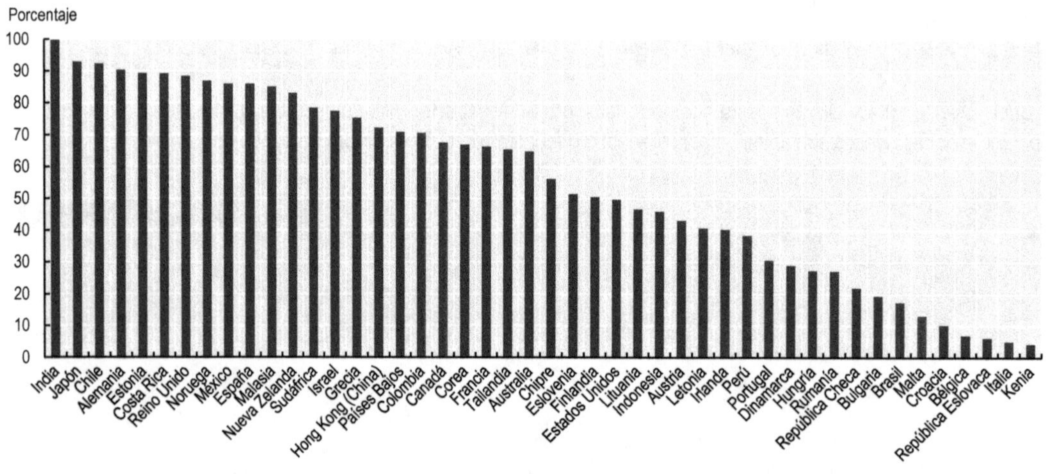

Fuente: BAsD, CIAT, OIAT, FMI, OCDE, Encuesta Internacional sobre Administración Tributaria, Tabla D.41 Ratios de morosidad: Saldo de atrasos al cierre del ejercicio y atrasos cobrables, http://isoradata.org (consultado el 1 de octubre de 2025).

StatLink https://stat.link/ncwlj4

El Gráfico 7.5. muestra la variación de los atrasos totales pendientes de pago al final del ejercicio entre 2022 y 2023. En cifras absolutas, los atrasos totales pendientes de pago al final del ejercicio aumentaron en 35 de las 52 jurisdicciones que aportaron información al respecto. (Nota: Esto no contradice la observación anterior de que los ratios de morosidad están disminuyendo. Pese a que, en cifras absolutas, la morosidad está aumentando en muchas jurisdicciones, el porcentaje de «atrasos totales en relación con los ingresos netos recaudados» está disminuyendo, ya que los ingresos totales recaudados han aumentado aún más).

Gráfico 7.5. Evolución de los atrasos totales entre 2022 y 2023

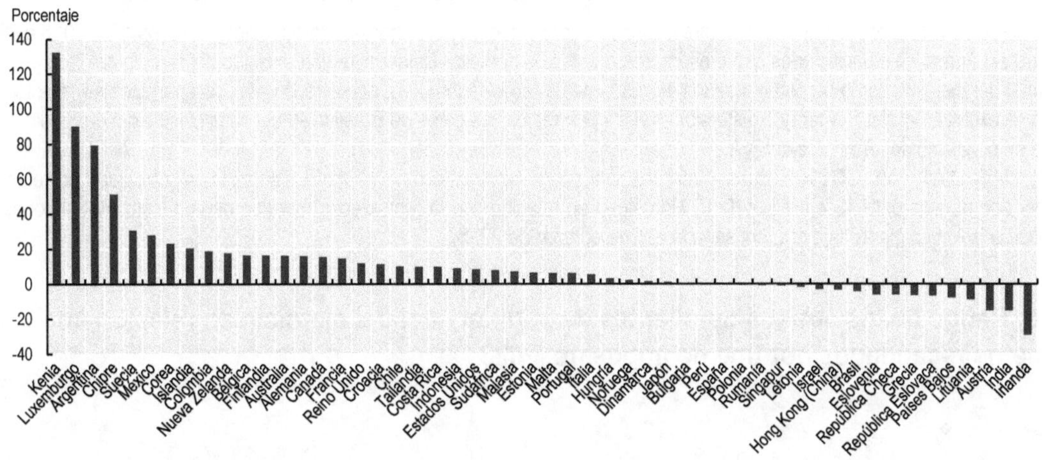

Fuente: BAsD, CIAT, OIAT, FMI, OCDE, Encuesta Internacional sobre Administración Tributaria, Tabla D.42 Ratios de morosidad: Variación interanual, http://isoradata.org (consultado el 1 de octubre de 2025).

StatLink https://stat.link/9ziumg

El Tabla 7.3. analiza el importe de los atrasos correspondientes a los principales tipos de impuestos. En 2023, la proporción promedio de la morosidad del IS en relación con los ingresos netos recaudados por dicho impuesto, y la proporción correspondiente al IVA, se situaron en torno al 20 % y el 23 %, respectivamente. A lo largo del período analizado, ambos siguieron una evolución similar, incluida una subida significativa en 2020, que confirma las dificultades a las que se enfrentaron las empresas durante la pandemia. Desde entonces, han vuelto a situarse en niveles anteriores a la pandemia.

Al mismo tiempo, la proporción correspondiente al IRPF fue notablemente inferior. Con un 15 %, se mantuvo estable durante el período 2018-2023. La proporción más baja es la de las retenciones a cuenta sobre el salario, con un valor en torno al 7 %. Sin embargo, esto es de esperar, ya que los empleadores son responsables de transferir el impuesto a la administración en nombre de sus empleados y no tienen ningún derecho sobre los importes.

Tabla 7.3. Evolución del promedio de atrasos pendientes de pago al final del ejercicio en relación con los ingresos netos recaudados por tipo de impuesto entre 2018 y 2023

Tipo de impuesto	2018	2019	2020	2021	2022	2023
Morosidad del IS como porcentaje del IS recaudado (39 jurisdicciones)	22,5	25,4	28,2	22,8	18,9	20,1
Morosidad del IRPF como porcentaje del IRPF recaudado (40 jurisdicciones)	16,1	14,0	15,4	15,0	14,9	15,1
Morosidad en las retenciones a cuenta sobre el salario como porcentaje del IRPF recaudado (35 jurisdicciones)	7,1	6,5	7,1	6,8	6,1	6,6
Morosidad del IVA como porcentaje del IVA recaudado (39 jurisdicciones)	23,6	23,3	29,8	24,8	23,2	23,0

Nota: La tabla muestra las proporciones promedio para las jurisdicciones que proporcionaron la información sobre los años 2018 a 2023. Entre paréntesis figura el número de jurisdicciones que presentaron datos. Los datos de Bulgaria se han excluido del cálculo del promedio del «total de atrasos a final del ejercicio como porcentaje de los ingresos netos recaudados», por no ser sus datos comparables en relación con esos años. También se excluyeron, para evitar que distorsionaran los promedios, los datos de Brasil y Grecia en el cálculo del promedio del IS, y los datos de Malta en el cálculo del promedio del IVA.
Fuente: BAsD, CIAT, OIAT, FMI, OCDE, Encuesta Internacional sobre Administración Tributaria, Tablas D.44 Morosidad en relación con la recaudación por tipo de impuesto: IS e IRPF, y D.45 Morosidad en relación con la recaudación por tipo de impuesto: Retenciones a cuenta sobre los salarios e IVA, http://isoradata.org (consultado el 1 de octubre de 2025).

Gráfico 7.6. Rango de los atrasos pendientes de pago al final del ejercicio en relación con los ingresos netos recaudados por tipo de impuesto, 2023

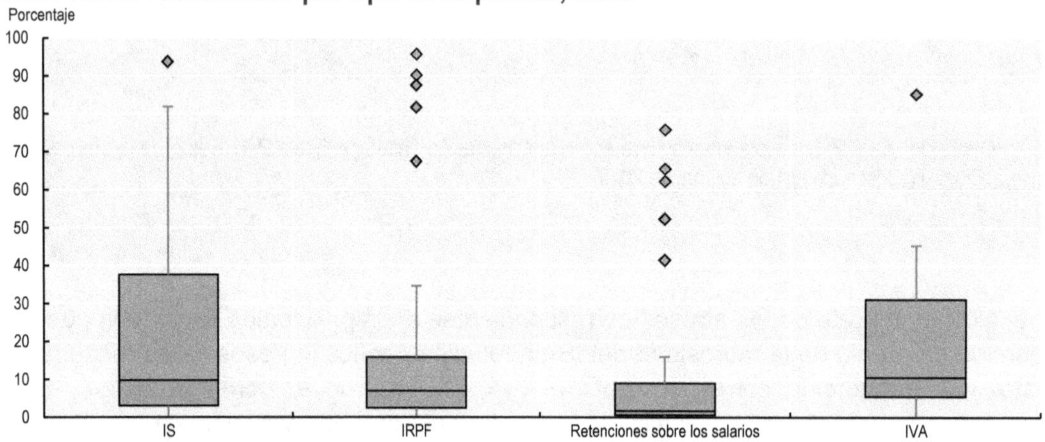

Nota: El gráfico no muestra los valores atípicos superiores al 100 %, aunque dichos datos se han utilizado para los cálculos subyacentes.
Fuente: BAsD, CIAT, OIAT, FMI, OCDE, Encuesta Internacional sobre Administración Tributaria, Tablas D.44 Morosidad en relación con la recaudación por tipo de impuesto: IS e IRPF, y D.45 Morosidad en relación con la recaudación por tipo de impuesto: Retenciones a cuenta sobre los salarios e IVA, http://isoradata.org (consultado el 1 de octubre de 2025).

StatLink https://stat.link/dcrwly

El Gráfico 7.6 ofrece una perspectiva alternativa de atrasos pendientes de pago al final del ejercicio en relación con los ingresos netos recaudados, al mostrar la distribución de los datos por jurisdicción para los principales tipos de impuestos. Los recuadros representan el segundo y el tercer cuartil (es decir, el 50 % central de las jurisdicciones), y la línea central indica el valor mediano. De este análisis se desprende lo siguiente:

- para todos los tipos de impuestos, los valores medianos son considerablemente inferiores a los promedios presentados anteriormente; en torno al 7 % en el caso del IRPF y al 2 % en el caso de las retenciones a cuenta sobre los salarios.
- Los promedios correspondientes al impuesto sobre sociedades y al IVA presentan medianas similares, de alrededor del 10 %, así como una mayor dispersión que la observada en el IRPF y las retenciones a cuenta sobre los salarios.

(Conviene señalar que el gráfico no muestra los valores atípicos superiores al 100 %).

Bibliografía

CIAT/IOTA/OECD (2020), "Tax administration responses to COVID-19: Measures taken to support taxpayers", *OECD Policy Responses to Coronavirus (COVID-19)*, OECD Publishing, Paris, https://doi.org/10.1787/adc84188-en. [7]

OECD (2025), *Tax Debt Management Maturity Model, 2025 Edition*, OECD, Paris, https://www.oecd.org/content/dam/oecd/en/topics/policy-issues/tax-administration/tax-debt-management-maturity-model-2025-edition.pdf (accessed on 1 October 2025). [5]

OECD (2024), *Tax Administration 2024: Comparative Information on OECD and other Advanced and Emerging Economies*, OECD Publishing, Paris, https://doi.org/10.1787/2d5fba9c-en. [1]

OECD (2019), *Successful Tax Debt Management: Measuring Maturity and Supporting Change*, OECD Publishing, Paris, https://doi.org/10.1787/e8fdb816-en. [4]

OECD (2019), *Tax Debt Management Maturity Model*, OECD, Paris, https://www.oecd.org/content/dam/oecd/en/topics/policy-issues/tax-administration/tax-debt-management-maturity-model.pdf (accessed on 1 October 2025). [2]

OECD (2017), *Tax Administration 2017: Comparative Information on OECD and Other Advanced and Emerging Economies*, OECD Publishing, Paris, https://doi.org/10.1787/tax_admin-2017-en. [8]

OECD (2016), *Advanced Analytics for Better Tax Administration: Putting Data to Work*, OECD Publishing, Paris, https://doi.org/10.1787/9789264256453-en. [6]

OECD (2014), *Working Smarter in Tax Debt Management*, OECD Publishing, Paris, https://doi.org/10.1787/9789264223257-en. [3]

8 Resolución de controversias

La prevención y resolución de controversias son esenciales para preservar la confianza en el sistema fiscal. Este capítulo explora las estrategias implementadas por las administraciones tributarias para resolver y prevenir controversias de manera justa y eficiente, y analiza el desempeño de las administraciones tributarias en materia de resolución de controversias.

Introducción

Los derechos y obligaciones de los contribuyentes suelen establecerse en la legislación o en cartas de derechos del contribuyente. La Tabla 8.1. muestra algunos de los derechos y obligaciones más habituales. Estos derechos y obligaciones se sustentan en el acceso a procedimientos que permiten a los contribuyentes impugnar de manera efectiva las liquidaciones y decisiones administrativas, lo que contribuye a salvaguardar sus derechos y a garantizar la existencia de mecanismos adecuados de control y equilibrio en el ejercicio de las potestades tributarias por parte de las administraciones. Al mismo tiempo, las administraciones tributarias y los contribuyentes deben esforzarse por colaborar para prevenir la aparición de controversias desde el inicio, reduciendo así las cargas administrativas y la incertidumbre para ambas partes.

Tabla 8.1. Derechos y obligaciones de los contribuyentes

Derecho	Obligación
A ser informado, asistido y oído	Actuar con honestidad
A recurrir	Cooperar
A pagar únicamente la cuantía correcta de impuesto	Proporcionar información y documentación exactas en plazo
Seguridad jurídica	Conservar registros
Privacidad	Pagar los impuestos en plazo
Confidencialidad y secreto	

Este capítulo examina las estrategias de resolución y revisión de controversias en las jurisdicciones analizadas en este informe, así como su desempeño en este ámbito. Se trata de una función importante de las administraciones tributarias y en promedio, cerca del 6 % del personal se dedica a la gestión de controversias, lo que incluye litigios, resolución de controversias, apelaciones, recursos y resoluciones (véase el Capítulo 9).

Mecanismos de revisión en la resolución de controversias

Las 58 jurisdicciones incluidas en este informe garantizan a los contribuyentes el derecho a impugnar las liquidaciones. Casi todas las administraciones informan de que disponen de un mecanismo de revisión interna, y la mayoría ofrecen a los contribuyentes la posibilidad de solicitar una revisión independiente por parte de un organismo externo, lo que puede contribuir a mejorar la seguridad jurídica de los contribuyentes, evitando al mismo tiempo procedimientos judiciales potencialmente largos y costosos. En el caso de las administraciones que ofrecen ambos mecanismos de revisión, el 75 % exige que los contribuyentes agoten primero el mecanismo de revisión interna antes de que su caso pueda ser examinado por un organismo externo. (Véase la Tabla 8.2.)

Tabla 8.2. Resolución de controversias: mecanismos de revisión disponibles, 2023

Porcentaje de administraciones

Mecanismos de los que disponen los contribuyentes para impugnar las liquidaciones			Los contribuyentes deben primero solicitar una revisión interna allí donde esto sea posible
Revisión interna por parte de la administración tributaria	Revisión independiente por parte de un organismo externo	Revisión independiente por parte de un órgano jurisdiccional superior	
98,3	94,8	100,0	75,4

Fuente: BAsD, CIAT, OIAT, FMI, OCDE, Encuesta Internacional sobre Administración Tributaria, Tablas A.89 Resolución de controversias: Mecanismos de revisión, y A.90 Resolución de controversias: Procedimiento de revisión, http://isoradata.org (consultado el 1 de octubre de 2025).

Desempeño en materia de resolución de controversias

Si bien en general las administraciones tributarias no pueden controlar los plazos de los procesos judiciales, muchas de ellas están trabajando para mejorar los procedimientos de resolución de controversias con el fin de agilizarlos. Estas mejoras pueden incluir el recurso a la mediación u otras vías no judiciales, así como mejoras en los sistemas de gestión de casos, como se muestra en el ejemplo del Recuadro 8.1.

Recuadro 8.1. Reino Unido: Estrategia de gestión integral de litigios

La HMRC ha desarrollado e implantado un sistema específico de gestión de litigios, disponible en una plataforma compartida con otros sistemas de la HMRC. Este sistema permite interconectar datos y sistemas en toda la organización, lo que posibilita a la HMRC realizar el seguimiento del ciclo de vida de las actuaciones de cumplimiento, desde su inicio hasta la resolución de la controversia. Los asuntos pueden seguirse a través de distintos identificadores, lo que permite detectar patrones y tendencias, y la información está accesible para los usuarios de la HMRC.

El modelo ha sido desarrollado por un equipo virtual transversal de la HMRC, integrado por especialistas en litigios, gestión de proyectos, fiscalidad y análisis de datos, con el fin de reunir todas las competencias pertinentes.

A medida que el modelo evolucione y mejore la calidad de los datos, se integrará con otras iniciativas para impulsar un enfoque basado en datos en la gestión estratégica de controversias y litigios tributarios. Esta iniciativa se enmarca en la prioridad estratégica de la HMRC de reducir la brecha fiscal. El modelo aporta información que permite detectar oportunidades para reforzar la capacidad operativa y mejorar la experiencia del contribuyente, incluida una resolución más temprana de las controversias, en el marco de un enfoque integral de gestión de controversias.

Fuente: Reino Unido (2025).

En las Tabla 8.3. y Tabla 8.4 se compara la variación entre 2018 y 2023 en el número de casos de revisión iniciados y pendientes al cierre del ejercicio fiscal, tanto para revisiones internas como externas. Las reducciones en el número de casos iniciados (véase la Tabla 8.3), comunicadas por la mayoría de las administraciones durante la pandemia de COVID-19, ya no se observan. Durante los últimos tres años, aproximadamente la mitad de las administraciones ha registrado un aumento en el número de casos iniciados, mientras que la otra mitad ha registrado descensos.

En cuanto al número de casos pendientes al cierre del ejercicio fiscal (véase la Tabla 8.4.), la mayoría de las administraciones continúa comunicando cifras decrecientes entre 2022 y 2023, particularmente en lo que respecta a los casos sometidos a revisión interna.

Al analizar el período de diez años comprendido entre 2014 y 2023, los datos correspondientes a 34 jurisdicciones muestran que, en dos tercios de las administraciones, el número de casos pendientes al cierre del ejercicio disminuyó, en algunos casos de forma significativa. (Cálculo basado en la Tabla A.170 de la edición de 2017 (OECD, 2017[1]) y en la Tabla A.91 de la base de datos ISORA.)

Tabla 8.3. Resolución de controversias: Variación en el número de casos iniciados durante el año, 2018-23

Porcentaje de administraciones que comunicaron un aumento o una disminución del número de casos iniciados

	Casos en materia fiscal iniciados en virtud de un procedimiento de revisión interna					Casos en materia fiscal iniciados en virtud de una revisión independiente por parte de organismos externos				
	Variación entre					Variación entre				
Movimiento	2018-19	2019-20	2020-21	2021-22	2022-23	2018-19	2019-20	2020-21	2021-22	2022-23
Aumento	51,0	39,2	56,9	51,0	49,1	44,4	27,3	44,4	53,2	45,8
Disminución	49,0	60,8	43,1	49,0	50,9	55,6	72,7	55,6	46,8	54,2

Fuentes: BAD, CIAT, OIAT, FMI, OCDE, Encuesta Internacional sobre Administración Tributaria, Tablas A.91 Resolución de controversias: Número de casos: casos en materia fiscal sometidos a procedimientos internos, y A.92 Resolución de controversias: Número de casos: casos en materia fiscal sometidos a revisión independiente por parte de organismos externos, http://isoradata.org (consultado el 1 de octubre de 2025).

Tabla 8.4. Resolución de controversias: Variación en el número de casos pendientes al cierre del ejercicio fiscal, 2018-23

Porcentaje de administraciones que comunicaron un aumento o una disminución del número de casos pendientes

	Casos pendientes en materia fiscal sometidos a un procedimiento de revisión interna					Casos pendientes en materia fiscal sometidos a revisión independiente por parte de organismos externos				
	Variación entre					Variación entre				
Movimiento	2018-19	2019-20	2020-21	2021-22	2022-23	2018-19	2019-20	2020-21	2021-22	2022-23
Aumento	63,3	44,9	54,0	42,0	39,2	51,2	33,3	35,7	37,2	47,7
Disminución	36,7	55,1	46,0	58,0	60,8	48,8	66,7	64,3	62,8	52,3

Fuentes: BAsD, CIAT, OIAT, FMI, OCDE, Encuesta Internacional sobre Administración Tributaria, Tablas A.91 Resolución de controversias: Número de casos: casos en materia fiscal sometidos a procedimientos internos, y A.92 Resolución de controversias: Número de casos: casos en materia fiscal sometidos a revisión independiente por parte de organismos externos, http://isoradata.org (consultado el 1 de octubre de 2025).

El Gráfico 8.1. y el Gráfico 8.2. ofrecen un análisis más detallado a nivel de jurisdicción y muestran la variación habida entre 2022 y 2023 en el número de casos de revisión pendientes al cierre del ejercicio fiscal, tanto para las revisiones internas como las externas. Es importante destacar los aumentos significativos en el número de casos de revisión interna comunicados por un pequeño número de jurisdicciones.

Al mismo tiempo, debe señalarse que el volumen de casos por jurisdicción varía considerablemente, y cuando el número de casos es muy bajo, pueden presentarse fluctuaciones importantes entre un año y otro. Esto se vuelve más evidente al observar el Gráfico 8.3., que pone de relieve las grandes diferencias entre jurisdicciones en cuanto al uso de los procedimientos de revisión interna.

Al examinar la Tabla 8.5, que muestra el promedio del número de casos de revisión interna iniciados durante el período 2018-2023, se observa que dicho promedio se ha mantenido estable a lo largo de los años.

Gráfico 8.1. Procedimientos de revisión interna: Variación entre 2022 y 2023 del número de casos pendientes al cierre del ejercicio fiscal

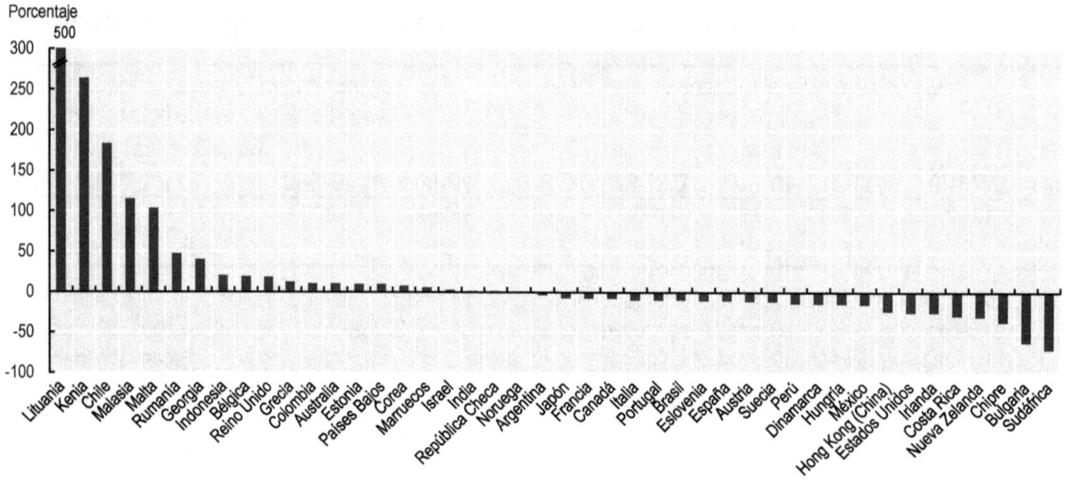

Fuente: BAsD, CIAT, OIAT, FMI, OCDE, Encuesta Internacional sobre Administración Tributaria, Tabla A.91 Resolución de controversias: Número de casos: casos en materia fiscal sometidos a procedimientos internos, http://isoradata.org (consultado el 1 de octubre de 2025).

StatLink https://stat.link/ejg4v9

Gráfico 8.2. Revisión independiente por parte de organismos externos: Variación entre 2022 y 2023 del número de casos pendientes al cierre del ejercicio fiscal

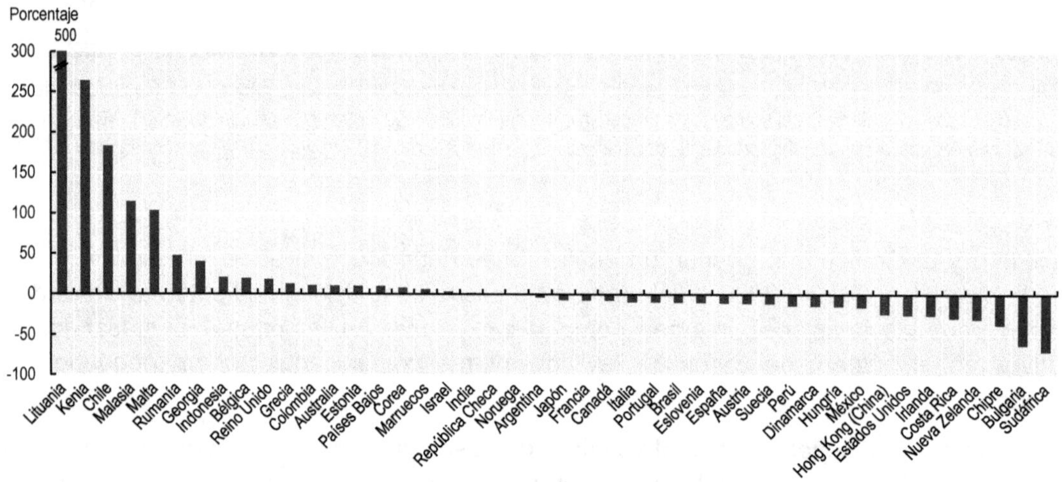

Fuentes: BAsD, CIAT, OIAT, FMI, OCDE, Encuesta Internacional sobre Administración Tributaria, Tabla A.92 Resolución de controversias: Número de casos: casos en materia fiscal sometidos a revisión independiente por parte de organismos externos, http://isoradata.org (consultado el 1 de octubre de 2025).

StatLink https://stat.link/3ogczi

Gráfico 8.3. Número de casos de revisión interna iniciados por cada 1 000 contribuyentes activos del IRPF y del IS, 2023

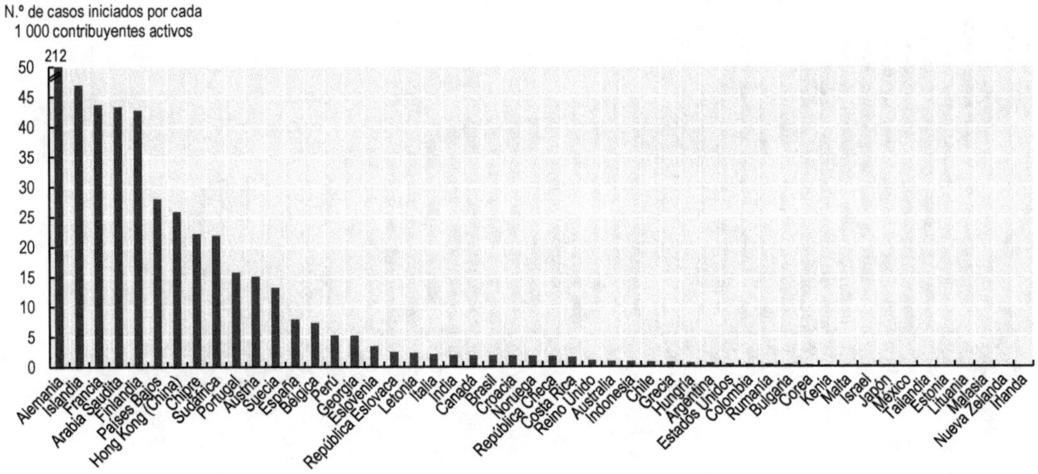

Nota: Por lo que respecta a Arabia Saudita, el «número de casos de revisión interna iniciados durante el ejercicio fiscal por cada 1 000 contribuyentes activos» se puso en relación con los contribuyentes activos del IVA.
Fuente: BAsD, CIAT, OIAT, FMI, OCDE, Encuesta Internacional sobre Administración Tributaria, Tabla D.49 Casos de revisión administrativa y litigios, http://isoradata.org (consultado el 1 de octubre de 2025).

StatLink https://stat.link/ntulj9

Tabla 8.5. Número promedio de casos de revisión interna iniciados por cada 1 000 contribuyentes activos del IRPF y del IS, 2018-23

	2018	2019	2020	2021	2022	2023
Número promedio de casos de revisión interna iniciados por cada 1 000 contribuyentes activos del IRPF y del IS (40 jurisdicciones)	5,9	6,3	5,5	6,7	5,9	6,3

Nota: La tabla muestra los promedios para las jurisdicciones que proporcionaron información sobre los años 2018 a 2023. Entre paréntesis figura el número de jurisdicciones que presentaron datos. Los datos de Alemania se excluyeron del análisis, al considerarse que distorsionarían los resultados.
Fuente: BAD, CIAT, OIAT, FMI, OCDE, Encuesta Internacional sobre Administración Tributaria, Tabla D.49 Casos de revisión administrativa y litigios, http://isoradata.org (consultado el 1 de octubre de 2025).

Las diferencias de interpretación de la normativa tributaria entre los contribuyentes y la administración tributaria forman parte normal del funcionamiento de los sistemas tributarios, y no es infrecuente que, una vez agotados los procedimientos de revisión interna y externa, estas diferencias den lugar a litigios. Si bien las administraciones tributarias informan de que las controversias suelen resolverse sin necesidad de acudir a la vía judicial, el Gráfico 8.4. ofrece información sobre el desempeño de las administraciones en los casos resueltos ante los tribunales. En él se observan diferencias significativas en el porcentaje de éxito de las administraciones, aunque conviene tener en cuenta que en algunas jurisdicciones el número de casos juzgados es muy bajo, de modo que los resultados pueden variar considerablemente de un año a otro.

Gráfico 8.4. Porcentaje de casos resueltos a favor de la administración, 2023

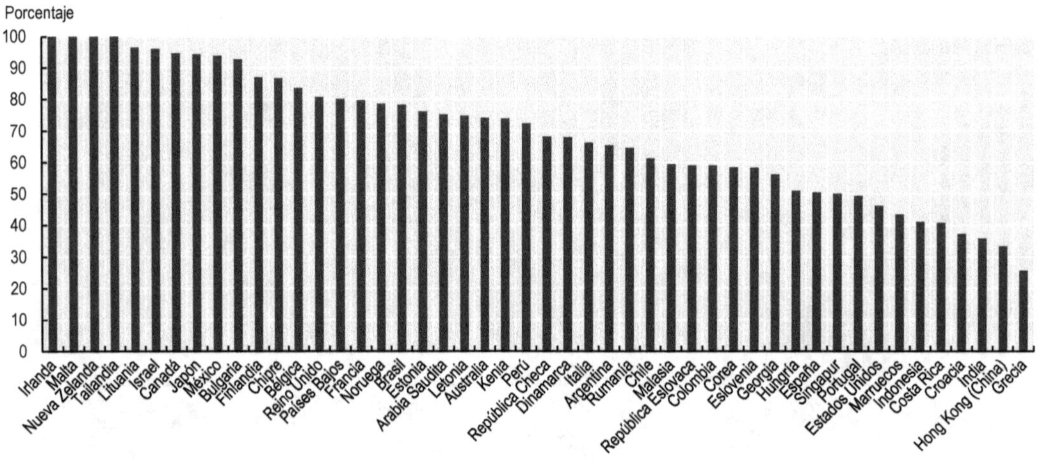

Nota: Se consideran casos resueltos a favor de la administración aquellos en los que esta ha obtenido un resultado favorable en más del 50 % de las cuestiones impugnadas en cada caso. Para Argentina e Italia, véase la nota correspondiente en la Tabla A.93.
Fuente: BAD, CIAT, OIAT, FMI, OCDE, Encuesta Internacional sobre Administración Tributaria, Tabla D.49 Casos de revisión administrativa y litigios, http://isoradata.org (consultado el 1 de octubre de 2025).

StatLink https://stat.link/varysd

Recuadro 8.2. Resolución de controversias tributarias de carácter internacional

La actividad empresarial transfronteriza y la movilidad laboral internacional son cada vez más frecuentes. Ello conduce inevitablemente a que surjan controversias sobre qué jurisdicciones tienen derecho a gravar determinados tipos de ingresos. Los convenios fiscales entre jurisdicciones, también conocidos como acuerdos de doble imposición, tienen por objeto eliminar la doble tributación mediante el establecimiento de normas mutuamente acordadas sobre la asignación de los derechos de imposición. Para abordar las situaciones en las que las partes discrepan sobre la aplicación o interpretación de dichas normas, muchos convenios fiscales prevén un procedimiento amistoso para resolver este tipo de controversias, al margen de los recursos legales ordinarios disponibles en virtud de la legislación nacional.

Este procedimiento amistoso es un elemento crucial para la correcta aplicación e interpretación de los convenios fiscales. No en vano, garantiza que los contribuyentes con derecho a los beneficios del convenio tributen de acuerdo con lo previsto en el propio convenio. Por ello, es fundamental garantizar que el acceso al procedimiento amistoso sea sencillo y que los casos se resuelvan y ejecuten con prontitud y dentro de un plazo razonable.

Tras la publicación del informe *Hacer más efectivos los mecanismos de resolución de controversias, Acción 14 – Informe final 2015* (OECD, 2015[2]), que contiene un estándar mínimo BEPS en lo referente a la resolución de controversias sobre convenios fiscales, los miembros del Marco Inclusivo de la OCDE y el G-20 sobre BEPS acordaron:

- Establecer un proceso de revisión por pares para evaluar la aplicación de dicho estándar mínimo.

- Publicar un perfil del procedimiento amistoso para cada jurisdicción.
- Elaborar y publicar estadísticas sobre el procedimiento amistoso conforme al marco de presentación de información acordado a tal efecto.

Además, desde 2023 la OCDE publica anualmente información consolidada sobre los procedimientos amistosos (*Consolidated Information on MAPs*), que ofrece una visión general del marco de procedimiento amistoso de cada jurisdicción miembro del Marco Inclusivo. Incluye, entre otros elementos, las disposiciones relativas al procedimiento amistoso en sus convenios fiscales, los enlaces a sus orientaciones y perfiles de procedimiento amistoso, la estructura y los contactos clave de su función de autoridad competente, así como la evolución de sus estadísticas sobre procedimientos amistosos a lo largo del tiempo. Este trabajo —incluidos los perfiles y estadísticas sobre procedimientos amistosos, los informes de revisión entre pares y la información consolidada sobre los procedimientos amistosos— puede consultarse en el sitio web de la OCDE dedicado a la resolución de controversias en materia de fiscalidad transfronteriza (OECD, 2025[3]).

Además, la OCDE, a través del Foro sobre Administración Tributaria, ha desarrollado herramientas para ayudar a las jurisdicciones y a los contribuyentes a desenvolverse en el procedimiento amistoso:

- el *Manual on Effective Mutual Agreement Procedures* (OECD, 2007[4]); y
- el *Manual on the Handling of Multilateral Mutual Agreement Procedures and Advance Pricing Arrangements: Enhancing Tax Certainty* (OECD, 2023[5]).

Prevención de controversias

Dado que las controversias pueden ser procesos que consumen una gran cantidad de recursos, prevenirlos es la estrategia más eficaz, y un elemento clave del marco de prevención de controversias pasa por orientar y asesorar a los contribuyentes. Las administraciones tributarias suelen encuadrar esta labor como parte de su estrategia de servicios más amplia. Esto puede incluir publicar información y herramientas interactivas en su sitio web, emitir directrices y notas informativas para los contribuyentes y poner en marcha iniciativas educativas y programas de apoyo a las empresas (véase también el Capítulo 5). Además, muchas administraciones ofrecen mecanismos específicos de prevención de controversias, algunos de los cuales se describen en esta sección.

Resoluciones

En consonancia con su compromiso de ofrecer a los contribuyentes certidumbre en cuanto al trato que reciben, actualmente es habitual que las administraciones tributarias aclaren cómo interpretarán las leyes que aplican, así como la legislación fiscal en situaciones concretas. Ello se materializa mediante resoluciones:

- Una ***resolución pública*** es una declaración en la que la administración explica cómo va a interpretar determinadas disposiciones de la normativa tributaria en situaciones específicas. Por lo general, se publican para aclarar la aplicación de la ley, especialmente cuando un número significativo de contribuyentes puede verse afectado por determinadas disposiciones o cuando una disposición ha generado confusión o incertidumbre. Habitualmente, una resolución pública es vinculante para la administración tributaria cuando resulta aplicable al contribuyente y este actúa conforme a ella.
- Una ***resolución privada*** responde a una solicitud específica de un contribuyente (o de su representante fiscal) que busca mayor certidumbre sobre cómo aplicará la administración tributaria la normativa en relación con una transacción que se está considerando o que ya se ha realizado.

El objetivo de las resoluciones privadas es proporcionar apoyo adicional y certidumbre a los contribuyentes respecto a las consecuencias fiscales de transacciones más complejas.

Para obtener más información sobre qué administraciones ofrecen resoluciones, véase la Tabla 8.5. de la edición de 2024 de esta serie (OECD, 2024[6]).

Recuadro 8.3. Polonia: Digitalización de la tramitación de resoluciones en materia tributaria

En 2024, el sistema tributario polaco introdujo una reforma significativa en la tramitación de las resoluciones tributarias con el objetivo de agilizar los plazos de tramitación y respuesta. Actualmente, los documentos relacionados con resoluciones tributarias deben presentarse exclusivamente por vía electrónica a través de los sistemas en línea seguros de la Administración Nacional de Ingresos. Las decisiones correspondientes también se notifican electrónicamente mediante los mismos canales.

La transición a un sistema íntegramente digital permite una tramitación más ágil: los contribuyentes pueden gestionar el procedimiento en línea, sin necesidad de desplazarse físicamente a las oficinas, y el servicio está disponible las 24 horas del día, los siete días de la semana.

Esta medida forma parte de una estrategia más amplia orientada a simplificar los procesos administrativos, incrementar la eficiencia y reducir las cargas burocráticas. La presentación electrónica de solicitudes genera numerosos beneficios tanto para la administración tributaria como para los contribuyentes.

Fuente: Polonia (2025).

Acuerdos previos sobre precios de transferencia

Los acuerdos bilaterales y multilaterales previos sobre precios de transferencia (APPT) son pactos vinculantes entre dos o más administraciones tributarias y uno o varios contribuyentes en relación con un asunto específico durante un período determinado. En un número cada vez mayor de casos, estos APPT de carácter colaborativo han contribuido con éxito a proporcionar seguridad jurídica anticipada en materia fiscal tanto a los contribuyentes como a las administraciones tributarias, al garantizar previsibilidad en el tratamiento fiscal de las transacciones internacionales y reducir el riesgo de controversias.

Para apoyar a las administraciones y a los contribuyentes, el Foro MAP del FTA ha elaborado el *Bilateral Advance Pricing Arrangement Manual* (OECD, 2022[7]), concebido como una guía para agilizar el proceso de los APPT bilaterales y fomentar un enfoque cooperativo y coordinado. Por otra parte, *el Manual on the Handling of Multilateral Mutual Agreement Procedures and Advance Pricing Arrangements: Enhancing Tax Certainty* (OECD, 2023[5]) ofrece orientación a las administraciones tributarias y a los contribuyentes sobre los APPT multilaterales tanto desde el punto de vista jurídico como procedimental.

Programas de cumplimiento cooperativo

A lo largo de los últimos años, se ha prestado cada vez más atención al uso de acuerdos cooperativos para gestionar el cumplimiento y reforzar la seguridad jurídica en materia fiscal. Estos programas suelen comportar una relación más transparente entre las administraciones tributarias y los contribuyentes, y en ocasiones requieren enfoques más proactivos para resolver riesgos fiscales significativos. El concepto de cumplimiento cooperativo ha sido objeto de varios informes de la OCDE, el más reciente *Co-operative Tax Compliance: Building Better Tax Control Frameworks* (OECD, 2016[8]).

Dado que la aplicación de un programa de cumplimiento cooperativo requiere un elevado nivel de interacción entre los funcionarios de la administración tributaria y los contribuyentes —y, por tanto, implica un uso intensivo de recursos—, tradicionalmente estos programas se han dirigido a grandes empresas. De hecho, cerca de tres cuartas partes de las administraciones informaron disponer de este tipo de programas para grandes contribuyentes. Sin embargo, los avances tecnológicos en los procesos de evaluación de riesgos han llevado a varias administraciones a extender este enfoque a otros grupos de contribuyentes, como los individuos de alto patrimonio neto (véase la Tabla 8.6.).

Tabla 8.6. Existencia de enfoques formales de cumplimiento cooperativo para diferentes segmentos de contribuyentes, 2023

Porcentaje de administraciones que aplican dichos enfoques

Grandes contribuyentes	Individuos de alto patrimonio neto	Otros contribuyentes
72,4	22,4	41,4

Fuente: BAsD, CIAT, OIAT, FMI, OCDE, Encuesta Internacional sobre Administración Tributaria, Tabla A.107 Enfoques de cumplimiento cooperativo, http://isoradata.org (consultado el 1 de octubre de 2025).

Recuadro 8.4. Japón: Cumplimiento cooperativo para grandes empresas

La Agencia Tributaria Nacional de Japón (NTA) ha puesto en marcha diversas iniciativas para mantener y reforzar el cumplimiento tributario de las grandes empresas, con especial énfasis en enfoques de cumplimiento cooperativo.

Una de las principales iniciativas consiste en que la NTA evalúa la situación de la gobernanza corporativa de las grandes empresas en lo que respecta a cuestiones fiscales. Posteriormente, altos funcionarios de las Oficinas Regionales de Tributación mantienen reuniones con los directivos de dichas empresas y les presentan ejemplos de buenas prácticas con el fin de reforzar la gobernanza fiscal dentro de sus organizaciones.

Mediante esta actuación, la NTA puede tener en cuenta el nivel de gobernanza fiscal de las grandes empresas al evaluar sus riesgos tributarios. Esto le permite asignar de manera más eficiente sus recursos humanos —limitados— a las áreas de mayor riesgo. Desde la perspectiva empresarial, este enfoque contribuye a reducir riesgos, como el riesgo de un tratamiento fiscal inexacto o incorrecto y, en última instancia, el riesgo de que se detecten errores en el marco de actuaciones inspectoras.

Además, la NTA ha publicado en su sitio web dos tipos de listas de verificación: «Lista de verificación para declaraciones tributarias»; y«Lista de verificación de aspectos fiscales que requieren especial atención en las grandes empresas». La primera está concebida como una herramienta de autoevaluación voluntaria para que los contribuyentes revisen su declaración antes de su presentación; mientras que la segunda sirve para comprobar si existen omisiones o errores en los ajustes contables o fiscales antes de presentar la declaración. Este proceso contribuye a prevenir errores en las declaraciones y, en consecuencia, a reducir el riesgo de que se detecten incorrecciones durante las inspecciones tributarias.

Fuente: Japón (2025).

Programa internacional de cumplimiento de las obligaciones tributarias

El Programa internacional de cumplimiento de las obligaciones tributarias (ICAP, por sus siglas en inglés) es un programa voluntario que establece un proceso multilateral y cooperativo de evaluación de riesgos y obtención de garantías. Está concebido para proporcionar a los grupos de empresas multinacionales

(EMN) dispuestos a participar de forma activa, abierta y totalmente transparente una mayor seguridad jurídica en cuestiones fiscales relacionadas con algunas de sus actividades y transacciones. El ICAP no proporciona a estos grupos de EMN la seguridad jurídica que podría lograrse, por ejemplo, a través de un APPT. No obstante, sí ofrece garantías cuando las administraciones tributarias que participan en la evaluación de riesgos de un grupo de EMN consideran que el riesgo es bajo.[1] (OECD, 2021[9])

Inspecciones conjuntas

Las inspecciones conjuntas son otro instrumento que puede ayudar a prevenir controversias; en ellas, funcionarios de dos o más administraciones se unen para formar un único equipo de inspección que examinará cuestiones o transacciones de uno o varios contribuyentes con actividades empresariales transfronterizas y respecto de las cuales las jurisdicciones implicadas tienen un interés común o complementario. Esta colaboración permite a las administraciones tributarias participantes detectar y resolver eventuales desacuerdos o controversias en una fase temprana. (OECD, 2019[10])

Bibliografía

OECD (2025), *Dispute resolution in cross-border taxation*, https://www.oecd.org/en/topics/dispute-resolution-in-cross-border-taxation.html (accessed on 1 October 2025). [3]

OECD (2024), *Tax Administration 2024: Comparative Information on OECD and other Advanced and Emerging Economies*, OECD Publishing, Paris, https://doi.org/10.1787/2d5fba9c-en. [6]

OECD (2023), *Manual on the Handling of Multilateral Mutual Agreement Procedures and Advance Pricing Arrangements: Enhancing Tax Certainty*, OECD Forum on Tax Administration, OECD Publishing, Paris, https://doi.org/10.1787/f0cad7f3-en. [5]

OECD (2022), *Bilateral Advance Pricing Arrangement Manual*, OECD Forum on Tax Administration, OECD Publishing, Paris, https://doi.org/10.1787/4aa570e1-en. [7]

OECD (2021), *International Compliance Assurance Programme: Handbook for tax administrations and MNE*, OECD Publishing, Paris, https://doi.org/10.1787/a44d51e2-en. [9]

OECD (2019), *Joint Audit 2019 – Enhancing Tax Co-operation and Improving Tax Certainty: Forum on Tax Administration*, OECD Publishing, Paris, https://doi.org/10.1787/17bfa30d-en. [10]

OECD (2017), *Tax Administration 2017: Comparative Information on OECD and Other Advanced and Emerging Economies*, OECD Publishing, Paris, https://doi.org/10.1787/tax_admin-2017-en. [1]

OECD (2016), *Co-operative Tax Compliance: Building Better Tax Control Frameworks*, OECD Publishing, Paris, https://doi.org/10.1787/9789264253384-en. [8]

OECD (2015), *Making Dispute Resolution Mechanisms More Effective, Action 14 - 2015 Final Report, OECD/G20 Base Erosion and Profit Shifting Project*, OECD Publishing, Paris, https://doi.org/10.1787/9789264241633-en. [2]

OECD (2007), *Manual on Effective Mutual Agreement Procedures (MEMAP)*, OECD, Paris, https://doi.org/10.1787/2bb3ab55-en. [4]

Notas

[1] Véase https://www.oecd.org/en/about/programmes/icap.html para ampliar la información (consultado el 1 de octubre de 2025).

9 Presupuesto y plantilla

Este capítulo examina los recursos destinados a las administraciones tributarias y ofrece información sobre su plantilla. Asimismo, describe cómo las administraciones están respondiendo a nuevos desafíos y preservando su capacidad operativa al tiempo que gestionan una plantilla que ha de adaptarse a los cambios en el entorno laboral.

Introducción

Para que una administración tributaria pueda cumplir su cometido de recaudar impuestos y prestar servicios a la ciudadanía y las empresas, resulta esencial que disponga de recursos económicos suficientes y de una plantilla cualificada que pueda brindar resultados de calidad de manera eficiente y efectiva. Este capítulo examina los recursos económicos de los que disponen las administraciones tributarias y la forma en que los gastan. También proporciona información sobre su plantilla y sobre cómo están cambiando las prácticas de trabajo.

Presupuesto

Gastos operativos

El nivel global de recursos que se destinan a la administración tributaria es una cuestión importante y de actualidad para la mayoría de los gobiernos, grupos de interés externos y, por supuesto, las propias administraciones tributarias. Pese a que los planteamientos presupuestarios difieren entre jurisdicciones, en la mayoría de los casos el presupuesto asignado está vinculado al cumplimiento de resultados de desempeño definidos en un plan anual de actividad.

Al analizar las cifras presupuestarias, se observa que aproximadamente el 80 % de las administraciones tributarias incrementó su gasto operativo entre 2022 y 2023. Esta tendencia es similar a la observada en los dos períodos anteriores (véase la Tabla 9.1.).

Tabla 9.1. Variación de los gastos operativos, 2018-2023

Porcentaje de administraciones

	Variación entre				
Variación	2018-19	2019-20	2020-21	2021-22	2022-23
Incremento de los gastos operativos	75,5	71,7	77,4	83,0	79,2
Descenso de los gastos operativos	24,5	28,3	22,6	17,0	20,8

Nota: La tabla se basa en los datos de las 53 jurisdicciones que facilitaron información correspondiente al período de 2018 a 2023. Se han excluido los datos correspondientes a la India, Israel y Türkiye; véanse las notas de la Tabla A.16.

Fuente: BAsD, CIAT, OIAT, FMI, OCDE. Encuesta Internacional sobre Administración Tributaria, Tabla A.16 Gastos de las administraciones tributarias: Gasto salarial y operativo, http://isoradata.org (consultado el 1 de octubre de 2025).

No obstante, estos datos deben interpretarse con cautela. Pese a que, sobre el papel, un número considerable de administraciones registró un incremento de su presupuesto, esto puede obedecer a la asunción de nuevas responsabilidades acompañadas de financiación adicional, así como a inversiones en tecnología y nuevos servicios para responder a las demandas de los contribuyentes. Tampoco tiene en cuenta los incrementos que se deben a la inflación ni que se necesita una parte importante del presupuesto para cubrir los costos salariales, que representan en promedio cerca de tres cuartas partes del gasto operativo anual (véase también la Tabla D.6.). Cualquier incremento presupuestario puede verse rápidamente absorbido por aumentos salariales, que en muchos casos responden a obligaciones contractuales.

Componentes del gasto operativo de las administraciones tributarias

Como se ha indicado, el principal componente del presupuesto operativo de las administraciones tributarias son los costos de personal, ya que solo los salarios representan en promedio un 73,5% de los presupuestos operativos anuales, pese a que existen ciertas diferencias entre las jurisdicciones (véase el Gráfico 9.1.).

Gráfico 9.1. Costo salarial como porcentaje del gasto operativo total, 2023

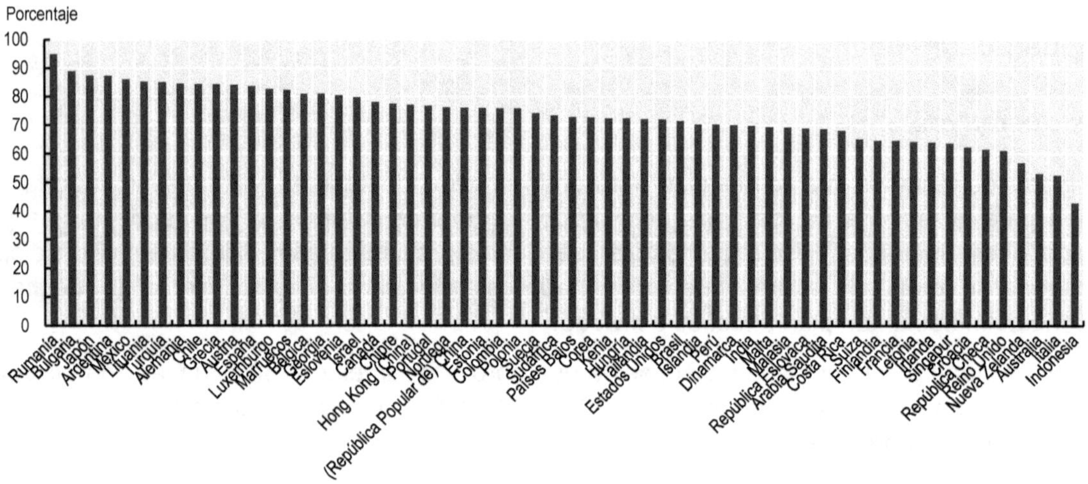

Fuente: BAsD, CIAT, OIAT, FMI, OCDE, Encuesta Internacional sobre Administración Tributaria, Tabla D.6 Ratios de recursos: Costo, http://isoradata.org (consultado el 1 de octubre de 2025).

StatLink https://stat.link/5avqc2

Otro componente relevante es el gasto operativo en tecnologías de la información y las comunicaciones (TIC). En promedio, el gasto en TIC representa cerca de un 12% del gasto operativo. Sin embargo, los niveles de esta partida declarados varían enormemente entre las diferentes administraciones. Entre aquellas que proporcionaron datos sobre costes relacionados con las TIC, el 50 % informó en 2023 de un gasto operativo en TIC superior al 10 % del gasto operativo total (un aumento de 10 puntos porcentuales respecto a 2022), mientras que otro 23 % declaró cifras comprendidas entre el 5 % y el 10 %. (Véase la Tabla D.6.)

Si bien es cierto que la implantación de nuevas tecnologías puede implicar costes significativos, también puede generar importantes mejoras en eficiencia y productividad. Los ejemplos expuestos en el Recuadro 9.1. ilustran algunas de las iniciativas adoptadas por las administraciones tributarias.

Recuadro 9.1. Ejemplos: Iniciativas para mejorar la eficiencia y la productividad

Finlandia: Proyecto de economía en tiempo real

La Administración Tributaria de Finlandia ha puesto en marcha el proyecto «Economía en tiempo real» (2021–2024) con el objetivo de impulsar la economía digital del país. La iniciativa se basa en la automatización del intercambio de información financiera entre empresas, lo que reduce la introducción manual de datos por parte de los funcionarios y genera un importante ahorro de costos.

A continuación se desglosan sus principales objetivos y resultados:

- Infraestructura: Se establecieron condiciones para el intercambio de datos financieros y servicios de billetera digital. Se creó la autoridad finlandesa Peppol para promover la infraestructura internacional Peppol (una red segura para el intercambio de facturas electrónicas). Se desarrollaron capacidades en la administración central para procesar mensajes digitales de contratación pública y recibir estados financieros en formato digital.
- Ahorro de costos: Se estima que el uso generalizado de documentos digitales podría generar un ahorro de casi 6 000 millones de euros anuales para 2030, y el intercambio centralizado de datos, beneficios anuales de 430 millones de euros. El proyecto incrementó el uso de la facturación electrónica en un 93 % y el de los recibos electrónicos en un 20 %.
- Soluciones digitales: Se probaron en ensayos documentos empresariales estructurados, billeteras digitales y sistemas de intercambio de datos. Se identificaron beneficios significativos tanto para las empresas como para la administración tributaria. En consecuencia, estas soluciones se han ido implantando de forma progresiva, se han elaborado directrices, organizado actividades de formación y llevado a cabo campañas de difusión.
- Interoperabilidad: Se diseñaron soluciones compatibles con estándares internacionales y de la Unión Europea, con el objetivo de reforzar la competitividad y facilitar la interoperabilidad.
- Desarrollo del ecosistema: Se desarrolló un modelo conjunto de gestión para el desarrollo continuo de la economía en tiempo real, definiendo las funciones de los distintos participantes y los principios de cooperación. Asimismo, se realizaron estudios en materia legislativa y de seguridad de la información.

La Visión 2030 prevé un ecosistema empresarial plenamente digitalizado en Finlandia, que refuerce la previsibilidad, la gestión de riesgos y la competitividad de las empresas, al tiempo que mejore la eficiencia y los servicios de la administración. Se ha definido una hoja de ruta para el período 2025–2030 que detalla las etapas previstas para ampliar la economía en tiempo real.

Irlanda: Simplificación de los manuales tributarios y aduaneros

La Administración Tributaria de Irlanda (Revenue) ha puesto en marcha un nuevo proyecto, denominado RevAssist, para simplificar la gestión de sus manuales tributarios y aduaneros (*Tax and Duty Manuals*, en adelante «TDM»). Existen aproximadamente 1 500 TDM que sintetizan la legislación y los procedimientos operativos, y proporcionan orientación sobre todos los impuestos y derechos cuya administración corresponde a la Administración tributaria. Estos manuales son de acceso público para los profesionales tributarios y su redacción es compleja debido a la amplitud y tecnicidad de la normativa que abarcan. Garantizar su exactitud requiere un esfuerzo considerable, además de actualizaciones periódicas para reflejar los cambios legislativos.

Con el fin de agilizar este proceso, se adoptaron diversas medidas, entre ellas:

- La utilización de tecnologías emergentes de inteligencia artificial generativa (GenAI) para mejorar el proceso de elaboración y actualización de los TDM.

- La implantación de una interfaz de usuario simplificada que permite al personal buscar fácilmente sus consultas en los TDM y obtener una respuesta resumida, incluyendo referencias y números de página de los documentos completos.
- La generación de borradores de TDM utilizando las notas de orientación cargadas en el sistema, la nueva legislación y otros TDM como referencia.

RevAssist ha obtenido resultados prometedores. La herramienta de consulta gestiona aproximadamente 2 500 consultas por semana provenientes de cerca de 300 funcionarios que trabajan en las Divisiones Legislativa y Operativa, con una tasa de precisión del 97 %. La iniciativa ha fortalecido la capacidad de los equipos de la Administración Tributaria de Irlanda al ampliar su conocimiento técnico y proporcionar a los funcionarios un acceso más rápido a la información, lo que a su vez mejora los tiempos de respuesta en la atención al contribuyente.

Japón: Sistema basado en centros para tareas administrativas internas

La Agencia Tributaria Nacional de Japón (NTA) ha puesto en marcha una iniciativa para concentrar sus operaciones internas en centros especializados, con el objetivo de optimizar los procesos y aumentar la precisión. La NTA prevé completar la implantación de este modelo para la totalidad de sus 524 oficinas tributarias antes de 2026. Entre las operaciones internas comprendidas se incluyen, por ejemplo, la tramitación inicial de las declaraciones tributarias y la gestión de las devoluciones.

El tiempo y los recursos adicionales liberados mediante la optimización de tareas operativas y administrativas permitirán a la NTA mejorar y fortalecer sus operaciones externas. Ello incluye los servicios al contribuyente, las actuaciones inspectoras y el uso efectivo de datos.

Singapur: tecnología geoespacial para mejorar la valoración de inmuebles

La Autoridad Tributaria de Singapur (IRAS) ha incorporado tecnología de Sistemas de Información Geográfica (SIG) para mejorar sus procesos de valoración de inmuebles. En colaboración con el Centro de Geoespacial y Geomática de la Autoridad de Tierras de Singapur, se desarrollaron tres iniciativas:

- Se diseñó un flujo de trabajo para superponer datos de alquiler e índices de accesibilidad sobre archivos cartográficos de edificaciones, generando comparables pertinentes en función de las características del inmueble y de su ubicación.
- Se realizó un análisis para evaluar cómo los factores de accesibilidad —como el tiempo de desplazamiento hacia centros de transporte y autopistas— influyen en las tasas de alquiler de propiedades industriales.
- Se creó una herramienta para identificar comparables mediante buffers de proximidad y filtros basados en criterios del inmueble. También se integró funcionalidad de marcación en mapas e imágenes de vista a nivel de calle para facilitar una evaluación integral.

En conjunto, estos esfuerzos se sirvieron del análisis espacial basado en datos y la visualización de atributos geoespaciales de las propiedades, incorporando análisis de redes cuando correspondía, con el fin de seleccionar comparables con mayor rapidez y reforzar la solidez de la valoración. La IRAS ha mejorado su eficiencia mediante la automatización de flujos de trabajo en el procesamiento de datos y la superposición de información relevante para la evaluación.

Paralelamente, la institución está fortaleciendo sus capacidades internas en SIG para asegurar que su plantilla esté preparada para el futuro. Asimismo, está desarrollando una comunidad interna de especialistas en SIG que impulsa el desarrollo de casos de uso y fomenta la innovación continua en la administración del impuesto sobre bienes inmuebles. Al combinar capacitación estructurada con proyectos prácticos respaldados por usuarios experimentados de SIG, la IRAS está acelerando el desarrollo de competencias y ampliando la aplicación de tecnología geoespacial en su labor institucional.

Suiza: Digitalización y automatización de los procesos del impuesto anticipado y los derechos de timbre

La Administración Tributaria Federal suiza ha digitalizado sus procesos administrativos relacionados con el impuesto anticipado (retención a cuenta) y los derechos de timbre. La digitalización de los procesos administrativos implica más que la simple conversión de formularios en papel a formatos digitales. Supone una transformación digital integral en la que se usan las nuevas posibilidades tecnológicas para optimizar los procesos y desplegar plenamente el potencial de automatización.

El enfoque se ha centrado en la digitalización y automatización de formularios masivos—es decir, aquellos que la administración tributaria recibe en grandes volúmenes— con el propósito de ganar eficiencia. La automatización de grandes volúmenes de formularios entrantes ha permitido liberar recursos para concentrarlos en el examen de casos especiales.

Otro elemento clave ha sido la optimización del proceso de presentación. Anteriormente, varios formularios debían completarse manualmente y presentarse en el orden correcto; ahora se ha creado un servicio integrado que permite una única presentación. Además, se ha implementado un sistema integral de seguimiento que garantiza la trazabilidad continua de todas las transacciones —desde la presentación hasta el depósito o pago— y facilita el proceso de soporte.

En el ámbito del soporte técnico, el sistema proporciona una visión directa de la «perspectiva del contribuyente» y, por otra parte, se implementó una herramienta de gestión de incidencias que automatiza, en la medida de lo posible, el procesamiento de solicitudes. Estas medidas han generado un incremento sostenible de la eficiencia, lo que reduce la carga tanto para la administración como para los contribuyentes.

Tailandia: Uso de un modelo de lenguaje de gran tamaño para clasificar empresas

En el marco de los esfuerzos por modernizar su administración tributaria, Tailandia ha puesto en marcha un proyecto piloto para emplear un modelo de lenguaje de gran tamaño (LLM) en la clasificación de empresas. La transición de un sistema manual complejo a una solución digital busca mejorar la precisión y la eficiencia de la clasificación sectorial. Esta iniciativa reemplaza métodos tradicionales por un sistema intuitivo que reduce significativamente posibles errores, mejorando así la precisión de los análisis de riesgos a nivel sectorial y las previsiones de ingresos.

La adopción de tecnología LLM permite una mejor identificación de sectores emergentes en crecimiento, lo que facilita a las administraciones tributarias priorizar recursos de manera más efectiva. Al automatizar el proceso de clasificación, la administración tributaria de Tailandia prevé no solo reducir cargas administrativas, sino también avanzar hacia una gestión tributaria más dinámica y receptiva.

El proyecto piloto demuestra el potencial de la tecnología LLM para transformar tareas administrativas tradicionales en operaciones ágiles y adaptables basadas en datos. Este avance estratégico en materia de transformación digital prepara a la administración para anticipar desafíos futuros, garantizando una supervisión sectorial sólida y procesos de toma de decisiones mejor fundamentados.

Reino Unido: Digitalización de microfichas y microfilm

El equipo de Digitalización de Microfichas y Microfilm de la Agencia Tributaria y Aduanera del Reino Unido (HMRC) recibió el encargo de digitalizar 1,5 millones de registros y 2 000 millones de imágenes en microficha y microfilm, que datan de la década de 1960. Con ello, la HMRC aceleró significativamente su capacidad para recuperar datos en apoyo de solicitudes de información de los usuarios, garantizando simultáneamente el cumplimiento de la legislación en materia de protección de datos. La mayoría (70 %) de estas solicitudes tenían por objeto aportar pruebas de empleo que respaldaran reclamaciones por accidentes laborales. Otras solicitudes estaban relacionadas con la acreditación del derecho a residir o trabajar en el Reino Unido, el cálculo de pensiones y diversas investigaciones por fraude.

La HMRC llevó a cabo el proyecto trabajando con tres proveedores distintos bajo un único equipo multifuncional. Debido a su antigüedad, el formato original de estos registros se estaba deteriorando y la tecnología necesaria para leerlos estaba obsoleta y requería reparaciones constantes. El equipo del proyecto avanzó con rapidez en las negociaciones comerciales para asegurar un proveedor que externalizara este trabajo, lo que permitió la digitalización de los registros.

Mil millones de imágenes fueron digitalizadas con éxito en solo seis meses y, para enero de 2024, 1 700 millones de registros únicos de contribuciones al Seguro Nacional correspondientes al período 1961–1996 habían sido archivados digitalmente. Este trabajo redujo los tiempos de procesamiento de la HMRC de 239 días a solo 43 días y ha permitido que miles de usuarios vulnerables accedan a sus registros de manera rápida y eficiente.

Fuentes: Finlandia (2025), Irlanda (2025), Japón (2025), Singapur (2025), Suiza (2025), Tailandia (2025) y Reino Unido (2025).

Al comparar los promedios tanto del gasto salarial como del gasto en TIC durante el período de 10 años comprendido entre 2014 y 2023, la Tabla 9.2. muestra pequeños incrementos de entre 1 y 2 puntos porcentuales. (Debe señalarse que la tabla solo tiene en cuenta información de las jurisdicciones para las cuales se disponía de datos tanto para 2014 como para 2023, lo que explica las diferencias en los promedios de 2023 mencionadas en los párrafos anteriores.)

Tabla 9.2. Salario promedio y costo de TIC como porcentaje del gasto operativo, 2014 y 2023

Componentes de costos	2014	2023	Diferencia en puntos porcentuales
Salario promedio como porcentaje del gasto operativo (50 jurisdicciones)	71,4	73,0	+1,6
Costo de explotación de TIC como porcentaje del gasto operativo (32 jurisdicciones)	12,3	13,5	+1,2

Nota: La tabla se basa en los datos de las jurisdicciones que facilitaron información para los años 2014 y 2023. Entre paréntesis figura el número de jurisdicciones que presentaron datos.
Fuente: BAsD, CIAT, OIAT, FMI, OCDE, Encuesta Internacional sobre Administración Tributaria, Tabla D.6 Ratios de recursos: Costo, http://isoradata.org (consultado el 1 de octubre de 2025), y *Tax Administration 2017: Comparative Information on OECD and Other Advanced and Emerging Economies*, Tabla A.25, https://doi.org/10.1787/tax_admin-2017-en.

Costo de la recaudación

Se ha convertido en una práctica bastante habitual que las administraciones tributarias calculen y publiquen (por ejemplo, en sus informes anuales) un ratio del «costo de la recaudación» como medida sustitutiva de su eficiencia o efectividad. Este ratio se calcula comparando el gasto anual de una administración tributaria con la recaudación neta durante el ejercicio fiscal. Habida cuenta de las muchas similitudes existentes entre los impuestos gestionados por las administraciones tributarias, ha habido una tendencia natural de los observadores a realizar comparaciones de los ratios del «costo de la recaudación» de las diferentes jurisdicciones. Dichas comparaciones han de tratarse con la máxima cautela por los motivos que se explican en el Recuadro 9.2.

En la práctica, existen una serie de factores que pueden influir en la relación entre costo y recaudación, pero que no tienen nada que ver con la eficiencia ni con la efectividad relativa. Algunos de esos factores y variables serían, por ejemplo, los cambios macroeconómicos y las diferencias en los tipos de impuestos administrados. Dichos factores se examinan con más detenimiento en el Recuadro 9.2.

Pese a estos factores, en este informe y en la base de datos ISORA se incluye el ratio del «costo de la recaudación» por dos motivos:

1. el ratio del «costo de la recaudación» es útil para que las administraciones le den seguimiento como un indicador nacional, ya que les permite observar la tendencia a lo largo del tiempo de su labor recaudatoria y, como se señala en el Recuadro 9.2., pueden identificar los principales factores que influyen en el ratio; y
2. la inclusión del ratio del «costo de la recaudación», junto con los comentarios al respecto que figuran en el Recuadro 9.2., puede servir como recordatorio destacado a las partes interesadas sobre las dificultades y los desafíos que supone utilizar este indicador, que es fácil de calcular, para hacer comparaciones a nivel internacional.

La Tabla 9.3. ilustra la variación del promedio del ratio de costo de la recaudación entre 2014 y 2023. Para las 46 administraciones que se analizan en la tabla, el indicador descendió de manera sostenida desde 2014, con excepción de 2020, lo que probablemente fue consecuencia de la disminución de la recaudación durante la pandemia de COVID-19.

Tabla 9.3. Promedio del ratio de costo de la recaudación, 2014 a 2023

Ratio	2014	2018	2019	2020	2021	2022	2023	Diferencia en puntos porcentuales (2014 - 2023)
Costo de la recaudación	0,877	0,750	0,742	0,803	0,740	0,683	0,646	-0,231

Nota: La tabla muestra el promedio del ratio de costo de la recaudación para 46 jurisdicciones que proporcionaron información sobre los años 2014 y 2018 a 2023. Se han excluido los datos de India, Israel y Türkiye, véanse las notas de la Tabla A.16.

Fuente: BAsD, CIAT, OIAT, FMI, OCDE, Encuesta Internacional sobre Administración Tributaria, Tabla D.6 Ratios de recursos: Costo, http://isoradata.org (consultado el 1 de octubre de 2025), y OCDE (2017), y *Tax Administration 2017: Comparative Information on OECD and Other Advanced and Emerging Economies*, Tablas A.27 y A.49, https://doi.org/10.1787/tax_admin-2017-en.

Recuadro 9.2. Dificultades y desafíos del uso del ratio del «costo de la recaudación» como indicador de la eficiencia o la efectividad

Si se observa a lo largo del tiempo, puede parecer que una tendencia a la baja del ratio del «costo de la recaudación» demuestra una reducción de los costos relativos (es decir, una mejora de la eficiencia) o una mejora del cumplimiento de las obligaciones fiscales (es decir, una mejora de la efectividad). Sin embargo, la experiencia también ha demostrado que existen muchos factores que pueden influir en el ratio pero **no** están relacionados con cambios en la eficiencia ni en la efectividad de las administraciones tributarias y que restan gran fiabilidad a esta estadística en el contexto internacional:

- **Cambios en la política fiscal**: Los cambios en la política fiscal son un factor importante para determinar la relación entre costo y recaudación. En teoría, una decisión en materia de políticas para aumentar la presión tributaria general debería mejorar el ratio en igual medida (si no cambia nada más), aunque esto no tiene nada que ver con una mejora de la eficiencia ni de la efectividad operativa.
- **Cambios macroeconómicos**: Los cambios significativos en las tasas de crecimiento económico, entre otras cosas, o la inflación a lo largo del tiempo podrían incidir en los ingresos totales obtenidos por la administración tributaria y la relación entre costo y recaudación.

- **Gastos extraordinarios de la administración tributaria**: En ocasiones, una administración tributaria puede verse obligada a acometer un nivel extraordinario de inversión (por ejemplo, la construcción de una nueva infraestructura de tecnología de la información o la adquisición de instalaciones nuevas más costosas). Estas inversiones podrían aumentar los costos operativos generales a medio plazo y no llegar a brindar eficiencias de compensación, que podrían tardar más en materializarse, lo que incidirá en la relación entre costo y recaudación.
- **Cambios en la cobertura de la recaudación**: En ocasiones, los gobiernos deciden trasladar la responsabilidad de recaudar impuestos concretos de un organismo a otro, lo cual puede afectar a la relación entre costo y recaudación.

Desde una perspectiva puramente nacional, una administración puede tener en cuenta estos factores realizando ajustes correspondientes en sus costos o en los ingresos recaudados. El seguimiento del ratio del «costo de la recaudación» puede ser, en esos casos, un indicador útil para observar cuál es la tendencia a lo largo del tiempo del trabajo que realiza la administración para recaudar los impuestos. Si se recaba por tipo de impuesto, puede contribuir además a aportar información en la que fundamentar decisiones en materia de políticas sobre cómo pueden administrarse y recaudarse impuestos concretos.

Sin embargo, su utilidad para realizar una comparación internacional es muy limitada. Aunque las administraciones puedan tener en cuenta los factores anteriores desde una perspectiva nacional, será difícil que puedan hacerlo a nivel internacional, puesto que el análisis tendría que considerar lo siguiente:

- **Las diferencias en los tipos impositivos y la estructura de los impuestos**: Los tipos impositivos y la estructura real de los impuestos incidirán en la recaudación total y, en menor medida, en las consideraciones en materia de costos. Por ejemplo, las comparaciones del ratio entre jurisdicciones con una presión tributaria alta y otras con una presión tributaria baja no suelen ser realistas, debido a las amplias diferencias en sus cargas tributarias.
- **Diferencias en cuanto a variedad y naturaleza de los impuestos administrados**: En este sentido pueden darse una serie de diferencias. En algunas jurisdicciones puede operar más de una autoridad tributaria principal a nivel nacional, o bien los impuestos de ámbito federal pueden ser predominantemente de naturaleza directa, mientras que los impuestos indirectos pueden ser administrados en gran medida por autoridades y regionales distintas. En otras jurisdicciones, es posible que sea una autoridad nacional la encargada de recaudar los tributos correspondientes a todos los niveles de la administración, es decir, federal, regional y local. En relación con el cobro de las contribuciones a la seguridad social, surgen problemas de carácter similar.
- **Diferencias en cuanto al conjunto de funciones asumidas**: Las funciones que desempeñan las administraciones tributarias pueden variar según la jurisdicción. Por ejemplo, en algunas jurisdicciones la administración tributaria también es responsable de llevar a cabo actividades que no están directamente relacionadas con la administración de impuestos (por ejemplo, la gestión de determinadas prestaciones sociales o de registros nacionales de población), mientras que en otras ciertas funciones vinculadas a los impuestos no son desempeñadas por la propia administración tributaria (por ejemplo, la ejecución del cobro de deudas). Por otra parte, las diferencias en las percepciones sociales pueden influir en lo que hace una administración, en la forma en la que puede operar y en los servicios que debe ofrecer. Este último aspecto puede tener un impacto especialmente significativo en la relación entre costo y recaudación.

Por último, cabe señalar que el ratio del «costo de la recaudación» no tiene en cuenta el potencial recaudatorio del sistema tributario, es decir, la diferencia entre lo efectivamente recaudado y el ingreso máximo potencial. Esto resulta especialmente relevante en el contexto de comparaciones internacionales, ya que algunas administraciones con ratios de costos y recaudación similares pueden presentar notorias diferencias en términos de eficacia relativa.

Plantilla

En 2023, las administraciones incluidas en este informe emplearon a más de 1,7 millones de personas (véase la Tabla A.18), lo que pone de relieve la importancia de una gestión eficaz y eficiente de la plantilla para la administración tributaria. Dado el tamaño de la plantilla, los costos salariales representan en promedio más del 70 % de los gastos operativos, lo que significa que cualquier cambio presupuestario significativo afecta invariablemente el número de funcionarios. El desafío se agrava en algunas administraciones que, debido a restricciones contractuales o mandatos gubernamentales, pueden tener dificultades para reducir estratégicamente sus operaciones, salvo mediante la no sustitución del personal que se marcha de forma voluntaria.

Recuadro 9.3. Brasil: Planificación de recursos humanos

La inversión en recursos humanos (RR. HH.) ha sido una prioridad clave de la planificación estratégica de la RFB. Esta prioridad se refleja en el plan operativo y de coordinación de RR. HH., que supervisa y evalúa mensualmente el avance de proyectos e iniciativas. Este plan incluye:

- la implantación de un sistema de capacitación orientado al usuario;
- la introducción de una evaluación de impacto para iniciativas formativas;
- el fortalecimiento de los informes de gestión y cumplimiento;
- la ejecución de un concurso interno para reasignar personal entre los distintos departamentos de la RFB, facilitado por la automatización del proceso de trabajo correspondiente;
- la automatización del proceso de selección del personal destinado a ejercer como agregados fiscales y aduaneros en el exterior;
- la coordinación del concurso público abierto para la incorporación de nuevo personal, junto con la automatización del proceso de trabajo;
- la automatización de los controles en la gestión de RR. HH., la emisión de actos administrativos y la consulta de datos del personal.

Estas iniciativas ponen de manifiesto el compromiso de la RFB con la mejora de sus procesos de RR. HH. mediante la innovación y la automatización.

Fuente: Brasil (2025).

Durante el período de diez años comprendido entre 2014 y 2023, alrededor del 60 % de las administraciones informó de una disminución en el número de equivalentes a tiempo completo (ETC). Sin embargo, esta tendencia de reducción parece haberse detenido en varias jurisdicciones, ya que el 60 % de las administraciones informó de un aumento del personal entre 2022 y 2023. (Véase la Tabla 9.4.)

Tabla 9.4. Evolución del número de equivalentes a tiempo completo, 2014-2023

Período	Porcentaje de administraciones que informan una **disminución** del número de ETC	Porcentaje de administraciones que informan un **aumento** del número de ETC
2014-23	59,2	40,8
2022-23	42,2	57,8

Nota: Cálculos basados en información de 49 jurisdicciones que facilitaron información sobre los años 2014, 2022 y 2023.
Fuente: BAsD, CIAT, OIAT, FMI, OCDE, Encuesta Internacional sobre Administración Tributaria, Tabla A.18 Total de ETC de la administración tributaria y ETC de la administración tributaria por función: Registro y servicios, http://isoradata.org (consultado el 1 de octubre de 2025), y OCDE (2017), y *Tax Administration 2017: Comparative Information on OECD and Other Advanced and Emerging Economies*, Tablas A.46 y A.47, https://doi.org/10.1787/tax_admin-2017-en.

Dado que la mayoría de las jurisdicciones incluidas en esta publicación registra un aumento de la población total y de la población activa (véase la Tabla E.1.) y que la tendencia a largo plazo ha sido de reducción del personal, los ETC deben atender a un mayor número de personas. Como se observa en la Tabla 9.5., en promedio, la población total y la población activa por ETC aumentaron alrededor de un 15 % entre 2014 y 2023. La transformación digital, los avances tecnológicos y las nuevas aplicaciones y herramientas derivadas de estos permitirán a las administraciones tributarias no solo prestar un mejor apoyo a los contribuyentes, sino también respaldar de forma más eficaz a su personal (véase también el Recuadro 9.6. y el texto que lo acompaña).

Tabla 9.5. Ratios promedio de población total y población activa por equivalente a tiempo completo (ETC), 2014 a 2023

Ratio de recursos	2014	2018	2019	2020	2021	2022	2023	Diferencia en porcentaje (2014-2023)
Población total por ETC (50 jurisdicciones)	2282	2506	2592	2536	2566	2584	2591	+13,6
Población activa por ETC (50 jurisdicciones)	1126	1251	1298	1213	1244	1285	1298	+15,3

Nota: La tabla muestra los ratios promedio de recursos correspondientes a aquellas jurisdicciones que proporcionaron información sobre los años 2014 y 2018 a 2023. Entre paréntesis figura el número de jurisdicciones que presentaron datos.
Fuente: BAsD, CIAT, OIAT, FMI, OCDE, Encuesta Internacional sobre Administración Tributaria, Tabla D.5 Ratios de recursos: Equivalentes a tiempo completo (ETC), http://isoradata.org (consultado el 1 de octubre de 2025), y OCDE (2017), y *Tax Administration 2017: Comparative Information on OECD and Other Advanced and Emerging Economies*, Tabla A.21, https://doi.org/10.1787/tax_admin-2017-en.

Uso del personal por función

El Gráfico 9.2. presenta la asignación promedio de los recursos de personal (expresados en ETC) entre siete agrupaciones funcionales utilizadas para clasificar las operaciones de la administración tributaria. Cabe señalar que, a partir de la encuesta ISORA de 2023, se revisaron las agrupaciones funcionales, dividiéndose la categoría «Todas las demás funciones» en cuatro: (i) Gestión de controversias; (ii) Gestión de recursos humanos; (iii) Soporte de TIC; y (iv) Todas las demás funciones. Ello permite obtener una imagen más precisa del uso del personal por parte de las administraciones tributarias.

Gráfico 9.2. Uso del personal por función, 2023

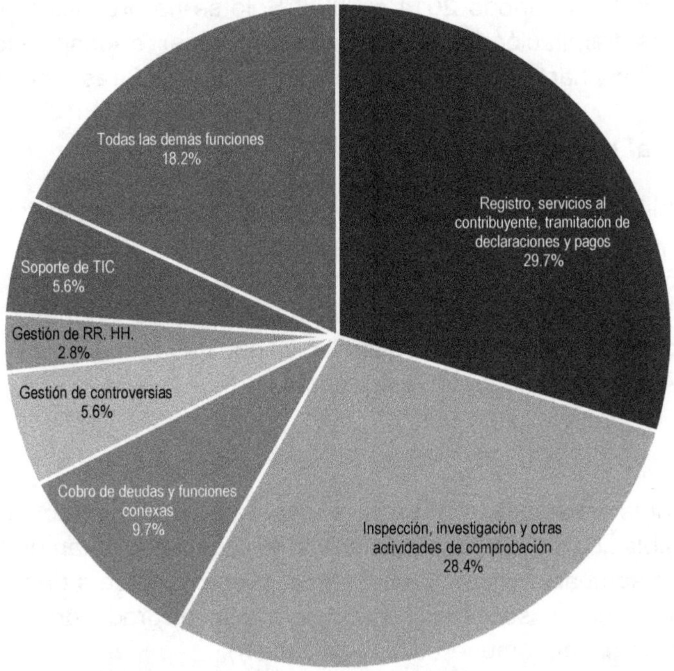

Nota: Se excluyen las administraciones que no pudieron facilitar datos desglosados en relación con todas las funciones.
Fuente: BAsD, CIAT, OIAT, FMI, OCDE, Encuesta Internacional sobre Administración Tributaria, Tablas D.7 Asignación de personal por ubicación y función: Registro, servicios, tramitación e inspección y comprobación, D.8 Asignación de personal por función: Cobro de deudas, gestión de controversias y gestión de RR. HH., y D.9 Asignación de personal por función: Soporte de TIC y todas las demás funciones, http://isoradata.org (consulta del 1 de octubre de 2025).

StatLink https://stat.link/vnpu03

Si bien los datos detallados por administración en las Tablas D.7. a D.9. muestran una dispersión significativa de valores y varios valores atípicos para cada función, en promedio la función de «Inspección, investigación y otras actividades de comprobación» y la función de «Registro, servicios, tramitación de declaraciones y pagos» demandan niveles similares de recursos, y cada una emplea en promedio cerca del 30 % del personal.

Tabla 9.6. Uso promedio del personal por función, 2014 y 2023

Función de la administración tributaria	2014	2023	Diferencia en puntos porcentuales
Registro, servicios al contribuyente, tramitación de declaraciones y pagos	31,5	30,5	-1,0
Inspección, investigación y otras actividades de comprobación	31,5	28,8	-2,7
Cobro de deudas y funciones conexas	10,1	10,0	-0,1
Gestión de controversias	4,2	5,4	+1,2
Todas las demás funciones	22,7	25,3	+2,6

Nota: La tabla muestra el uso promedio del personal por función para 37 jurisdicciones que proporcionaron información sobre los años 2014 y 2023.
Fuente: BAsD, CIAT, OIAT, FMI, OCDE, Encuesta Internacional sobre Administración Tributaria, Tablas D.7 Asignación de personal por ubicación y función: Registro, servicios, tramitación e inspección y comprobación, D.8 Asignación de personal por función: Cobro de deudas, gestión de controversias y gestión de recursos humanos y D.9 Asignación de personal por función: Soporte de TIC y todas las demás funciones, http://isoradata.org (consultado el 1 de octubre de 2025), y OCDE (2017), *Tax Administration 2017: Comparative Information on OECD and Other Advanced and Emerging Economies*, Tabla A.20., https://doi.org/10.1787/tax_admin-2017-en.

Como puede observarse en la Tabla 9.6., el uso promedio del personal por función se ha mantenido relativamente estable durante el período 2014 a 2023. Solo se ha producido un ligero desplazamiento desde «Registro, servicios, tramitación de declaraciones y pagos» e «Inspección, investigación y otras actividades de comprobación» hacia «Gestión de controversias» y «Otras funciones».

Indicadores relativos al personal

La encuesta ISORA también recopila datos clave sobre los rangos de edad, antigüedad (años de servicio), distribución por género y formación académica del personal de las administraciones tributarias (véanse las Tablas D.10. a D.16. y A.22. a A.33). Al interpretar estos datos, conviene tener en cuenta que es posible que las administraciones que combinan funciones tributarias y aduaneras hayan reflejado en la encuesta datos correspondientes al total de su plantilla, ya que puede resultarles complejo desagregar los datos del personal entre funciones tributarias y aduaneras.

Rangos de edad

Aunque existen importantes variaciones entre los rangos de edad del personal de las administraciones tributarias (véanse las Tablas D.12. y D.13.), es interesante observar que también hay diferencias cuando se comparan las distintas agrupaciones regionales. Este puede deberse a una compleja combinación de factores culturales, económicos y sociológicos (por ejemplo, el grado de madurez económica y las políticas de selección de personal, remuneración y jubilación).

El Gráfico 9.3. muestra que el personal es, en general, más joven en las administraciones pertenecientes a las agrupaciones regionales «Oriente Próximo y África» y «Asia Pacífico», donde, en promedio, el 25 % y el 30 % del personal, respectivamente, tiene menos de 35 años, mientras que en el «continente americano» y «Europa», este porcentaje desciende por debajo del 20 %. Al mismo tiempo, un amplio porcentaje del personal de las administraciones del «continente americano» y «Europa» es mayor de 54 años.

Los datos por jurisdicción muestran que el porcentaje de personal mayor de 54 años aumentó en cerca de dos tercios de las administraciones durante el período 2018 a 2023 (véase el Gráfico 9.4).

Gráfico 9.3. Perfil medio de edad del personal de las administraciones tributarias, 2023

Porcentaje del personal por tramos de edad en las agrupaciones regionales seleccionadas

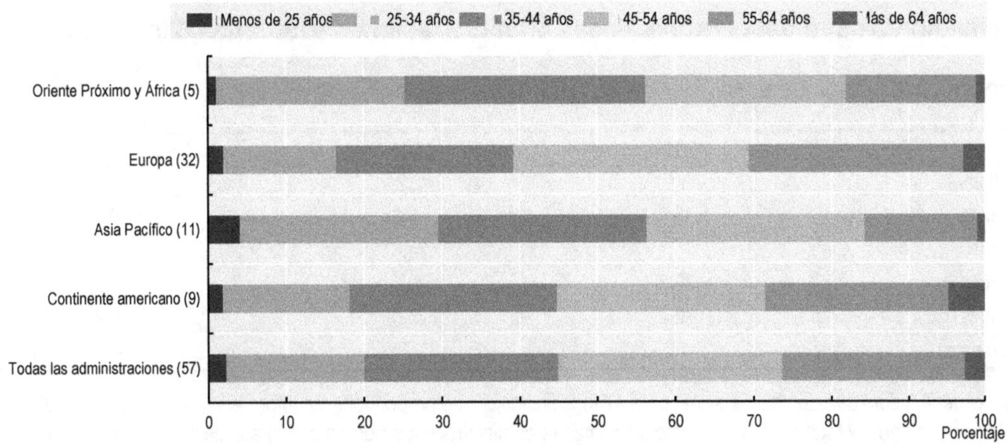

Nota: En las agrupaciones regionales se incluyen las siguientes administraciones: Continente americano (9) – Argentina, Brasil, Canadá, Chile, Colombia, Costa Rica, Estados Unidos, México y Perú; Asia Pacífico (11) – Australia, China (República Popular), Corea, Hong Kong (China), India, Indonesia, Japón, Malasia, Nueva Zelanda, Singapur y Tailandia; Europa (32) – Alemania, Austria, Bélgica, Bulgaria, Chipre, Croacia, Dinamarca, Eslovenia, España, Estonia, Finlandia, Francia, Georgia, Grecia, Hungría, Irlanda, Islandia, Italia, Letonia, Lituania, Luxemburgo, Malta, Noruega, Países Bajos, Polonia, Portugal, Reino Unido, República Checa, República Eslovaca, Rumanía, Suecia y Suiza; Oriente Próximo y África (5): Arabia Saudita, Israel, Marruecos, Sudáfrica y Türkiye.
Fuente: BAsD, CIAT, OIAT, FMI, OCDE, Encuesta Internacional sobre Administración Tributaria, Tablas D.12 Distribución del personal por edad: Personal menor de 45 años y D.13 Distribución del personal por edad: Personal de 45 años o más, http://isoradata.org (consultado el 1 de octubre de 2025).

StatLink https://stat.link/39lxja

Gráfico 9.4. Personal mayor de 54 años: Variación entre 2018 y 2023

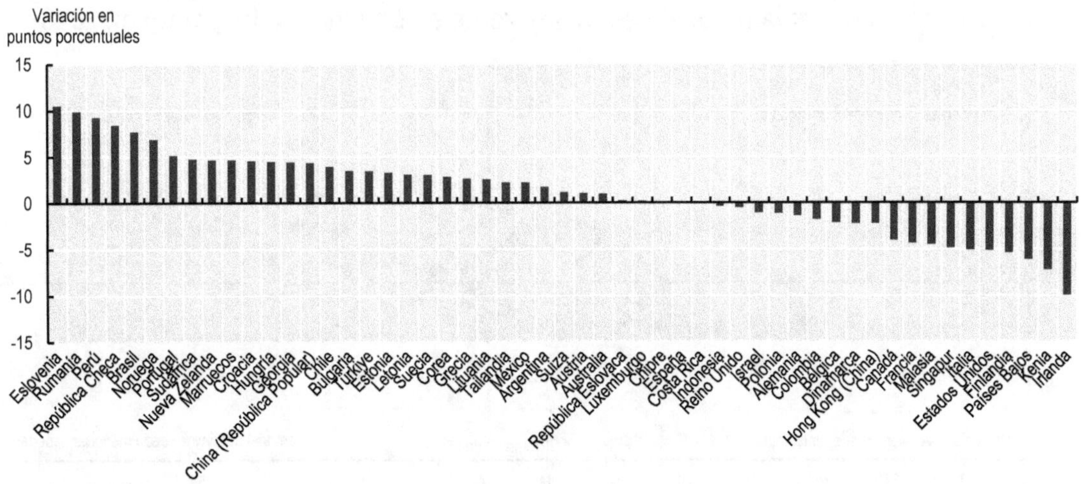

Nota: La tabla muestra la variación del porcentaje de personal mayor de 54 años para aquellas jurisdicciones que proporcionaron información sobre los años 2018 y 2023. Se han excluido los datos de Arabia Saudita, Islandia y Malta debido a la integración de la administración tributaria con la administración aduanera.
Fuente: BAsD, CIAT, OIAT, FMI, OCDE. Encuesta Internacional sobre Administración Tributaria, Tabla D.13 Distribución del personal por edad: Personal de 45 años o más, http://isoradata.org (consultado el 1 de octubre de 2025).

StatLink https://stat.link/g6nixa

Al comparar los rangos de edad a lo largo del período de 10 años comprendido entre 2014 y 2023, la Tabla 9.7. confirma asimismo que el personal de las administraciones tributarias está envejeciendo. El porcentaje de personal mayor de 54 años aumentó, en promedio, en 4,1 puntos porcentuales.

Tabla 9.7. Perfil medio de edad del personal de las administraciones tributarias, 2014 y 2023

Porcentaje del personal por tramos de edad

Tramos de edad	2014	2023	Variación porcentual
Personal menor de 25 años	1,9	2,2	+0,3
Personal de 25 a 34 años	15,9	16,3	+0,4
Personal de 35 a 44 años	25,7	24,6	-1,1
Personal de 45 a 54 años	32,8	29,1	-3,7
Personal de 55 a 64 años	22,2	25,0	+2,8
Personal de 65 años o más	1,5	2,8	+1,3

Nota: La tabla muestra el perfil medio de edad del personal para 47 jurisdicciones que proporcionaron información sobre los años 2014 y 2023. Se han excluido los datos de Islandia y Malta debido a la integración de la administración tributaria con la administración aduanera.
Fuente: BAsD, CIAT, OIAT, FMI, OCDE, Encuesta Internacional sobre Administración Tributaria, Tablas D.12 Distribución del personal por edad: Personal menor de 45 años y D.13 Distribución por edad del personal: Personal de 45 años o más, http://isoradata.org (consultado el 1 de octubre de 2025), y OECD (2017), *Tax Administration 2017: Comparative Information on OECD and Other Advanced and Emerging Economies*, Tabla A.22., https://doi.org/10.1787/tax_admin-2017-en.

Antigüedad (años de servicio)

El Gráfico 9.5. indica que un número significativo de administraciones no solo afrontará en los próximos años un elevado volumen de jubilaciones, sino que además muchos de esos empleados contarán con una amplia experiencia, lo que plantea desafíos en relación con la retención del conocimiento y la experiencia clave. La tendencia de salida de personal experimentado ya es visible al analizar la Tabla 9.8, que muestra que entre 2014 y 2023 el porcentaje de personal con menos de cinco años de antigüedad aumentó, en promedio, en 7,4 puntos porcentuales.

Gráfico 9.5. Antigüedad media (años de servicio) frente a edad media del personal, 2023

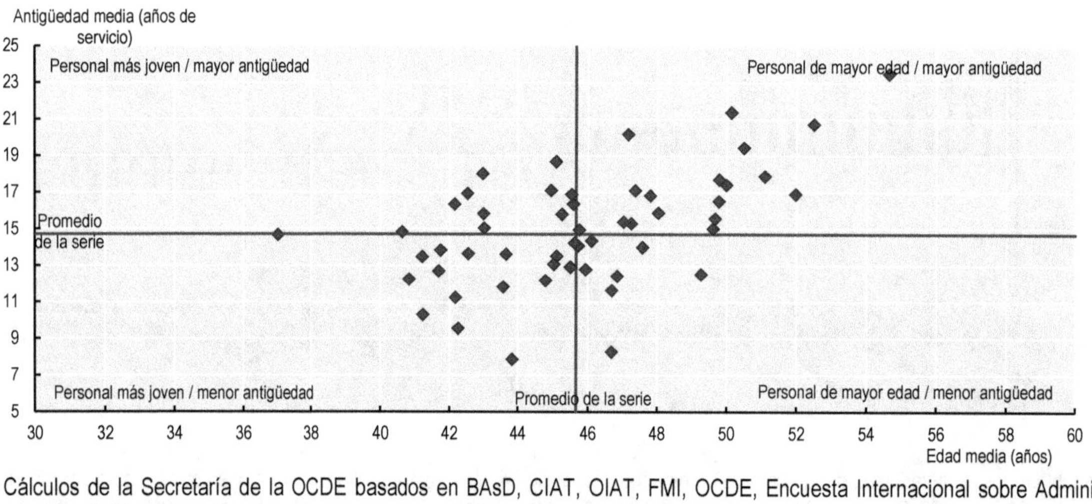

Fuente: Cálculos de la Secretaría de la OCDE basados en BAsD, CIAT, OIAT, FMI, OCDE, Encuesta Internacional sobre Administración Tributaria, Tablas D.12 Distribución del personal por edad: Personal menor de 45 años, D.13 Distribución por edad del personal: Personal de 45 años o más, D.14 Antigüedad (años de servicio): Menos de 10 años y D.15 Antigüedad (años de servicio): 10 años o más, http://isoradata.org (consultado el 1 de octubre de 2025).

StatLink https://stat.link/fi96t5

Tabla 9.8. Antigüedad media (años de servicio) del personal de las administraciones tributarias, 2014 y 2023

Porcentaje del personal por tramos de antigüedad

Tramos de antigüedad	2014	2023	Variación porcentual
Menos de 5 años de antigüedad	14,4	21,8	+7,4
De 5 a 9 años de antigüedad	16,2	15,1	-1,1
De 10 a 19 años de antigüedad	27,0	24,0	-3,0
Más de 20 años de antigüedad	42,4	39,1	-3,3

Nota: La tabla muestra la antigüedad media del personal en 43 jurisdicciones que proporcionaron información sobre los años 2014 y 2023. Se han excluido los datos de Islandia y Malta debido a la integración de la administración tributaria con la administración aduanera.
Fuente: BAsD, CIAT, OIAT, FMI, OCDE, Encuesta Internacional sobre Administración Tributaria, Tablas D.14 Antigüedad (años de servicio): Menos de 10 años y D.15 Antigüedad (años de servicio): 10 años o más, http://isoradata.org (consultado el 1 de octubre de 2025), y OECD (2017), *Tax Administration 2017: Comparative Information on OECD and Other Advanced and Emerging Economies*, Tabla A.23., https://doi.org/10.1787/tax_admin-2017-en.

Distribución por género

Se invitó a las administraciones a informar, desglosado por género, sobre el total del personal y sobre el personal directivo, respectivamente. Tal como puede verse en el Gráfico 9.6., si bien muchas administraciones rozan la proporcionalidad, normalmente, las mujeres siguen estando proporcionalmente infrarrepresentadas en los puestos directivos y significativamente infrarrepresentadas en varias administraciones, situación que no ha cambiado desde la edición de 2017 de este informe (OECD, 2017[1]).

Gráfico 9.6. Porcentaje de mujeres en plantilla – número total de mujeres en plantilla frente a mujeres en puestos directivos, 2023

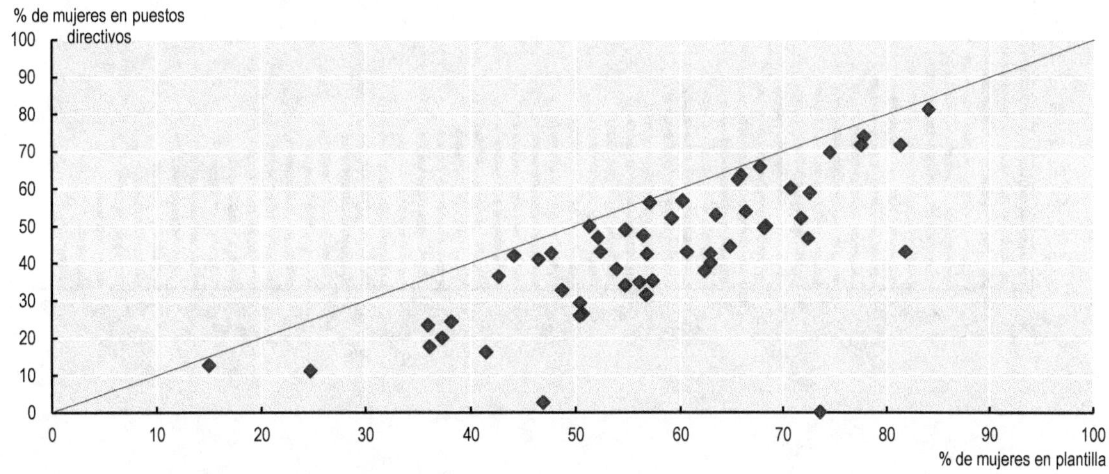

Fuente: BAsD, CIAT, OIAT, FMI, OCDE, Encuesta Internacional sobre Administración Tributaria, Tabla D.16 Distribución por género, http://isoradata.org (consultado el 1 de octubre de 2025).

StatLink https://stat.link/1w8bux

El análisis de la evolución durante el período de 10 años comprendido entre 2014 y 2023, muestra que, en promedio, la proporción de mujeres sobre el total del personal aumentó en 2,7 puntos porcentuales, casi el doble del incremento registrado en la proporción de mujeres en puestos directivos (véase la Tabla 9.9.). Los datos a nivel de jurisdicción muestran que en alrededor del 60 % de las administraciones el porcentaje de mujeres en puestos directivos ha aumentado desde 2014.

Tabla 9.9. Proporción promedio de mujeres en plantilla y de mujeres en puestos directivos (en porcentaje), 2014 y 2023

Categoría de personal	2014	2023	Variación porcentual
Mujeres en plantilla	57,4	60,1	+2,7
Mujeres en puestos directivos	43,5	45,0	+1,5

Nota: La tabla muestra la proporción de mujeres sobre la plantilla total y sobre el personal directivo en las 42 jurisdicciones que facilitaron información para los años 2014 y 2023.
Fuente: BAsD, CIAT, OIAT, FMI, OCDE. Encuesta Internacional sobre Administración Tributaria, Tabla D.16 Distribución por género, http://isoradata.org (consultado el 1 de octubre de 2025), y OCDE (2017), *Tax Administration 2017: Comparative Information on OECD and Other Advanced and Emerging Economies*, Tabla A.24., https://doi.org/10.1787/tax_admin-2017-en.

Para comprender cómo podría evolucionar en el futuro la distribución por género, la encuesta ISORA solicita a las administraciones tributarias que informen sobre el porcentaje de nuevas incorporaciones que son mujeres. Como puede observarse en el Gráfico 9.7., en tres cuartas partes de las administraciones incluidas en esta publicación, las mujeres representan más de la mitad del personal que se incorporó a la administración durante el ejercicio fiscal 2023.

Gráfico 9.7. Porcentaje de nuevas incorporaciones femeninas, 2023

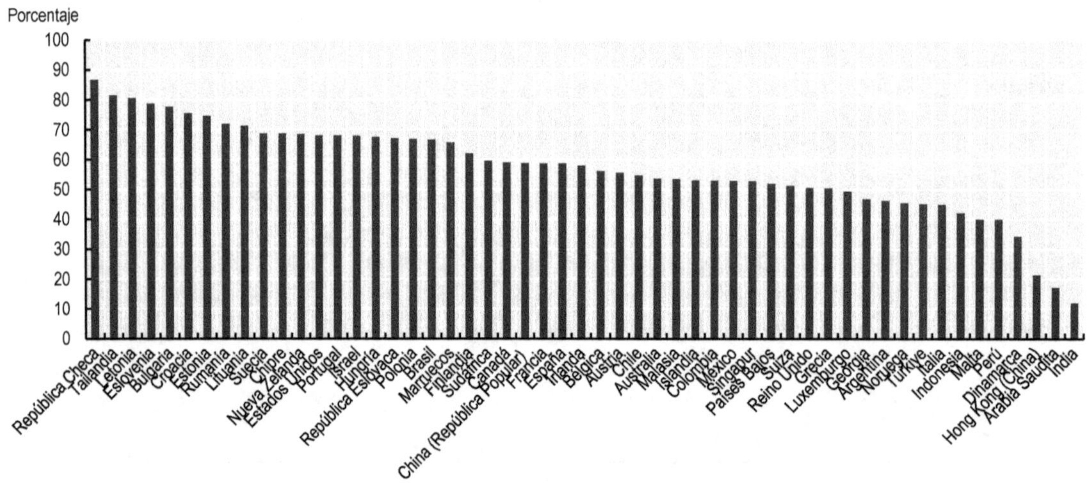

Fuente: BAsD, CIAT, OIAT, FMI, OCDE, Encuesta Internacional sobre Administración Tributaria, Tabla D.16 Distribución por género, http://isoradata.org (consultado el 1 de octubre de 2025).

StatLink https://stat.link/agjtyo

Rotación de personal

La tasa de salida se refiere al porcentaje de empleados que dejan la organización durante un período determinado (normalmente un año). Las tasas elevadas de salida pueden obedecer a diversos factores, como políticas de reducción de plantilla, cambios demográficos o variaciones en las preferencias del personal. Para evaluar adecuadamente las tendencias en materia de recursos humanos de una administración, la tasa de salida debe analizarse conjuntamente con otros indicadores, como la tasa de contratación, que mide el número de empleados incorporados durante un período determinado.

Una tasa de salida elevada combinada con una tasa de contratación baja suele asociarse a políticas generales de reducción de plantilla. No obstante, las administraciones también deberían prestar atención a situaciones en las que ambas tasas sean elevadas. La contratación conlleva costes significativos, no solo por el proceso de selección en sí, sino también por el tiempo y los recursos necesarios para formar e integrar al nuevo personal.

Por otra parte, tasas de salida excesivamente bajas tampoco son necesariamente deseables. En una organización en expansión, una baja tasa de salida puede resultar adecuada. Sin embargo, cuando tanto la tasa de salida como la tasa de contratación son bajas, la organización puede ver limitada su capacidad para incorporar nuevas competencias, dado que todos los puestos están cubiertos. Esto podría constituir un problema, en particular en el caso de administraciones que estén atravesando un proceso de transformación y, por lo tanto, necesiten personal con competencias distintas de las que ya disponen.

Si bien lo que se considera una tasa de salida «saludable» varía según el sector o la jurisdicción, las tasas promedio de salida y contratación de las administraciones participantes en esta publicación —situadas en torno al 7-8 % en 2023— parecen indicar un rango razonable para las administraciones tributarias de entre el 5 % y el 10 %. Este patrón es coherente con las tasas promedio de salida y contratación observadas durante el período de diez años comprendido entre 2014 y 2023, como puede apreciarse en la Tabla 9.10.

Tabla 9.10. Tasas promedio de salida y contratación (en porcentaje), 2014 y 2023

Tasas	2014	2023	Variación porcentual
Tasa de contratación	6,2	8,3	+2,1
Tasa de salida	6,9	7,6	+0,7

Nota: La tabla muestra las tasas promedio de salida y de contratación correspondientes a 48 jurisdicciones que proporcionaron la información para los años 2014 y 2023.
Fuente: BAsD, CIAT, OIAT, FMI, OCDE, Encuesta Internacional sobre Administración Tributaria, Tabla D.10 Dinámica del personal, http://isoradata.org (consultado el 1 de octubre de 2025).

No obstante, al analizar los datos específicos por administración, se observa que las tasas de salida y contratación presentan una variabilidad muy amplia. El Gráfico 9.8. muestra la relación entre las tasas de salida y de contratación en las administraciones tributarias. Ilustra que existe un grupo de administraciones con tasas de salida y contratación claramente superiores al 10 % (cuadrante superior derecho), mientras que otras presentan tasas muy reducidas en ambas dimensiones (cuadrante inferior izquierdo).

Gráfico 9.8. Tasas de salida y contratación, 2023

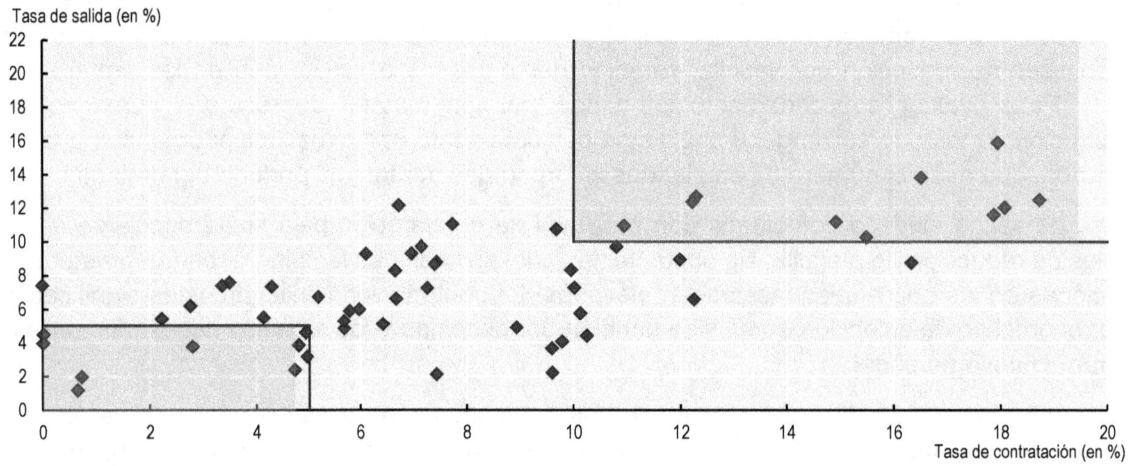

Nota: Tasa de salida = número de salidas de personal / nivel medio de plantilla. Tasa de contratación = número de incorporaciones de personal / nivel medio de plantilla. El nivel medio de plantilla es igual al promedio entre el número de empleados al inicio del ejercicio y el número de empleados al final del ejercicio.
Fuente: BAsD, CIAT, OIAT, FMI, OCDE, Encuesta Internacional sobre Administración Tributaria, Tabla D.10 Dinámica del personal, http://isoradata.org (consultado el 1 de octubre de 2025).

StatLink https://stat.link/jvcwa4

Si bien las tasas de contratación pueden fluctuar de un año a otro, los desafíos relacionados con la capacitación y la transferencia de conocimientos se mantienen constantes. Las administraciones tributarias enfrentan cada vez mayores dificultades tanto para captar talento con las competencias adecuadas como para retener al personal existente. El Recuadro 9.4. presenta enfoques innovadores adoptados por Francia y Hungría para atraer nuevos candidatos y motivar a su personal.

Recuadro 9.4. Ejemplos: Captación y retención del talento

Francia: Desarrollo profesional

La DGFiP puso en marcha un proyecto de amplio alcance orientado a crear un entorno más propicio para el desarrollo profesional de sus funcionarios.

La iniciativa se desarrolló con la participación activa de directivos de la administración tributaria, a través de una encuesta (realizada entre 30 000 funcionarios) y de más de 130 talleres destinados a identificar áreas de mejora.

A partir de las respuestas obtenidas, se implementaron las siguientes medidas:

- Desarrollo de una aplicación web que consulta a los usuarios sobre su trayectoria y aspiraciones profesionales y, en función de sus respuestas, propone posibles itinerarios profesionales acordes con su perfil. Asimismo, proporciona acceso a una biblioteca que reúne 60 trayectorias profesionales inspiradoras dentro de la administración, e incluye un cuestionario para evaluar el conocimiento de las normas de recursos humanos vinculadas a dichos itinerarios.
- Actualización del espacio de la intranet dedicado a recursos humanos, incorporando mapas e información detallada sobre los distintos recorridos profesionales en la administración.
- Envío de un boletín semanal a todos los directivos que recopila los puestos vacantes que se ajusten a su perfil.
- Refuerzo del acompañamiento a los funcionarios que postulan a nuevos cargos, mediante la asignación de mentores, el acceso a espacios específicos en la intranet con la documentación necesaria y la grabación de videoconferencias informativas.
- Organización de jornadas de inmersión en diferentes áreas de trabajo, con el fin de facilitar el conocimiento de otras funciones dentro de la administración.

Hungría: Programa de prácticas profesionales para científicos de datos

La Administración Nacional de Impuestos y Aduanas de Hungría (NTCA) puso en marcha un nuevo programa de prácticas profesionales dirigido a estudiantes de ciencia de datos que se encuentran en la etapa final de sus estudios, con el objetivo de atraer talento joven para funciones intensivas en el uso de datos. El programa también se concibió como un proyecto piloto para explorar enfoques innovadores de captación de personal.

Además del uso de redes sociales y mensajes breves en video, la NTCA difundió información sobre el programa a grupos específicos de candidatos a través de una red de contactos universitarios, en particular docentes de áreas pertinentes.

Dado que experiencias anteriores indicaban que procesos de selección prolongados incrementaban significativamente la probabilidad de que los candidatos optaran por otras oportunidades —ya fuera durante el proceso o incluso después de una postulación exitosa—, se simplificó y agilizó el proceso.

Los estudiantes universitarios pueden postular a partir del tercer semestre, independientemente de su área de estudio. La selección de candidatos se basó en un ejercicio analítico destinado a evaluar competencias prácticas. Aunque las plazas se ofrecieron en diversas oficinas territoriales de la NTCA, la comunicación con los candidatos se centralizó y el proceso de evaluación se simplificó, lo que permitió proporcionar una respuesta a las postulaciones en pocos días.

Los resultados iniciales sugieren que los métodos de «marketing directo» resultan eficaces para llegar al grupo objetivo. Cuando se complementa con un programa de mentorías, los estudiantes en prácticas pueden generar valor en un plazo breve. Aunque inicialmente se incorporan mediante contratos temporales, existe la posibilidad de postular posteriormente a un puesto indefinido. La ventaja es que, para entonces, habrán adquirido un conocimiento sólido de los procedimientos institucionales y de los conjuntos de datos, además de haber establecido relaciones de trabajo sólidas con sus colegas.

Para más información, véase: https://www.youtube.com/watch?v=KZZNvfmWE8k (consultado el 1 de octubre de 2025).

Fuentes: Francia (2025) y Hungría (2025).

Capacitación virtual

Durante la pandemia de COVID-19, muchas administraciones tributarias informaron haber trasladado sus programas de capacitación desde modalidades presenciales hacia entornos virtuales. Las administraciones señalan que estas prácticas generaron beneficios significativos tanto para la institución como para los participantes y, como resultado, se están consolidando como componentes permanentes de los programas de capacitación. Anteriores ediciones de este informe ya incluían ejemplos en este ámbito, como la utilización de sesiones de capacitación en línea en tiempo real, vídeos o seminarios web pregrabados (OECD, 2021[2]), así como aplicaciones interactivas que también pueden emplearse como parte de las estrategias de captación de candidatos (OECD, 2023[3]).

Aunque cambiar a un entorno de formación virtual puede comportar ciertos costos en un principio, también los puede ahorrar a más largo plazo, ya que una vez que se ha creado, el material de formación grabado puede verse en cualquier momento y desde cualquier lugar. La formación a distancia reduce los gastos de desplazamiento, facilita el aprendizaje autónomo y flexible del personal y amplía el acceso a los cursos para un mayor número de funcionarios. Las nuevas tecnologías también están facilitando las dinámicas de aprendizaje colaborativo, contribuyendo a mejorar la calidad de la experiencia de capacitación.

Además de los programas de formación virtual que elaboran las propias administraciones tributarias, las organizaciones internacionales también están creando cursos de aprendizaje por medios electrónicos, diseñados específicamente para las administraciones tributarias. Uno de estos programas es la iniciativa *Virtual Training to Advance Revenue Administration* (VITARA), un proyecto conjunto de cuatro organizaciones que se describe con mayor detalle en el Recuadro 9.5.

Recuadro 9.5. La iniciativa VITARA

VITARA es un curso en línea diseñado específicamente para las administraciones tributarias. El curso consta de varios módulos breves y estructurados en formato virtual. Es un proyecto conjunto de cuatro organizaciones: el CIAT, el FMI, la OIAT y la OCDE.

El contenido del curso VITARA está dirigido específicamente a altos directivos y ejecutivos de administraciones tributarias de países en desarrollo. No obstante, otros funcionarios tributarios, incluidos aquellos de economías avanzadas, también pueden beneficiarse de los distintos módulos del curso. Todos los módulos son gratuitos y no existen requisitos previos ni se exige ninguna cualificación.

El plan de estudios de VITARA conforma un paquete de capacitación integral para la gestión de las administraciones tributarias. Consta de dos partes e incluye los siguientes temas:

- Parte A. Gobernanza institucional, gestión y apoyo
  - Gobernanza institucional
  - Gestión de los riesgos de cumplimiento
  - Organización
  - Gestión estratégica
  - Tecnología de la información y gestión de datos
  - Gestión de reformas: (i) Fundamentos y (ii) Temas específicos
  - Gestión de los recursos humanos
  - Gestión del desempeño
  - Gestión de riesgos institucionales
- Parte B. Funciones básicas de la administración tributaria
  - Introducción a la administración tributaria
  - Registro de contribuyentes
  - Servicios al contribuyente
  - Presentación de declaraciones
  - Pago y cobro de deudas
  - Programa de inspección
  - Resolución de controversias
  - Gestión de los ingresos

A fecha de octubre de 2025, se han desarrollado doce módulos VITARA en inglés, y algunos también están disponibles en español, francés y árabe. Se prevé la elaboración de nuevos módulos en inglés, así como nuevas traducciones. Se puede acceder a los módulos disponibles (subrayados antes) en: https://www.imf.org/en/Capacity-Development/Training/ICDTC/Search?sortby=Relevancy&sortdir=Descending&keywords=VITARA (consultado el 1 de octubre de 2025).

Para ayudar a los estudiantes y ofrecer un acceso fácil y gratuito al contenido de los módulos en línea de VITARA (en particular a aquellos que no disponen de acceso estable a Internet), los socios de VITARA han comenzado a reproducir el contenido de los módulos en lo que se ha denominado «Guías de consulta» (*Reference Guides*). A fecha de octubre de 2025, se han publicado siete Guías de consulta:

- Gestión de los recursos humanos (CIAT, IMF, IOTA, OECD, 2024[4])
- Gobernanza institucional (CIAT, IMF, IOTA, OECD, 2024[5])
- Organización (CIAT, IMF, IOTA, OECD, 2024[6])
- Gestión estratégica (CIAT, IMF, IOTA, OECD, 2023[7])
- Fundamentos de la gestión de reformas: Establecer un programa de reforma (CIAT, IMF, IOTA, OECD, 2024[8])
- Temas específicos de la gestión de reformas: Gestionar un programa de reforma (CIAT, IMF, IOTA, OECD, 2024[9])
- El programa de inspección (CIAT, IMF, IOTA, OECD, 2025[10])

Apoyo al personal

Los cambios que están gestionando actualmente las administraciones tributarias, ya se deban a motivos tecnológicos, de política o presupuestarios, son constantes. Además, la transformación digital general de la economía está cambiando las expectativas de los contribuyentes con respecto a los servicios. Para mantener la motivación de la plantilla y su desempeño, las administraciones tributarias están examinando la mejor manera de prestar apoyo a su personal en estos procesos de cambio, además de garantizar que cuenta con las herramientas adecuadas para realizar las tareas.

La tecnología desempeña un papel fundamental en este contexto. Esto incluye el uso de la inteligencia artificial, el aprendizaje automático y la automatización robótica de procesos (RPA) para automatizar determinadas tareas esenciales de la administración tributaria. La Tabla 6.4 del Capítulo 6 pone de relieve el rápido crecimiento en el uso de estos servicios; por ejemplo, el 60 % de las administraciones informa que actualmente utiliza RPA, lo que representa un aumento de casi 40 puntos porcentuales desde 2018. Ello contribuye a que las administraciones tributarias respondan a presiones presupuestarias y de plantilla, al liberar recursos para que el personal pueda concentrarse en tareas más complejas.

El Recuadro 9.6. ilustra las distintas formas en que las administraciones tributarias están apoyando a su personal, desde la automatización hasta el aumento de la productividad y el fortalecimiento de competencias tecnológicas. Algunas administraciones, como Francia, incluso han adoptado un enfoque proactivo para prevenir conductas inapropiadas.

Recuadro 9.6. Ejemplos: Apoyo al personal

Austria: Bot de voz para automatizar consultas telefónicas

El Ministerio de Finanzas de Austria desarrolló un bot de voz para automatizar consultas telefónicas relacionadas con el uso de la autenticación ID Austria en la plataforma FinanzOnline. El equipo de atención al usuario soportaba una gran carga de trabajo derivada del elevado volumen de consultas repetitivas. El bot de voz contribuye a aliviar la carga del personal ya que gestiona de forma autónoma solicitudes simples y estandarizadas. Mediante tecnologías modernas de inteligencia artificial y procesamiento de voz, el sistema proporciona respuestas precisas y respalda eficientemente procesos habituales.

Además de reducir los tiempos de espera, el bot mejora la calidad del servicio y ofrece atención las 24 horas del día, los siete días de la semana. Los procesos de aprendizaje continuo permiten que el sistema se adapte a nuevos requerimientos y se mantenga actualizado mediante actualizaciones periódicas. La experiencia de otras organizaciones demuestra que este tipo de soluciones de automatización puede reducir significativamente el volumen de llamadas y acortar los plazos de gestión.

Una ventaja clave del proyecto es su escalabilidad. El bot puede ampliarse fácilmente a otras áreas administrativas, como consultas tributarias o solicitudes de documentos. La automatización de estos procesos contribuye a una administración pública más eficiente y orientada al usuario. Gracias a su arquitectura de aprendizaje y a su optimización continua, este asistente de voz constituye una solución sostenible que contribuye a la digitalización y modernización del sector público en el largo plazo.

Canadá: Automatización robótica de procesos

Con el fin de optimizar tareas repetitivas y manuales, la Agencia Tributaria de Canadá (CRA) ha implementado la automatización robótica de procesos (RPA). La RPA es una solución de software diseñada para automatizar procesos operativos rutinarios mediante la replicación de acciones humanas, sin incorporar aprendizaje, juicio ni supuestos.

Esta tecnología permite ejecutar tareas complejas en múltiples sistemas y aplicaciones de forma rápida y precisa. Entre las funciones que puede desempeñar se incluyen el ingreso de datos y la realización de cálculos, la recopilación, organización y validación de información, así como la documentación y archivo de resultados. Entre los principales beneficios de la RPA se encuentran:

- Mejora de la experiencia y satisfacción del personal
- Reducción de la huella de carbono
- Optimización de la carga de trabajo
- Reorientación de las labores del personal hacia tareas de mayor valor agregado

Desde su adopción, la CRA ha automatizado más de cuarenta procesos, lo que ha permitido un ahorro equivalente a más de 187 000 horas de trabajo y varios millones de dólares. Una aplicación destacada de la RPA es la automatización del proceso de clasificación inicial de las respuestas unidireccionales a los requerimientos electrónicos de información (eRFI) procedentes de instituciones financieras. Esta automatización ha reducido el esfuerzo manual necesario para gestionar el elevado volumen de respuestas a los eRFI, permitiendo que los responsables de la recaudación reciban la información con mayor rapidez, lo que contribuye a acelerar los pagos y cerrar los expedientes.

Se prevé que este sistema procese más de 30 000 transacciones, acelerando significativamente la clasificación inicial de los expedientes. La CRA continúa explorando otras áreas en las que la RPA pueda aplicarse con el fin de seguir mejorando los programas y prestar servicios más rápidos y eficientes a los contribuyentes.

Finlandia: Gestión de la productividad

La Administración Tributaria de Finlandia ha adoptado medidas para reforzar la gestión de su productividad mediante la implantación de sistemas de gestión operativa, que constituyen una herramienta clave para garantizar el cumplimiento eficaz de sus objetivos estratégicos y operativos. Para ello, se emplean diversos sistemas —tanto adquiridos externamente como desarrollados internamente— que facilitan la planificación, la programación de turnos y el seguimiento del desempeño. El objetivo consiste en avanzar hacia un mayor nivel de automatización y hacia la centralización de los procesos de control y gestión. Las principales áreas de actuación comprenden:

- Planificación de recursos: Ello incluye la asignación de recursos en función de objetivos y competencias, conforme a prioridades definidas, la gestión del tiempo del personal y la estimación de los recursos necesarios para cada tarea, a fin de asegurar una asignación eficiente.
- Gestión de tareas: Uso de sistemas operativos para priorizar tareas.
- Planificación operativa del personal: Ello garantiza que el personal sea asignado a las tareas más adecuadas y que sus competencias se desarrollen en función de los requerimientos de cada puesto.

Este enfoque genera múltiples beneficios tanto para el personal como para los directivos. Los empleados pueden visualizar sus tareas con carácter semanal, lo que mejora la precisión de la planificación del trabajo y aumenta la previsibilidad. Asimismo, les permite comprobar que realizan tareas acordes con sus competencias.

Para los directivos, este enfoque reduce el tiempo dedicado a la planificación y a las actualizaciones manuales, liberando capacidad para otras funciones, como la formación y el acompañamiento del personal. Asimismo, incrementa la transparencia del trabajo del equipo y facilita la definición consensuada de la distribución de tareas.

Francia: Prevención de conductas inapropiadas o agresivas

La Dirección General de Finanzas Públicas de Francia (DGFiP) ha adoptado una política de tolerancia cero frente a cualquier forma de comportamiento inapropiado o agresión.

Para alcanzar estos objetivos, se ha implementado un plan de acción nacional que incluye medidas destinadas a actualizar y modernizar el sistema de notificación, seguimiento y gestión de incidentes. En este contexto, han implantado la aplicación Sign@lFiP.

Lanzada en 2024, Sign@lFiP facilita la detección, notificación y seguimiento de cualquier incidente sufrido por un funcionario. La herramienta se desarrolló sobre la base de los comentarios de una muestra aleatoria de funcionarios. La aplicación Sign@lFiP es accesible para todo el personal a través del portal interno. Permite reportar tanto incidentes externos —ocurridos en el marco de una interacción con un usuario o persona externa (por ejemplo, altercados verbales, insultos, etc.)— como incidentes internos, es decir, entre miembros del personal. Asimismo, esta funcionalidad permite reportar cualquier comportamiento de carácter sexista o constitutivo de acoso sexual, contribuyendo a combatir cualquier forma de discriminación o acoso, mediante el apoyo a la persona denunciante y la adopción de medidas frente al responsable.

Por último, la herramienta incorpora un módulo concebido para mantener informadas a todas las instancias responsables de la protección del personal —como la jefatura del departamento correspondiente, la persona encargada de la protección jurídica, la cadena jerárquica y la alta dirección— sobre el volumen de alertas registradas y, con el consentimiento del funcionario afectado, también sobre su contenido específico.

Francia: Asistente de inteligencia artificial generativa para búsquedas documentales

La DGFiP ha integrado inteligencia artificial generativa (GenAI) con capacidades avanzadas de búsqueda documental en su asistente denominado Caradoc, lo que permite a los funcionarios acceder con mayor rapidez a información crítica y concentrarse en tareas de mayor valor agregado, reduciendo las cargas administrativas.

Caradoc incorpora un motor sólido de búsqueda documental respaldado por GenAI que opera en dos modalidades diferenciadas:

- Carga de un archivo individual Los funcionarios pueden cargar un documento y formular preguntas específicas directamente relacionadas con su contenido. Caradoc no solo proporciona una respuesta, sino que también destaca los fragmentos exactos del documento utilizados para generarla.
- Modo colección: Esta modalidad amplía las funcionalidades de Caradoc al permitir la creación de colecciones personalizadas de documentos (por ejemplo, directrices normativas, textos legales o procedimientos internos) y la realización de búsquedas integrales que abarcan múltiples documentos. Los usuarios pueden formular preguntas generales o complejas, a las que Caradoc responde extrayendo simultáneamente información pertinente de distintos documentos para elaborar una respuesta completa. Los fragmentos utilizados para generar la respuesta también se destacan, garantizando transparencia y una mejor comprensión de los resultados.

En ambas modalidades, el asistente recupera la información más pertinente y destaca los extractos documentales específicos empleados para generar las respuestas, asegurando transparencia y trazabilidad.

Esta solución pone de relieve el compromiso de la DGFiP con la innovación basada en inteligencia artificial para modernizar la administración tributaria y respaldar a su personal.

Singapur: Hoja de ruta de formación en competencias tecnológicas esenciales

La Autoridad de Ingresos Internos de Singapur (IRAS) ha establecido la hoja de ruta de formación Technology-Essentials (Tech-E) con el fin de fortalecer las competencias tecnológicas de los funcionarios que no desempeñan funciones en las áreas de tecnología de la información y las comunicaciones o de gestión de datos. El objetivo es mejorar la competencia tecnológica y acelerar el desarrollo de las capacidades digitales y de análisis de datos del personal, permitiéndoles operar eficazmente en el amplio ecosistema digital y mantener la competitividad y la agilidad a largo plazo.

Al desarrollar la hoja de ruta de formación Tech-E, la IRAS identificó las herramientas esenciales de análisis de datos y digitales (herramientas tecnológicas) que el personal necesita para desempeñar sus funciones de manera eficaz. Estas herramientas tecnológicas abarcan la automatización, la analítica, el diseño y la experiencia de usuario, así como la inteligencia artificial generativa. El diseño de la hoja de ruta también reconoce que el personal con mayor antigüedad o en etapas intermedias de su carrera profesional puede requerir un mayor apoyo para alcanzar determinados niveles de competencia en materia de tecnologías digitales y análisis de datos.

Las herramientas tecnológicas se estructuran en distintos niveles:

- Nivel 1: El personal adquiere competencia en las tecnologías pertinentes para su trabajo, lo que les permite realizar tareas funcionales de manera autónoma.
- Nivel 2: El personal identifica oportunidades de creación de valor mediante el uso de la tecnología y promueve la innovación.
- Nivel 3: El personal utiliza la tecnología para resolver problemas complejos y diseñar soluciones innovadoras.

La hoja de ruta de formación combina modalidades de aprendizaje en línea y formación presencial, ofreciendo flexibilidad para que los funcionarios seleccionen las opciones que mejor se adapten a sus necesidades individuales y preferencias de aprendizaje. La IRAS ha optado por un enfoque gradual para la implementación de esta hoja de ruta, lo que permite al personal adquirir progresivamente las competencias tecnológicas pertinentes. Esta estrategia posibilita que el personal avance desde un nivel básico de competencia hasta un dominio más profundo de las tecnologías a lo largo de aproximadamente cuatro años, compatibilizándolo con sus responsabilidades laborales diarias.

Fuentes: Austria (2025), Canadá (2025), Finlandia (2025), Francia (2025) y Singapur (2025).

Bibliografía

CIAT, IMF, IOTA, OECD (2025), *VITARA Reference Guide: The Audit Program*, OECD Publishing, Paris, https://doi.org/10.1787/3c674401-en. [10]

CIAT, IMF, IOTA, OECD (2024), *Reform Management Fundamentals: Setting Up a Reform Program*, OECD Publishing, Paris, https://doi.org/10.1787/4d33b619-en. [8]

CIAT, IMF, IOTA, OECD (2024), *Reform Management Specific Topics: Managing a Reform Program*, OECD Publishing, Paris, https://doi.org/10.1787/1fc51bcf-en. [9]

CIAT, IMF, IOTA, OECD (2024), *VITARA Reference Guide: Human Resource Management*, OECD Publishing, Paris, https://doi.org/10.1787/6ef70142-en. [4]

CIAT, IMF, IOTA, OECD (2024), *VITARA Reference Guide: Institutional Governance*, OECD Publishing, Paris, https://doi.org/10.1787/1ade5674-en. [5]

CIAT, IMF, IOTA, OECD (2024), *VITARA Reference Guide: Organization*, OECD Publishing, Paris, https://doi.org/10.1787/ab075e83-en. [6]

CIAT, IMF, IOTA, OECD (2023), *VITARA Reference Guide: Strategic Management*, International Monetary Fund, Washington, DC, https://doi.org/10.5089/9798400223488.069. [7]

OECD (2023), *Tax Administration 2023: Comparative Information on OECD and other Advanced and Emerging Economies*, OECD Publishing, Paris, https://doi.org/10.1787/900b6382-en. [3]

OECD (2021), *Tax Administration 2021: Comparative Information on OECD and other Advanced and Emerging Economies*, OECD Publishing, Paris, https://doi.org/10.1787/cef472b9-en. [2]

OECD (2017), *Tax Administration 2017: Comparative Information on OECD and Other Advanced and Emerging Economies*, OECD Publishing, Paris, https://doi.org/10.1787/tax_admin-2017-en. [1]

Anexo A. Resumen de las tablas de datos ISORA

El Anexo A contiene un resumen de las tablas de datos de la ISORA que recogen la información anual y periódica más reciente disponible para los ejercicios fiscales 2018 a 2023 y que se publican en el portal de datos de la ISORA (https://isoradata.org, consultado el 1 de octubre de 2025).

Las tablas contienen datos correspondientes a más de 175 jurisdicciones que han completado al menos una de las cinco últimas rondas de la ISORA, realizadas entre septiembre de 2020 y septiembre de 2024. Se agrupan en tres conjuntos:

- ***Tablas de revisión*** (véase la Table A A.1. .), que contienen los datos de la ISORA recopilados a través de la parte anual de la encuesta. Se trata de más de cien tablas identificadas con la letra «A».
- ***Tablas derivadas*** (véase la Table A A.2. .), que contienen indicadores calculados a partir de los datos brutos presentados mediante la parte anual de la encuesta de la ISORA. Se trata de 49 tablas identificadas con la letra «D». Las fórmulas y los datos utilizados para calcular los indicadores figuran debajo de cada una de ellas.
- ***Tablas periódicas*** (véase la Table A A.2. .), que incluyen los datos correspondientes a la parte periódica de la encuesta ISORA 2023. Estas 52 tablas están identificadas con la letra «B».

A partir de los datos contenidos en estas tablas, la publicación *Administración tributaria 2024* analiza diversos aspectos de los sistemas tributarios y de su administración en 58 jurisdicciones de la OCDE y no pertenecientes a la OCDE. (Véase el Anexo B para consultar la lista de administraciones tributarias incluidas en esta publicación).

Table A A.1. Resumen de las tablas de datos de la ISORA: Tablas de revisión

Formulario de la encuesta ISORA	Título de la tabla
Formulario A: Tipos de impuestos	Tabla A.0 Participación de las administraciones tributarias en la ISORA
	Tabla A.1 Tipos de ingresos de los que es responsable la administración: Impuesto sobre la renta e impuestos sobre bienes y servicios
	Tabla A.2 Tipos de ingresos de los que es responsable la administración: Otros impuestos
	Tabla A.3 Tipos de ingresos de los que es responsable la administración: Otros impuestos (continuación), CSS e ingresos no tributarios
	Tabla A.4 Impuestos retenidos por el empleador y administraciones que combinan las funciones tributarias y las aduaneras
Formulario B: Ingresos	Tabla A.5 Ingresos netos recaudados por la administración tributaria: Total
	Tabla A.6 Ingresos netos recaudados por la administración tributaria por tipo de impuesto: Impuesto sobre la renta de las personas físicas
	Tabla A.7 Ingresos netos recaudados por la administración tributaria por tipo de impuesto: Impuesto de sociedades
	Tabla A.8 Ingresos netos recaudados por la administración tributaria por tipo de impuesto: Impuesto sobre el valor agregado
	Tabla A.9 Ingresos netos recaudados por la administración tributaria por tipo de impuesto: Impuestos especiales (internos))
	Tabla A.10 Ingresos netos recaudados por la administración tributaria por tipo de impuesto: Otros impuestos
	Tabla A.11 Ingresos netos recaudados por la administración tributaria: Cotizaciones a la seguridad social
	Tabla A.12 Ingresos netos recaudados por la administración tributaria: Ingresos no tributarios

Formulario de la encuesta ISORA	Título de la tabla
	Tabla A.13 Composición del impuesto sobre el valor agregado recaudado por la administración tributaria: Operaciones interiores brutas
	Tabla A.14 Composición del impuesto sobre el valor agregado recaudado por la administración tributaria: Importaciones brutas, incluso cuando son recaudadas por las autoridades aduaneras
	Tabla A.15 Composición del impuesto sobre el valor agregado recaudado por la administración tributaria: Devoluciones
Formulario C: Gasto y recursos en ETC	Tabla A.16 Gastos de la administración tributaria: Gasto operativo y salarial
	Tabla A.17 Gasto en TIC y gasto de capital de la administración tributaria
	Tabla A.17A ETC en administraciones que combinan funciones tributarias y aduaneras
	Tabla A.17B Gastos en administraciones que combinan funciones tributarias y aduaneras
	Tabla A.18 Total de ETC de la administración tributaria y ETC por función: Registro y servicios
	Tabla A.19 Número de ETC por función: Inspección y cobro de deudas
	Tabla A.20 Número de ETC por función: Controversias y RR. HH.
	Tabla A.21 Número de ETC por función: TIC y todas las demás funciones; porcentaje de ETC dedicados a funciones de sede central
Formulario D: Información sobre recursos humanos	Tabla A.22 Indicadores relativos al personal: Plantilla al inicio del ejercicio fiscal y salidas de personal
	Tabla A.23 Indicadores relativos al personal: Plantilla al final del ejercicio fiscal y nuevas contrataciones
	Tabla A.24 Indicadores relativos al personal: Información por género
	Tabla A.25 Indicadores relativos al personal: Distribución por género – mujeres
	Tabla A.26 Indicadores relativos al personal: Distribución por género – hombres
	Tabla A.27 Indicadores relativos al personal: Distribución por género – otro género
	Tabla A.28 Indicadores relativos al personal: Cualificaciones académicas
	Tabla A.29 Indicadores relativos al personal: Distribución por edad: menos de 35 años
	Tabla A.30 Indicadores relativos al personal: Distribución por edad: de 35 a 54 años
	Tabla A.31 Indicadores relativos al personal: Distribución por edad: 55 años o más
	Tabla A.32 Indicadores relativos al personal: Antigüedad inferior a 10 años
	Tabla A.33 Indicadores relativos al personal: Antigüedad de 10 años o más
Formulario E: Segmentos de contribuyentes	Tabla A.34 Oficinas / programas de grandes contribuyentes: Existencia e ingresos recaudados
	Tabla A.35 Oficinas / programas de grandes contribuyentes: Funciones – registro, tramitación de declaraciones y pagos, y servicios
	Tabla A.36 Oficinas / programas de grandes contribuyentes: Funciones – inspección, cobro de deudas y resolución de controversias
	Tabla A.37 Oficinas / programas de grandes contribuyentes: Personal
	Tabla A.38 Oficinas / programas de grandes contribuyentes: Contribuyentes
	Tabla A.39 Oficinas / programas de grandes contribuyentes: Inspección
	Tabla A.40 Oficina o programa para individuos con alto patrimonio neto (IAPN): Existencia e ingresos recaudados
Formulario F: Indicadores operativos	Tabla A.41 Número de contribuyentes por tipo de impuesto: Impuesto de sociedades
	Tabla A.42 Número de contribuyentes por tipo de impuesto: Impuesto sobre la renta de las personas físicas
	Tabla A.43 Número de contribuyentes por tipo de impuesto: Empleadores obligados a practicar retenciones sobre los salarios
	Tabla A.44 Número de contribuyentes por tipo de impuesto: Impuesto sobre el valor agregado
	Tabla A.45 Número de contribuyentes por tipo de impuesto: Impuestos especiales
	Tabla A.46 Presentación de declaraciones: Declaraciones previstas y presentadas – Impuesto de sociedades
	Tabla A.47 Presentación de declaraciones: Declaraciones presentadas dentro de plazo – Impuesto de sociedades
	Tabla A.48 Canales de presentación de declaraciones: En papel y electrónicas, no precumplimentadas – Impuesto de sociedades
	Tabla A.49A Canales de presentación de declaraciones: Declaraciones electrónicas precumplimentadas – Impuesto de sociedades
	Tabla A.49B Canales de presentación de declaraciones: Declaraciones electrónicas precumplimentadas – Impuesto de sociedades
	Tabla A.50 Presentación de declaraciones: Declaraciones previstas y presentadas – Impuesto sobre la Renta de las Personas Físicas
	Tabla A.51 Presentación de declaraciones: Declaraciones presentadas dentro de plazo – Impuesto sobre la Renta de las

Formulario de la encuesta ISORA	Título de la tabla
	Personas Físicas
	Tabla A.52 Canales de presentación de declaraciones: En papel y electrónicas, no precumplimentadas – Impuesto sobre la Renta de las Personas Físicas
	Tabla A.53A Canales de presentación de declaraciones: Declaraciones electrónicas precumplimentadas – Impuesto sobre la Renta de las Personas Físicas
	Tabla A.53B Canales de presentación de declaraciones: Declaraciones electrónicas precumplimentadas – Impuesto sobre la Renta de las Personas Físicas
	Tabla A.54 Presentación de declaraciones: Declaraciones previstas y presentadas – Empleadores obligados a practicar retenciones sobre los salarios
	Tabla A.55 Presentación de declaraciones: Declaraciones presentadas dentro de plazo – Empleadores obligados a practicar retenciones sobre los salarios
	Tabla A.56 Canales de presentación de declaraciones: En papel y electrónicas, no precumplimentadas – Empleadores obligados a practicar retenciones sobre los salarios
	Tabla A.57A Canales de presentación de declaraciones: Declaraciones electrónicas precumplimentadas – Empleadores obligados a practicar retenciones sobre los salarios
	Tabla A.57B Canales de presentación de declaraciones: Declaraciones electrónicas precumplimentadas – Empleadores obligados a retener impuestos sobre los salarios de sus empleados
	Tabla A.58 Retenciones del impuesto sobre la renta de las personas físicas: Requisitos y total de retenciones
	Tabla A.59 Presentación de declaraciones: Declaraciones previstas y presentadas – Impuesto sobre el valor agregado
	Tabla A.60 Presentación de declaraciones: Declaraciones presentadas dentro de plazo – Impuesto sobre el valor agregado
	Tabla A.61 Canales de presentación de declaraciones: En papel y electrónicas, no precumplimentadas – Impuesto sobre el valor agregado
	Tabla A.62A Canales de presentación de declaraciones: Declaraciones electrónicas precumplimentadas – Impuesto sobre el valor agregado
	Tabla A.62B Canales de presentación de declaraciones: Declaraciones electrónicas precumplimentadas – Impuesto sobre el valor agregado
	Tabla A.63 Pagos exigibles y recibidos: Impuesto de sociedades
	Tabla A.64 Pagos recibidos dentro de plazo: Impuesto de sociedades
	Tabla A.65 Pagos exigibles y recibidos: Impuesto sobre la renta de las personas físicas
	Tabla A.66 Pagos recibidos dentro de plazo: Impuesto sobre la renta de las personas físicas
	Tabla A.67 Pagos exigibles y recibidos: Empleadores obligados a practicar retenciones sobre los salarios
	Tabla A.68 Pagos recibidos dentro de plazo: Empleadores obligados a practicar retenciones sobre los salarios
	Tabla A.69 Pagos exigibles y recibidos: Impuesto sobre el valor agregado
	Tabla A.70 Pagos recibidos dentro de plazo: Impuesto sobre el valor agregado
	Tabla A.71 Pagos electrónicos
	Tabla A.72 Tratamiento de la mayoría de las devoluciones de IVA aprobadas
	Tabla A.73 Valor total de los «créditos» del IVA
	Tabla A.74 Saldo de atrasos al cierre del ejercicio: Total y no cobrables
	Tabla A.75 Saldo de atrasos al cierre del ejercicio por atrasos de empresas de propiedad estatal: Total y no cobrable
	Tabla A.76 Saldo de atrasos al cierre del ejercicio por tipo de impuesto: Impuesto de sociedades
	Tabla A.77 Saldo de atrasos al cierre del ejercicio por tipo de impuesto: Impuesto sobre la renta de las personas físicas
	Tabla A.78 Saldo de atrasos al cierre del ejercicio por tipo de impuesto: Impuestos retenidos por los empleadores a cuenta de los salarios
	Tabla A.79 Saldo de atrasos al cierre del ejercicio por tipo de impuesto: Impuesto sobre el valor agregado
	Tabla A.80 Actividad de comprobación / inspección: Todas las inspecciones (excluidos los controles de cumplimiento electrónicos)
	Tabla A.81 Actividad de comprobación / inspección: Valor de las liquidaciones complementarias resultantes – todas las inspecciones (excluidos los controles de cumplimiento electrónicos)
	Tabla A.82 Actividad de comprobación / inspección: Valor de las liquidaciones complementarias resultantes – Impuesto de sociedades
	Tabla A.83 Actividad de comprobación / inspección: Valor de las liquidaciones complementarias resultantes – Impuesto sobre la renta de las personas físicas
	Tabla A.84 Actividad de comprobación / inspección: Valor de las liquidaciones complementarias resultantes – Impuestos

Formulario de la encuesta ISORA	Título de la tabla
	retenidos por los empleadores a cuenta de los salarios
	Tabla A.85 Actividad de comprobación / inspección: Valor de las liquidaciones complementarias resultantes – Impuesto sobre el valor agregado
	Tabla A.86 Actividad de comprobación / inspección: Controles de cumplimiento electrónicos
	Tabla A.87 Investigaciones de delitos fiscales: Papel de la administración
	Tabla A.88 Investigaciones de delitos fiscales: Número de casos
	Tabla A.89 Resolución de controversias: Mecanismos de revisión
	Tabla A.90 Resolución de controversias: Procedimiento de revisión
	Tabla A.91 Resolución de controversias: Número de casos – Casos en materia fiscal sometidos a procedimientos internos
	Tabla A.92 Resolución de controversias: Número de casos – casos en materia fiscal sometidos a revisión independiente por parte de organismos externos
	Tabla A.93 Resolución de controversias: Número de casos – Número de casos en materia fiscal sometidos a revisión independiente por parte de un órgano jurisdiccional superior
Formulario G: Interacciones con los contribuyentes y otras partes interesadas	Tabla A.94 Canales de registro: en línea, por teléfono, por correo electrónico
	Tabla A.95 Canales de registro: por correo postal, presencial y otros
	Tabla A.96 Consultas sobre servicios: Seguimiento y número de contactos por canal – asistencia en línea y digital
	Tabla A.97 Consultas sobre servicios: Número de contactos por canal – teléfono y correo electrónico
	Tabla A.98 Consultas sobre servicios: Número de contactos por canal – por correo postal y presenciales
	Tabla A.99 Precumplimentación de declaraciones del IRPF: Información sobre ingresos – Información personal y sueldos y salarios
	Tabla A.100 Precumplimentación de declaraciones del IRPF: Información sobre ingresos – Pensiones, intereses y dividendos
	Tabla A.101 Precumplimentación de declaraciones del IRPF: Información sobre ingresos – Ganancias/pérdidas de capital, y otros ingresos
	Tabla A.102 Precumplimentación de declaraciones del IRPF: Información sobre gastos – Donativos, matrículas escolares y universitarias y gastos de guardería
	Tabla A.103 Precumplimentación de declaraciones del IRPF: Información sobre gastos – Primas de seguros, gastos médicos y aportaciones a plane de pensiones
	Tabla A.104 Precumplimentación de declaraciones del IRPF: Información sobre gastos – Intereses y otros gastos
	Tabla A.105 Enfoques de cumplimiento: Facturación electrónica
	Tabla A.106 Enfoques de cumplimiento: Dispositivos que registran transacciones
	Tabla A.107 Enfoques de cumplimiento cooperativo
	Tabla A.108 Tecnologías innovadoras: Adopción y uso – Blockchain, inteligencia artificial y computación en la nube
	Tabla A.109 Tecnologías innovadoras: Adopción y uso – Ciencia de datos, automatización robótica de procesos y API
	Tabla A.110 Tecnologías innovadoras: Adopción y uso – Ventanilla única a efectos de identificación, tecnología de autenticación digital y asistentes virtuales

Fuente: BAsD, CIAT, OIAT, FMI, OCDE, Encuesta Internacional sobre Administración Tributaria, https://data.imf.org/-/media/iData/External-Storage/Documents/4909A00B31A446CCBF1ABF16D53B0487/en/ISORA-2024-Review-Tables-FY2018-2023.xlsm (consultado el 1 de octubre de 2025).

Table A A.2. Resumen de las tablas de datos de la ISORA: Tablas derivadas

Agrupación de indicadores	Título de la tabla
Ingresos	Tabla D.1 Ratios relacionados con los ingresos: Recaudación en relación con el total de los ingresos públicos y el PIB
	Tabla D.2 Ratios relacionados con los ingresos: Impuestos en relación con el PIB e ingresos no tributarios en relación con los ingresos totales
	Tabla D.3 Estructura fiscal y proporción de las CSS: IRPF, IS e IVA
	Tabla D.4 Estructura fiscal y proporción de las CSS: Impuestos especiales, otros impuestos y CSS
Recursos	Tabla D.5 Ratios de recursos: Equivalentes a tiempo completo (ETC)
	Tabla D.6 Ratios de recursos: Costo
Personal	Tabla D.7 Asignación de personal por ubicación y función: Registro, servicios, tramitación e inspección y comprobación

Agrupación de indicadores	Título de la tabla
	Tabla D.8 Asignación de personal por función: Cobro de deudas, gestión de controversias y gestión de RR. HH.
	Tabla D.9 Asignación de personal por función: Soporte de TIC y todas las demás funciones
	Tabla D.10 Dinámica del personal:
	Tabla D.11 Cualificaciones académicas
	Tabla D.12 Distribución del personal por edad: Personal menor de 45 años
	Tabla D.13 Distribución del personal por edad: Personal de 45 años o más
	Tabla D.14 Antigüedad (años de servicio): Menos de 10 años
	Tabla D.15 Antigüedad (años de servicio): 10 años o más
	Tabla D.16 Distribución por género
Segmentación	Tabla D.17 Indicadores relativos a oficinas o programas de grandes contribuyentes: Equivalentes a tiempo completo (ETC)
	Tabla D.18 Indicadores relativos a oficinas o programas de grandes contribuyentes: Contribuyentes del IS, liquidaciones complementarias resultantes, e ingresos netos administrados
Registro	Tabla D.19 Registro de contribuyentes del impuesto sobre la renta de las personas físicas
	Tabla D.20 Porcentaje de contribuyentes inactivos en los registros: IS, IRPF y retenciones a cuenta sobre los salarios
	Tabla D.21 Porcentaje de contribuyentes inactivos en los registros: IVA e impuestos especiales
Presentación de declaraciones	Tabla D.22 Tasa de declaraciones presentadas dentro de plazo: IS
	Tabla D.23 Tasa de declaraciones presentadas dentro de plazo: IRPF
	Tabla D.24 Tasa de declaraciones presentadas dentro de plazo: Retenciones a cuenta sobre los salarios
	Tabla D.25 Tasa de declaraciones presentadas dentro de plazo: IVA
	Tabla D.26 Presentación electrónica: IS e IRPF
	Tabla D.27 Presentación electrónica: Retenciones a cuenta sobre los salarios e IVA
	Tabla D.28 Proporción de declaraciones por canal: IS – En papel y electrónicas, no precumplimentadas
	Tabla D.29 Proporción de declaraciones por canal: IS – Electrónicas, precumplimentadas
	Tabla D.30 Proporción de declaraciones por canal: IRPF – En papel y electrónicas, no precumplimentadas
	Tabla D.31 Proporción de declaraciones por canal: IRPF – Electrónicas, precumplimentadas
	Tabla D.32 Proporción de declaraciones por canal: Retenciones a cuenta sobre los salarios – En papel y electrónicas, no precumplimentadas
	Tabla D.33 Proporción de declaraciones por canal: Retenciones a cuenta sobre los salarios e IVA – Electrónicas, precumplimentadas
	Tabla D.34 Proporción de declaraciones por canal: IVA – En papel y electrónicas, no precumplimentadas
	Tabla D.35 Proporción de declaraciones por canal: IVA – Electrónicas, precumplimentadas
Pagos	Tabla D.36 Tasa de pagos recibidos dentro de plazo: IS
	Tabla D.37 Tasa de pagos recibidos dentro de plazo: IRPF
	Tabla D.38 Tasa de pagos recibidos dentro de plazo: Retenciones a cuenta sobre los salarios
	Tabla D.39 Tasa de pagos recibidos dentro de plazo: IVA
	Tabla D.40 Porcentajes de pagos electrónicos y retención del impuesto por terceros
Morosidad	Tabla D.41 Ratios de morosidad: Saldo de atrasos al cierre del ejercicio y atrasos cobrables
	Tabla D.42 Ratios de morosidad: Variación interanual
	Tabla D.43 Ratios de morosidad relativos a empresas de propiedad estatal: Saldo de atrasos al cierre del ejercicio y atrasos cobrables
	Tabla D.44 Morosidad en relación con la recaudación por tipo de impuesto: IS e IRPF
	Tabla D.45 Morosidad en relación con la recaudación por tipo de impuesto: Retenciones a cuenta sobre los salarios e IVA
Inspección	Tabla D.46 Indicadores de inspección: Tasa de inspecciones con ajuste y liquidaciones complementarias resultantes
	Tabla D.47 Indicadores de inspección: Liquidaciones complementarias por tipo de impuesto – IS e IRPF
	Tabla D.48 Indicadores de inspección: Liquidaciones complementarias por tipo de impuesto – Retenciones a cuenta sobre los salarios e IVA
Controversias	Tabla D.49 Casos de revisión administrativa y litigios

Fuente: BAsD, CIAT, OIAT, FMI, OCDE, Encuesta Internacional sobre Administración Tributaria,https://data.imf.org/-/media/iData/External-Storage/Documents/A5265B1B25CC438283ED26CF2E0F8FA4/en/ISORA-2024-Derived-Tables-FY2018-2023.xlsm (consultado el 1 de octubre de 2025).

Table A A.3. Resumen de las tablas de datos de la ISORA: Tablas periódicas

Formulario de la encuesta ISORA	Título de la tabla
Formulario C-P: Disposiciones institucionales, gobernanza y prácticas de gestión	Tabla B.1 Marco institucional y autonomía de gestión
	Tabla B.2 Funciones adicionales a la recaudación de ingresos
	Tabla B.3 Prácticas de gobernanza seleccionadas: Auditoría, código de conducta e integridad
	Tabla B.4 Prácticas de gobernanza seleccionadas: Planes, informes y estándares, y organigrama
	Tabla B.5 Reformas estructurales: Aplicación y naturaleza
	Tabla B.6 Reformas estructurales: Principales factores impulsores
Formulario D-P: Gestión de los recursos humanos	Tabla B.7 Autoridad en materia de recursos humanos
	Tabla B.8 Remuneración y gestión del desempeño
	Tabla B.9 Sistema de gestión de recursos humanos: Encuestas al personal
	Tabla B.10 Sistema de gestión de recursos humanos: Estrategia o plan plurianual para la plantilla y estrategia de capacitación
	Tabla B.11 Sistema de gestión de recursos humanos: Apoyo al nuevo personal y plan de dotación de personal
	Tabla B.12 Sistema de gestión de recursos humanos: plan de dotación de personal y sistemas de trabajo flexible
	Tabla B.13 Sistema de gestión de recursos humanos: Fomento del liderazgo, sistemas de fichaje, política de diversidad
	Tabla B.14 Evaluación de las necesidades de capacidad
	Tabla B.15 Competencias especializadas
Formulario E-P: Segmentación y gestión de los riesgos de cumplimiento	Tabla B.16 Oficinas / programas de grandes contribuyentes: Criterios principales
	Tabla B.17 Oficina o programa para individuos con alto patrimonio neto (IAPN): Criterios principales
	Tabla B.18 Oficina o programa para individuos con alto patrimonio neto (IAPN): Funciones, personal y contribuyentes
	Tabla B.19 Pequeños contribuyentes
	Tabla B.20 Gestión de los riesgos de cumplimiento: Estrategia
	Tabla B.21 Gestión de los riesgos de cumplimiento: Datos desglosados por género
	Tabla B.22 Gestión de los riesgos de cumplimiento: Caracterización de los desafíos relacionados con cuestiones fiscales internacionales
	Tabla B.23 Gestión de los riesgos de cumplimiento: Personal dedicado a cuestiones fiscales internacionales
	Tabla B.24 Gestión de los riesgos de cumplimiento: Brecha fiscal
	Tabla B.25 Gestión de los riesgos de cumplimiento: Marco de intervenciones en materia de cumplimiento
	Tabla B.26 Gestión de los riesgos de cumplimiento: Intervenciones antes de la presentación de la declaración
	Tabla B.27 Gestión de los riesgos de cumplimiento: Intervenciones después de la presentación de la declaración y medición de la eficacia de las intervenciones
	Tabla B.28 Gestión de los riesgos de cumplimiento: Actuaciones para garantizar el cumplimiento posteriores a la presentación de la declaración
	Tabla B.29 Gestión de los riesgos de cumplimiento: Indicadores de eficacia de las actuaciones para garantizar el cumplimiento
Formulario F-P: Operaciones tributarias	Tabla B.30 Registro del género del contribuyente; y obligatoriedad de la presentación y el pago electrónicos
	Tabla B.31 Facultades para la recaudación de atrasos tributarios y su utilización – Parte 1
	Tabla B.32 Facultades para la recaudación de atrasos tributarios y su utilización – Parte 2
	Tabla B.33 Facultades para la recaudación de atrasos tributarios y su utilización – Parte 3
	Tabla B.34 Facultades para la recaudación de atrasos tributarios y su utilización – Parte 4
	Tabla B.35 Declaraciones voluntarias; y actividad de comprobación / inspección: Controles de cumplimiento automatizados
	Tabla B.36 Actividad de comprobación / inspección: Inspecciones aleatorias
	Tabla B.37 Actividad de comprobación / inspección: Procesos / criterios de selección
	Tabla B.38 Sanciones administrativas por incumplimiento del contribuyente en materia de comunicación de información: Aplicación y características seleccionadas
Formulario G-P: Interacción con las partes interesadas: contribuyentes, proveedores de información y otros	Tabla B.39 Canales de servicio: Estadísticas sobre el uso de canales de servicio
	Tabla B.40 Canales de servicio: Características del enfoque de servicio
	Tabla B.41 Canales de servicio: Servicios en línea - Parte 1
	Tabla B.42 Canales de servicio: Servicios en línea - Parte 2
	Tabla B.43 Derechos de los contribuyentes: Documentación

Formulario de la encuesta ISORA	Título de la tabla
	Tabla B.44 Derechos de los contribuyentes: Mecanismos de reclamación
	Tabla B.45 Encuestas de satisfacción
	Tabla B.46 Análisis de la satisfacción de los contribuyentes en función del género y estrategia de servicio y asistencia
	Tabla B.47 Educación cívico-tributaria
	Tabla B.48 Resoluciones sobre la aplicación de la legislación fiscal
	Tabla B.49 Retenciones a cuenta
	Tabla B.50 Comunicación de información sobre pagos
	Tabla B.51 Datos de terceros
	Tabla B.52 Carga de cumplimiento para los contribuyentes

Fuente: BAsD, CIAT, OIAT, FMI, OCDE, Encuesta Internacional sobre Administración Tributaria, https://data.imf.org/-/media/iData/External-Storage/Documents/AF9FEB8CB9C846379C9131E8289B1DF4/en/ISORA-2023-Periodic-tables.xlsx (consultado el 1 de octubre de 2025).

Anexo B. Administraciones tributarias participantes

Tabla A B.1. Resumen de las administraciones tributarias incluidas en este informe

Jurisdicción	Administración tributaria	Dirección del sitio web	Código de la moneda
Argentina	Agencia de Recaudación y Control Aduanero	www.arca.gob.ar	ARS
Australia	Oficina Tributaria Australiana	www.ato.gov.au	AUD
Austria	Ministerio Federal de Finanzas	www.bmf.gv.at	EUR
Bélgica	Servicio Público Federal de Finanzas	https://finances.belgium.be	EUR
Brasil	Servicio de Recaudación Federal de Brasil	www.rfb.gov.br	BRL
Bulgaria	Agencia Nacional de Ingresos	https://nap.bg/	BGN
Canadá	Agencia Tributaria de Canadá	www.cra-arc.gc.ca	CAD
Chile	Servicio de Impuestos Internos	www.sii.cl	CLP
República Popular China	Administración Tributaria del Estado	www.chinatax.gov.cn	CNY
Colombia	Dirección de Impuestos y Aduanas Nacionales	www.dian.gov.co	COP
Costa Rica	Dirección General de Tributación, Ministerio de Hacienda	www.hacienda.go.cr	CRC
Croacia	Administración Tributaria, Ministerio de Finanzas	www.porezna-uprava.hr	EUR
Chipre	Departamento de Impuestos de Chipre	www.mof.gov.cy/tax	EUR
República Checa	Administración Financiera de la República Checa	www.financnisprava.cz	CZK
Dinamarca	Agencia Tributaria de Dinamarca	www.skatteforvaltningen.dk	DKK
Estonia	Administración Tributaria y Aduanera de Estonia	www.emta.ee	EUR
Finlandia	Administración Tributaria de Finlandia	www.vero.fi	EUR
Francia	Direction Générale des Finances Publiques (Dirección General de Finanzas Públicas)	www.impots.gouv.fr	EUR
Georgia	Servicio de Recaudación de Georgia	www.rs.ge	GEL
Alemania	Ministerio Federal de Finanzas, Oficina Federal Central de Impuestos y autoridades tributarias de los estados federados	www.bundesfinanzministerium.de	EUR
Grecia	Autoridad Independiente de Ingresos Públicos	www.aade.gr	EUR
Hong Kong (China)	Departamento de Impuestos Internos	www.ird.gov.hk	HKD
Hungría	Administración Nacional de Impuestos y Aduanas	https://nav.gov.hu	HUF
Islandia	Administración Tributaria y Aduanera de Islandia	www.skatturinn.is	ISK
India	Departamento de Impuestos sobre la Renta Consejo Central de Impuestos Indirectos y Aduanas	www.incometaxindia.gov.in www.cbic.gov.in	INR

Jurisdicción	Administración tributaria	Dirección del sitio web	Código de la moneda
Indonesia	Dirección General de Tributación	www.pajak.go.id	IDR
Irlanda	Oficina de los Comisionados de Ingresos	www.revenue.ie	EUR
Israel	Autoridad Tributaria de Israel	www.taxes.gov.il	ILS
Italia	Agencia Tributaria	www.agenziaentrate.gov.it	EUR
Japón	Agencia Tributaria Nacional	www.nta.go.jp	JPY
Kenia	Autoridad Tributaria de Kenia	www.kra.go.ke	KES
Corea	Servicio Nacional de Impuestos	www.nts.go.kr	KRW
Letonia	Servicio de Recaudación del Estado	www.vid.gov.lv	EUR
Lituania	Inspección Tributaria Estatal dependiente del Ministerio de Finanzas	www.vmi.lt	EUR
Luxemburgo	Administration des contributions directes (Administración de Contribuciones Directas) Administration de l'enregistrement, des domaines et de la TVA (Administración de Contribuciones Indirectas)	www.impotsdirects.public.lu https://aed.gouvernement.lu/	EUR
Malasia	Junta de Ingresos Internos de Malasia	www.hasil.gov.my	MYR
Malta	Oficina del Comisionado de Ingresos	https://cfr.gov.mt	EUR
México	Servicio de Administración Tributaria	www.sat.gob.mx	MXN
Marruecos	Dirección General de Impuestos	www.tax.gov.ma	MAD
Países Bajos	Administración Tributaria de los Países Bajos	www.belastingdienst.nl	EUR
Nueva Zelanda	Departamento de Ingresos Internos – Te Tari Taake	www.ird.govt.nz	NZD
Noruega	Administración Tributaria de Noruega	www.skatteetaten.no	NOK
Perú	Superintendencia Nacional de Administración Tributaria (SUNAT)	www.sunat.gob.pe	PEN
Polonia	Administración Nacional de Ingresos	www.podatki.gov.pl	PLN
Portugal	Autoridad Fiscal y Aduanera portuguesa	www.portaldasfinancas.gov.pt	EUR
Rumanía	Agencia Nacional de Administración Fiscal	www.anaf.ro	RON
Arabia Saudita	Autoridad de Zakat, Impuestos y Aduanas	https://zatca.gov.sa	SAR
Singapur	Autoridad de Ingresos Internos de Singapur	www.iras.gov.sg	SGD
República Eslovaca	Administración Financiera de la República Eslovaca	www.financnasprava.sk	EUR
Eslovenia	Administración Financiera de la República de Eslovenia	www.fu.gov.si	EUR
Sudáfrica	Servicio de Recaudación de Sudáfrica	www.sars.gov.za	ZAR
España	Agencia Estatal de Administración Tributaria (AEAT)	https://sede.agenciatributaria.gob.es/	EUR
Suecia	Agencia Tributaria de Suecia	www.skatteverket.se	SEK
Suiza	Administración Tributaria Federal	www.estv.admin.ch	CHF
Tailandia	Departamento de Ingresos	www.rd.go.th	THB
Türkiye	Administración Tributaria de Türkiye	www.gib.gov.tr	TRY
Reino Unido	Agencia Tributaria y Aduanera del Reino Unido	www.hmrc.gov.uk	GBP
Estados Unidos	Servicio de Impuestos Internos	www.irs.gov	USD

www.ingramcontent.com/pod-product-compliance
Lightning Source LLC
LaVergne TN
LVHW082037051026
849532LV00011B/3384